Norbert Mette / Hermann Steinkamp (Hg.)

Anstiftung zur Solidarität

Praktische Beispiele der Sozialpastoral

Matthias-Grünewald-Verlag · Mainz

Der Matthias-Grünewald-Verlag ist Mitglied
der Verlagsgruppe engagement

Die Deutsche Bibliothek – CIP-Einheitsaufnahme

Anstiftung zur Solidarität : praktische Beispiele der Sozialpastoral /
hrsg. von Norbert Mette ; Hermann Steinkamp. –
Mainz : Matthias-Grünewald-Verl., 1997
ISBN 3-7867-2014-2
NE: Mette, Norbert [Hrsg.]

Umschlag: Matlik und Schelenz, Essenheim
Foto: Kirchenzeitung für das Erzbistum Köln (Böcker): Die „Klagemauer“ vor dem Kölner Dom
Satz: Kontext – Satz & Layout, Lemsel
Druck und Bindung: Fuldaer Verlagsanstalt

ISBN 3-7867-2014-2

Mette / Steinkamp
Anstiftung zur Solidarität

Inhalt

Norbert Mette/Hermann Steinkamp

Praxis der Sozialpastoral – Zur Einführung

Seitdem Begriff und Konzept der Sozialpastoral, im Gefolge des Zweiten Vatikanums zunächst im Kontext der lateinamerikanischen Kirche entstanden, auch im deutschsprachigen Raum einer breiteren kirchlichen und theologischen Öffentlichkeit bekannt gemacht wurden,[1] haben sie ebenso unverhoffte Aufmerksamkeit und Zustimmung erfahren wie vehemente Kontroversen ausgelöst. Die vorliegende Sammlung von Praxisberichten, von praktischen Erfahrungen ausgehenden Reflexionen und theologischen Erörterungen präsentiert eine erste Zwischenbilanz des Prozesses der Rezeption und Erprobung des – so seine Verfechter – „neuen Paradigmas" christlich-kirchlicher Praxis im hiesigen Kontext.

An zwei markanten Ereignissen bzw. Dokumenten aus der noch relativ jungen Rezeptionsgeschichte der Sozialpastoral soll im folgenden zunächst seine theologie- und kirchenpolitische Brisanz (und der „Sitz im Leben" dieser Dokumentation) veranschaulicht werden: der „Leitershofener Erklärung" der Konferenz der deutschsprachigen Pastoraltheologen und dem sog. „Baseler Instrumentarium" von 1993.

Die Konferenz der deutschsprachigen Pastoraltheologen diskutierte unter dem Motto „Planung und Vision. Die Frage nach der Zukunft der Seelsorge" Ende September 1993 die beiden Konzepte der „Kooperativen Seelsorge" und der „Sozialpastoral", geleitet von der Vermutung, daß sich in der Auseinandersetzung um die beiden Programmatiken eine fundamentalere Kontroverse über die gegenwärtige und zukünftige Situation der hiesigen Pastoral andeute. Bereits im Prozeß der Tagung ergab sich eine unverhofft große Zustimmung zum Paradigma der Sozialpastoral, als ein von ihr inspirierter Text einer Min-

[1] Vgl. N. Mette, Sozialpastoral, in: P. Eicher/ders. (Hg.), Auf der Seite der Unterdrückten? Theologie der Befreiung im Kontext Europas, Düsseldorf 1989, 234–256; H. Steinkamp, Sozialpastoral, Freiburg 1991; N. Mette/H. Steinkamp, Die Grundprinzipien der Sozialpastoral. Am Beispiel des ‚Plano de Pastoral de Conjunto' der Diözese Crateús (Brasilien), in: PThI 1–2 (1994), 79–92; dies., Prinzipien und Elemente einer Sozialpastoral für die Kirche in der Bundesrepublik Deutschland. Am Beispiel „Christliche Gemeinden als Asyle", in: aaO., 93–102; H. Steinkamp, Solidarität und Parteilichkeit, Mainz 1994.

derheit (als Gegenentwurf zum von der Kongreßleitung vorgeschlagenen Text der Schlußerklärung, die den Stand der Diskussion des herrschenden Paradigmas formulierte) wider Erwarten die Zustimmung der Mehrheit der Kongreßteilnehmer erhielt.
Mindestens ebenso unerwartet gerieten die Reaktionen der kirchlichen und theologischen Öffentlichkeit auf den im Dezember 1993 vom Beirat der Konferenz veröffentlichten endgültigen Text der „Leitershofener Erklärung", der gegenüber seiner ursprünglichen Fassung bereits ‚geglättet' , d.h. von bestimmten radikalen Formulierungen gereinigt worden war. Sie bewegten sich zwischen harter Kritik, insbesondere von Vertretern der Bischöfe und der herrschenden pastoralen Praxis, bis zu begeisterter Zustimmung, zumeist aus Kreisen kirchlicher MitarbeiterInnen an der Basis, aber auch des Caritasverbandes, sowie aus den Bewegungen im Umkreis des konziliaren Prozesses für Frieden, Gerechtigkeit und Bewahrung der Schöpfung.[2]
Eine ähnlich große Aufmerksamkeit fand ein anderes Dokument, das genau zum Zeitpunkt des Leitershofener Kongresses erschien: Am 30. September 1993 übergab der damalige Bischof von Basel, Otto Wüst, der Öffentlichkeit ein „Arbeitsinstrument für pastorales Handeln im Bistum Basel" mit dem Titel „Suchet zuerst das Reich Gottes und seine Gerechtigkeit ..."[3]
Das „Baseler Instrumentarium" – unter dieser Chiffre wird es seither zumeist zitiert – wurde als einer von mehreren sog. „Pastoralplänen" während des Leitershofener Kongresses diskutiert, die allesamt als diözesane Handlungskonzepte (der „real existierenden Kirchenpraxis") dem („visionären") der Sozialpastoral gegenübergestellt werden sollten. Dabei identifizierte die Diskussion fast einhellig das „Baseler Instrumentarium" als der Programmatik der Sozialpastoral näherstehend als den übrigen Pastoralplänen. Seither hat es weit über die Grenzen des Bistums Basel hinaus Zustimmung erfahren und wird als Orientierungshilfe insbesondere in Projekten angewandt, die von den Optionen der Sozialpastoral inspiriert sind.
Wie lassen sich die große Aufmerksamkeit für die beiden Dokumente, aber auch die z.T. vehementen Kontroversen um die Sozialpastoral

[2] Die Erklärung ist u.a. dokumentiert in: Orientierung 58 (1994) 17–19; vgl. auch H. Haslinger, Pastoral im Widerstreit, in: Orientierung 57 (1993) 245–249.

[3] Vgl. Pastoralamt des Bistums Basel (Hg.), „Suchet zuerst das Reich Gottes und seine Gerechtigkeit ..." Ein Arbeitsinstrument für pastorales Handeln im Bistum Basel, Solothurn 1993.

erklären, insbesondere die Tatsache, daß das „Baseler Instrumentarium“ weniger Kritik auf sich zieht und weniger Widerstand hervorruft als die „Leitershofener Erklärung“, obwohl es in seinem analytischen Teil unzweideutig von marxistischem und antikapitalistischem Gedankengut inspiriert ist?

Der folgende Erklärungsversuch, die Resonanz der beiden Dokumente zu verstehen (und sie darin als exemplarisch für die Rezeption des Konzepts der Sozialpastoral zu betrachten), beruht auf punktuellen Erfahrungen und subjektiven Einschätzungen und erhebt keinen repräsentativen oder gar empirischen Anspruch.

Die erste Beobachtung betrifft die Tatsache, daß die fachtheologische Diskussion andere Akzente gesetzt und andere Kontroversen produziert hat als die Rezeption an der Basis der Gemeinden, Verbände und christlichen Initiativen. Sie bewegt sich im wesentlichen um drei Problembereiche:

- den Anspruch, Sozialpastoral sei ein „neues Paradigma“ christlich-kirchlicher Praxis, d.h. seine Reformintention richte sich nicht auf dieses oder jenes Detail, sondern beziehe sich gleichsam auf das „Vorzeichen vor der Klammer“ der herrschenden Pastoral;
- die Streitfrage, ob die alte Praxis zunächst „sterben“ müsse oder Zug und Zug verändert werden könne (Rolf Zerfaß hat sie einmal in dem Bild ausgedrückt, ob man das alte Schiff untergehen lassen oder während der Fahrt umbauen solle);
- die Einschätzung, ob „Sozialpastoral“ an den Kontext weniger entwickelter Gesellschaften (wie in Lateinamerika) gebunden sei oder auch unter Bedingungen postindustrieller Gesellschaften eine sinnvolle Zielvorstellung formuliere.

Eine wichtige (und in ihrer Argumentation gewichtige) Anfrage an das neue Paradigma stellt die Feministische Theologie.[4] Diese artikuliert sich einerseits im Rahmen akademischer Theologie, andererseits argumentiert sie mit den alltäglichen Erfahrungen von Frauen und ihrer kirchlichen Situation. Daher sei sie hier zwischen diesen beiden Bereichen notiert.

Die kritischen Rückfragen, die vor allem von MitarbeiterInnen an der kirchlichen Basis an die Intentionen der Sozialpastoral gerichtet werden, sind im wesentlichen methodologischer Natur, beziehen sich also weni-

4 Vgl. V. Prüller-Jagenteufel, Feministische Theologie und Sozialpastoral. Kurz gefaßte Thesen zu einem (noch ausständigen) Dialog, in: PThI 1–2 (1994), 181–185.

ger auf das Paradigma an sich, sondern auf die konkreten Bedingungen seiner Realisierung im hiesigen Gesellschafts- und Kirchenkontext:

- Läßt sich die Dienstleistungs-Mentalität der volkskirchlichen Praxis letztlich mit dem Anspruch vermitteln, daß Betroffene ihre Sache in die eigenen Hände nehmen?
- Kann man gleichzeitig (und womöglich innerhalb derselben Gemeinde) nach der Logik der Vereinskirche verfahren (Orientierung an allen möglichen Bedürfnissen, attraktive Bildungsprogramme, Geselligkeitsveranstaltungen u.ä.) und Menschen zur Wahrnehmung sozialer Mißstände und zu politischer Aktion anstiften?
- Kollidiert die über Jahrzehnte stabilisierte und überaus zustimmungsfähige Zielvorstellung von der „aktiven Gemeinde“ (und der ihr impliziten Maxime der „Aktivierung“) nicht mit dem Leitbild einer solidarischen Praxis, die sich aus der je konkreten Orientierung an den „Freuden und Hoffnungen, den Ängsten und der Trauer der Menschen von heute, insbesondere der Armen und Bedrängten aller Art“ (*Gaudium et spes*) ergibt?[5]

Kritische Rückfragen dieser Art erscheinen nur auf den ersten Blick identisch mit der abstrakten (und ideologischen!) Kontroverse darüber, ob man die „alte Praxis“ zunächst „sterben“ lassen solle: Sie resultieren nämlich bereits aus konkreten Versuchen und Schritten in die neue Richtung. Sie entstehen in Kontexten sozial-diakonischer Aktivitäten und Projekte, aus Erfahrungen von Initiativgruppen in Gemeinden, die sich z.B. um Asylbewerber kümmern und dabei in Konflikt mit dem bürgerlichen Milieu geraten.
Solche Erfahrungen verhindern gleichwohl nicht, daß – so unsere Beobachtung – in vielen Bistümern erste Initiativen und Netzwerke von MitarbeiterInnen entstehen, die nach dem Konzept der Sozialpastoral zu arbeiten beginnen. In Fortbildungsveranstaltungen und Berufsverbänden beobachten wir ein wachsendes Interesse für eine diakonische und politische Akzentuierung der Pastoral, auch gegen die eigenen inneren Widerstände, die sich nicht selten von der Ahnung nähren, die neue Praxis könne langfristig auch einen Wandel der persönlichen Lebensführung erfordern, vielleicht sogar die Basis des eigenen Arbeitsplatzes gefährden.

[5] Vgl. H. Steinkamp, Der Hoffnungsschimmer – Solidarische und verbindliche Gemeindepraxis, in: O. Fuchs u.a., Das Neue wächst – Radikale Veränderungen in der Kirche, München 1995, 96–114.

Erklärungsversuche und Interpretationen solcher Art, das hohe Maß an Aufmerksamkeit und Zustimmung für das Konzept der Sozialpastoral und gleichzeitig die Skepsis und Kritik zu verstehen, befriedigen indessen – zumal sie vor allem soziologischer und sozialpsychologischer Natur sind – nur bedingt. Versucht man sie empirisch-ekklesiologisch zu reformulieren, so gerät zumindest der Verdacht in den Blick, daß wir in Europa – durch wachsende Dichte der Informationen über die Schwesterkirchen an den Peripherien der Weltkirche, durch die größeren Möglichkeiten von Begegnungen in den immer engeren kirchlichen Netzwerken der Eine-Welt-Bewegung – immer deutlicher ein orthopraktisches Defizit spüren.

Die offenkundige Tatsache, daß die große pastorale Intuition des Zweiten Vatikanums in einzelnen Teilkirchen an der Peripherie der römischen Weltkirche früher und authentischer in die Praxis umgesetzt wurde, während in der hiesigen Kirche die Hoffnungsimpulse des Konzils zu versanden drohen, könnte eine Erklärung für die neue Hoffnung sein, die die „Rückkehr der Mission" u.a. in Gestalt der Theologie der Befreiung und der Sozialpastoral auslösen. Das würde bedeuten, daß sich die spontane Zustimmung eher einer Art orthopraktischer Intuition hiesiger Christen, kirchlicher MitarbeiterInnen und Amtsträger verdankt als pastoral-strategischem Kalkül angesichts offenkundiger Krisensymptome in der Volkskirche.

Die Beiträge dieses Bandes lassen sich als Ausdruck jener orthopraktischen Intuition lesen. Diese Feststellung könnte anmaßend klingen, wenn man sie im Kontext der skizzierten Kontroverse verortet: Die Intention ist nicht, den theologischen Argumenten für das neue Paradigma durch das Moment der Intuition zu höherer Plausibilität zu verhelfen bzw. gegen Kritik zu immunisieren. Wohl aber geht es darum, die orthopraktische Intuition in die Tradition des „sensus-fidelium"-Motivs einzurücken, d.h. ihren *Glaubens*-Aspekt (und insofern ihre Affinität zur Option für die Armen) zu betonen und gegen die impliziten Kalküle und „geheimen Tagesordnungen" der herrschenden „Zählsorge"-Praxis („Hauptsache, es läuft etwas", „Angebot und Nachfrage", „wieviele Teilnehmer hatte die Veranstaltung xy"?, usw.) ihre theologale Dignität zu behaupten.

Bei den drei ersten Beiträgen handelt es sich um programmatische Skizzen von Sozialpastoral im bundesrepublikanischen bzw. niederländischen Kontext.

Der Münsteraner Theologe und Caritasexperte *Ulrich Thien* schildert und analysiert die Situation zunehmender Verarmung, den Ausverkauf

des Sozialstaates und den dramatischen Prozeß der Entsolidarisierung in Deutschland am Beginn des Jahres 1996. In der Linie der Bemühungen, die unheilvolle Arbeitsteilung zwischen Caritasverband und christlichen Gemeinden zu überwinden, plädiert er für eine diakonische Kirche, die sich den Herausforderungen durch die neue Armut stellt und aus einer entschiedenen „Option für die Armen" an deren Seite für mehr Gerechtigkeit kämpft. Nur wenn die Kirche diese wichtige Aufgabe nicht mehr an die institutionalisierte Caritas delegiert, sondern deren Ressourcen zusammen mit denen der Gemeinden mobilisiert, kann sie ihre ureigenen Solidaritätspotentiale entfalten: im Wohnviertel, in Netzwerken und Selbsthilfegruppen. In der Spannung von prophetisch-kritischer Anklage gesellschaftlicher Ursachen von Armut und gleichzeitiger kompetenter Armutsbekämpfung äußert sich Sozialpastoral (in diesem Sinn ein Synonym für politische Diakonie).
Ebenfalls in der Tradition politisch engagierter Stadtteilarbeit versteht *Bert van Schagen* sein Modell einer Sozialpastoral in Amsterdam-Ost, das er im Auftrag und angestellt von katholischen und protestantischen Kirchengemeinden entwickelt. In bewußt neuer Akzentsetzung gegenüber einer früheren Rolle als kirchlicher Gemeindearbeiter, der seine Tätigkeit als „Gemeindeaufbau" verstand, sieht er seine jetzige Aufgabe in der Verbesserung der Lebensbedingungen in den sechs Stadtvierteln, für die er zuständig ist. In einem sozialen Milieu, das von hoher Arbeitslosigkeit, Integrationsproblemen von Zuwanderern verschiedener Nationalitäten, Kriminalität, drohender Obdachlosigkeit u.ä. geprägt ist, bedeutet Sozialpastoral einerseits die religiös absichtslose Mitwirkung an der Bewältigung sozialer Probleme; andererseits – und darin besteht der wichtige Unterschied zu traditioneller kirchlicher Caritas – Sensibilisierung der Kirchengemeinden und ihrer Mitglieder für die Probleme des Stadtviertels. Und auch dies konträr zum vertrauten „Helfer"-Modell: Die Begegnung mit der Realität des Stadtteils bedeutet für die Christen (aus der weißen Mittelschicht) die Chance, der „Gefangenschaft" im Kerker der „Gleichen" (in der Kirchengemeinde) zu entkommen.
Die Mitwirkung der Kirche bei der Bewältigung der Strukturkrise einer Region im Bistum Aachen schildert und reflektiert der Beitrag von *Manfred Körber*. Seit Mitte der 80er Jahre mischen sich die Kirchen immer häufiger bei Betriebsschließungen und der Bedrohung durch industrielle Großprojekte ein. Aus den punktuellen Protesten entstehen Netzwerke aus Katholikenräten, Arbeiter- und Jugendver-

bänden. Immer mehr Christen nehmen aufmerksam die wirtschaftlichen und sozialen Entwicklungen im Nahbereich wahr, mischen sich in die Lokal- und Regionalpolitik ein, setzen auf diese Weise die religiös-spirituellen Inspirationen durch den konziliaren Prozeß für Frieden, Gerechtigkeit und Bewahrung der Schöpfung in konkrete politische Partizipation um. Sozialpastoral als politische Bewußtseinsbildung, Anstiftung zu kollektivem Handeln und sozialer Partizipation aus dem Geist der Reich-Gottes-Utopie.

Als Überleitung zwischen dem („programmatischen") ersten und den weiteren Teilen dieser Dokumentation erhält der Erfahrungsbericht einer Gruppe von PastoralarbeiterInnen aus dem Bistum Trier eine doppelte Funktion: Er veranschaulicht überaus eindrucksvoll den komplexen Prozeß der Konfrontation und Integration zwischen herkömmlicher und Sozialpastoral und zeigt zugleich an drei Beispielen aus dem Bereich der Jugendarbeit auf, wie in diesem Prozeß Transformationen von Bewußtseinsformen und Reintegration bekannter methodischer Ansätze Hand in Hand gehen.

Wie unter einem Mikroskop liest sich der Erfahrungsbericht der Saarbrückener Arbeitsgruppe „Pastoral der Zukunft" als Veranschaulichung der oben skizzierten Kontroverse zwischen „Kooperativer Seelsorge" und „Sozialpastoral". Pikant die Beobachtung, daß „Kooperation" gerade von den VertreterInnen des „neuen Paradigmas" praktiziert wird: Die (u.a. berufsverbandliche) Solidarität der Arbeitsgruppe wird nicht nur als Bedingung der Möglichkeit erlebt, den schwierigen Prozeß der Durchsetzung des neuen Pastoralkonzepts gegen den mächtigen Kirchenapparat durchzuhalten; die praktische Einübung solidarischen Handelns ist als solche – ebenso wie die je persönliche Auseinandersetzung mit dem Bekehrungsaufruf der Reich-Gottes-Botschaft – Verwirklichung der pastoralen Maxime, daß der Weg selbst bereits das Ziel ist. Insofern veranschaulicht der Bericht von *H. Buchen*, *St. Manstein*, *M. Schappert* und *P. Thielen* – wie beiläufig – ein überaus wichtiges Prinzip sozialpastoralen Handelns: die Aufhebung der Subjekt-Objekt-Beziehung in der pastoralen Interaktion! Die „Umkehr" beginnt bei den PastoralarbeiterInnen selbst – oder sie bleibt Deklamation! An die Stelle der komplementären Rollen Anbieter–Konsumenten, Aktivierer–Aktivierte, Multiplikatoren–Teilnehmer tritt die gemeinsame Betroffenheit von den gesellschaftlichen Problemen und der Reich-Gottes-Botschaft! (Daß Petra Thielen und Heiner Buchen ausdrücklich ihre Erfahrungen mit der Sozialpastoral in Nicaragua und Brasilien als wichtige Station ihrer religiösen und „pastoralen" Biographie benennen, sei als weiteres Detail für die „Anschaulichkeit" dieses Beitrags hervorgehoben.)

Nicht zuletzt im Blick auf die noch weitgehend unentwickelte Methodologie der Sozialpastoral verdienen die drei dokumentierten Projekte zur Jugendarbeit Beachtung. „Von einer pfarreiorientierten zu einer gemeinwesenorientierten" Orientierung (so die Selbstdefinition des ersten Projekts) als Programmatik und zu ihrer Umsetzung in die vielen kleinen Handlungsschritte zu gelangen, ist ein ebenso komplexer Prozeß wie der von einem „angebots- und gruppenorientierten … zu einem cliquen- und lebensweltorientierten Ansatz" (im zweiten Projekt) von Jugendarbeit. In diesen Prozessen werden methodische Versatzstücke aus Sozial-, Jugend- und Gemeinwesenarbeit neu integriert und allein dadurch die Kooperation verschiedener Berufsgruppen (SozialarbeiterInnen, CaritasexpertInnen und PastoralreferentInnen) unumgänglich.

Im Unterschied zur „Kooperativen Seelsorge" zielt die hier dokumentierte freilich nicht auf die Aufrechterhaltung eines flächendeckenden kirchlich-sakramentalen Service, sondern auf die Verbesserung gesellschaftlicher und persönlicher Lebensbedingungen (von z.B. Unterschichts- bzw. „auffälligen" Jugendlichen).

Die Reflexion dieses wichtigen Unterschiedes in der „pastoralen" Zielsetzung ihrer Projekte durchzieht die drei Projektstudien: „Unser Projekt stellt unter dem Aspekt eines offenen Angebots in einem sozialen Brennpunkt keine Besonderheit dar", heißt es in der abschließenden Reflexion des dritten Projekts. „Daß wir dieses Angebot aber als ein pastorales Angebot betrachten, das wir als TheologInnen betreiben, hat ... einen anderen Stellenwert."

Perspektivenwechsel und Veränderung herkömmlicher Bewußtseinsformen sind nicht nur Voraussetzungen für die beruflichen Mitarbeiter(innen), die nach dem Paradigma der Sozialpastoral zu arbeiten beginnen: Bewußtseinsbildung selbst wird – gerade in den traditionellen kirchlichen Arbeitsfeldern – zu einem Schwerpunkt (auch) hiesiger Sozialpastoral (und zwar entgegen einer noch immer vorherrschenden Einschätzung, die solche Initiativen vor allem im Grenzbereich herkömmlicher Caritas und Pastoral angesiedelt sieht).

L. Jansen und *H. Wustmans* reflektieren politische Praxis im Kontext des Herzogenrather Oswald-von-Nell-Breuning-Hauses, einer Arbeite-

rInnenbildungsstätte im Bistum Aachen. Auf Schritt und Tritt wird der Kontrast zu den weithin politisch aseptischen Programmen und Aktivitäten kirchlicher Bildungseinrichtungen spürbar: Adressaten sind nicht alle möglichen Bildungsbürger („welche Themen boomen denn gerade?“), sondern ganz bestimmte Gruppen von Benachteiligten, Arbeitslosen, Ausländern: „Die Perspektive der Betroffenen ist Ausgangspunkt, dem HERRschaftswissen wird der Boden entzogen.“ Aber auch „Bankierswissen“ (im Sinne Paulo Freires) ist nicht gefragt, Wissen, von dem (im politisch luftleeren Raum) Lehrende meinen, es sei für alle möglichen HörerInnen gleich interessant. Bildungsarbeit als politische Alphabetisierung: Wissen als Aufklärung über Machtzusammenhänge, neues Bewußtsein, das der Vereinzelung und Privatisierung von Problemen entgegenwirkt und zum Handeln anstiftet. Bildungszentren als parteiliche Lernorte, wo gleichsam beiläufig Solidarität und Vernetzung von Betroffenen entsteht, die bürgerliche Trennung von Bildung und Handeln überwunden wird.
In den Grundoptionen ähnlich der Erfahrungsbericht von *M. Hartmann* und *M. Schäfers* aus ihrer Arbeit innerhalb der Katholischen Arbeitnehmer-Bewegung (KAB) – in den Details ebenso anregend, weil den Denkansatz der Sozialpastoral sensibel buchstabierend, z.B. die Biographien Betroffener gleichgewichtig gesellschaftlichen Zusammenhängen in Betracht ziehend.
An einen Ort, der im volkskirchlichen Alltagsbewußtsein noch weniger als „pastoraler“ Handlungszusammenhang vertraut ist als Arbeiterbildungsstätten, führt uns der Bericht von *P. Gördes* und *M. Nicolaus*: in die Schule. Den neuzeitlichen Plausibilitäten der Arbeitsteilung und Differenzierung entsprechend, hat das durchschnittliche kirchliche Bewußtsein sich längst daran gewöhnt, den Religionsunterricht ähnlich „weit weg“ von der Gemeinde (dem Ort des Sonntagsgottesdienstes und der Katechese) zu denken als die „Caritas“: Religionsunterricht an der Robert-Bosch-Kollegschule, in einem Stadtteil von Duisburg, der im Armutsbericht der Europäischen Union erwähnt ist, weil die dortigen Einwohner die schlechtesten Ausbildungsbedingungen innerhalb der Europäischen Union haben. Aus der Not, daß hier die Richtlinien für den Religionsunterricht schon längst nicht mehr die (gesellschaftliche und religiöse) Realität der SchülerInnen treffen, haben reformpädagogisch beeinflußte LehrerInnen eine „Tugend“ (im Wortsinn: etwas, das taugt) gemacht. Wollte man es auf eine fachsprachliche Formel bringen: aus dem traditionell (zumal an

berufsbildenden Schulen) allenfalls pädagogisch noch vertretbaren „problemorientierten Religionsunterricht" wird – „aus der Not geboren" – ein sozialpastoral akzentuierter „therapeutischer Religionsunterricht". Es geht längst nicht mehr um Curricula-Spitzfindigkeiten und religiöse Restsubstanz heutiger Jugendlicher, es geht um ihre basalen Lebensbedingungen. „Furchtbar einfach" – aber es erfordert paradigmatisches Umdenken und orthopraktische Intuition!

Die „Rückreise" – vom „entferntesten Ort" der säkularen Schule – zum pastoralen „Stammplatz" Gemeinde führt über eine pastoral vertraute „Offene Tür": *Franz B. Schulte* schildert die schrittweise konzeptuelle Kursänderung einer traditionellen OT (des Alfred-Delp-Hauses in Brilon) zu einer Zielsetzung, die als „Lern- und Lebensort für eine Kultur des Miteinander" typisiert wird. Der Erfahrungsbericht enthält zwei (sozialpastoral) aufregende Akzentuierungen bzw. Fortschreibungen des Basiskonzepts:

– eine „Erdung" des Schrittes von der „Option für die Armen" zur „Option für die Anderen" (im europäischen Kontext deshalb aufregend, weil unsere theologischen Schwierigkeiten, den jeweiligen Primat der beiden Optionen zu bestimmen, daher rühren, daß wir zu abstrahieren neigen, wenn Prinzipien zur Debatte stehen: Sozialpastoral orientiert sich an den armen Anderen!);

– das Experiment einer kommunitären Form der Leitung (der OT), d.h. verbindlicher Beziehungen der MitarbeiterInnen untereinander, deren Sinnhaftigkeit aus der Aufgabe begründet wird, ein multikulturelles Lernmilieu zu gestalten. Das Ideal, das hier vorsichtig angedeutet wird, aber gleichwohl eine Anfrage an pastorale Existenz überhaupt enthält, stellt – wie das Armutsideal – eine der beiden großen Herausforderungen an die Lebensform pastoraler MitarbeiterInnen dar.

An dieser Stelle, wo die „Option für die Anderen" zur Sprache kommt, wird eine Begründung der Herausgeber notwendig, warum ein Buch über die Praxis der Sozialpastoral keinen Beitrag zur Asylproblematik enthält. Wir haben uns zu dieser Lücke entschlossen, weil inzwischen das Thema der „Fremden" aus sozialpastoraler Perspektive nicht nur praktisch-theologisch gründlich bearbeitet worden ist[6],

[6] Vgl. O. Fuchs (Hg.), Die Fremden, Düsseldorf 1988; R. Krokauer, Kirche als Asylbewegung, Stuttgart 1993; G. Collet/H.Steinkamp, Wider Willen unterwegs, in: A. Angenendt/H. Vorgrimler (Hg.), Sie wandern von Kraft zu Kraft, Kevelaer 1993, 235–249.

sondern auch hervorragende Einzelstudien vorliegen, die im Sinne unseres Anliegens Praxisprojekte dokumentieren.[7]
Es schließen sich innerhalb dieses Buches zwei Studien über Sozialpastoral im Kontext von „normalen" Kirchengemeinden an.
Der evangelische Pfarrer *Curt Stauss* berichtet von Erfahrungen einer ostdeutschen Gemeinde, die sich, nach der „Wende", plötzlich mit dem Problem der Arbeitslosigkeit konfrontiert sieht und ihre langjährigen diakonischen Lernerfahrungen an der neuen Herausforderung bewährt. Das Beispiel zeigt nicht nur anschaulich, wie sich gesellschaftliche Kontextbedingungen (der ehemaligen DDR) auf Solidaritätspotentiale von Gemeinden auswirken, sondern auch, wie unbedeutend konfessionelle Unterschiede werden, wenn es nicht mehr um „Gemeinde für sich" geht, sondern „Gemeinde für andere".
Klaus Piepels Überlegungen lassen sich in einer Tradition verorten, die – wie bestimmte Initiativen im Grenzbereich von Caritas und Pastoral – als hiesige Vorläufer der Sozialpastoral gelten können: die Eine-Welt-Gruppen in Gemeinden. Allerdings zeigt Piepel mit Hilfe einer idealtypischen Analyse von Gruppentypen, Motiven und Aktionsformen, daß allein die Existenz einer solchen Gruppe noch nichts über deren politisches Problembewußtsein und die entsprechende Praxis aussagt.
Den Abschluß bildet das eindrucksvolle Zeugnis eines Priesters und Pfarrers, *Edmund Erlemann*, der es gelernt hat und es unbedingt ernst nimmt, daß Jesus seine Sendung darin sah, „den Armen die frohe Botschaft zu bringen" (Lk 4,18). In diesem Sinne setzt er sich unermüdlich für eine diakonisch-solidarische, prophetisch-parteiliche Kirche ein. Gemeinsam mit Maria Grönefeld, der früh verstorbenen Leiterin des Oswald-von-Nell-Breuning-Hauses in Herzogenrath, und einer um sie herum gescharten Projektgruppe hat er im Bistum Aachen dafür gesorgt, daß es als einziges Bistum in Deutschland sich nicht nur als pastoralen Schwerpunkt das Motto „Kirche und Arbeiterschaft" gesetzt hat, sondern dies auch praktisch umgesetzt wird – ein zugleich frustrierendes und bereicherndes Bemühen. Die bisherigen Erfahrun-

[7] Vgl. u.a. K. Barwig/D. Bauer (Hg.), Asyl am heiligen Ort, Ostfildern 1994; U. Behnen (Hg.), In einem Fremdenland. Flüchtlinge und Deutsche erzählen, Münster 1995; R. Holzapfel, Leben im Asyl, Frankfurt/M. 1995; H. Leuninger, Kirchenasyl als Lernprozeß, in: Pax Christi (Hg.), Auflehnung gegen Unmenschlichkeit, Idstein 1995, 89–95; M. Pilgram (Hg.), Wir wollen, daß ihr bleiben könnt. Kirchenasyl in Gilching – ein Beispiel, Idstein 1995.

gen und für die Zukunft ins Auge gefaßte Vorhaben sind von der Projektgruppe in einem Positionspapier, das Anfang 1996 die offizielle Zustimmung des Aachener Bischofs gefunden hat, festgehalten bzw. entworfen worden. Der Beitrag von Edmund Erlemann kann als Einführung dazu gelesen werden.[8]

Als ersten Beitrag für dieses Buch hatten wir einen Text vorgesehen, den Dirk Visser Anfang Oktober 1993 anläßlich eines Kongresses zur Diakonie-Thematik in Polen vorgetragen hat. Wir waren damals von dem, was er über seine Arbeit als Diakon in Harlen berichtete, ebenso beeindruckt wie von der Art seines Textes, die uns als Musterbeispiel einer „narrativen Sozialpastoral" erschien, so daß wir ihn den ersten AutorInnen unseres Buchprojekts als Orientierungshilfe gaben. Als Leitprinzipien seines an Mt 25 (Gerichtsrede Jesu) orientierten parteilichen Handelns führte er darin an:

– dem Armen, Fremden und Entfremdeten, Versklavten und Einsamen in der Gesellschaft eine Stimme geben;
– aus der christlichen Spiritualität heraus den Menschen, insbesondere den Ausgegrenzten, neue Wege von Lebensmöglichkeiten und Lebensdeutungsmöglichkeiten aufzeigen.

Bevor er den Text für die Drucklegung überarbeiten konnte, endete – unerwartet früh und plötzlich – sein Leben.

Wir widmen Dirk Visser (1939-1995), dem Diakon, Freund und Kollegen, dieses Buch.

[8] Projektgruppe „Kirche und Arbeiterschaft des Bistums Aachen" (Hg.), „Kirche und Arbeiterschaft". Positionen und Programm des Pastoralen Schwerpunktes im Bistum Aachen, Aachen 1996. Das Papier, das weit über das Bistum Aachen hinaus Bedeutung hat, kann bezogen werden über: Referat Arbeiter- und Betriebspastoral, Wolfgang Venneborger, Bischöfliches Generalvikariat, 52062 Aachen, Klosterplatz 7, Tel.: 02 41/45 23 77.

Ulrich Thien

Mit der Option für die Armen gegen eine Sozialabbau-Inflation und gegen weiteren sozialen Sprengstoff

Wider eine kirchliche Armutsbekämpfung im Light-Format

1. Zur Datenlage von Armut und Reichtum

Die Verteilungslage in Deutschland ist ungleicher denn je. Das gleichzeitige Anwachsen von Armut und Reichtum führt zu sozialen Polarisierungen. Dies geschieht in einer Zeit, in der Untersuchungen der Wohlfahrtsverbände (z. B. der Caritas[1], des Paritätischen Wohlfahrtsverbandes[2]) das dramatische Anwachsen von sozialer Benachteiligung, Unterversorgung und Folgeerscheinungen bei immer mehr Menschen belegen. Einige Beispiele:

– Über fünf Millionen Menschen beziehen mittlerweile im Laufe eines Jahres Sozialhilfe. Zwei Millionen Menschen gelten als verdeckt arm, nehmen keine Sozialleistungen in Anspruch.

– Obwohl statistisch gesehen jede Person in unserem Land über 36,6 qm Wohnfläche verfügt, fehlen immer noch über 2 Millionen bezahlbare Wohnungen. 150.000 Menschen haben keine Wohnung, leben in den Städten und Gemeinden auf der Straße, 850.000 Menschen sind vorübergehend in Notunterbringungsformen „geparkt“ (z.B. städtischen Obdachlosenunterkünften, Pensionen). Darüber hinaus sind etwa eine Million Menschen vom Verlust ihrer Wohnung bedroht.

– Über eine Million Langzeitarbeitslose haben dauerhaft kaum eine Chance auf Arbeit. Bereits nach der offiziellen Statistik der Bundes-

[1] R. Hauser/W. Hübinger, Arme unter uns, Teil 1: Ergebnisse und Konsequenzen der Caritas-Armutsuntersuchung, Hg. Deutscher Caritasverband, Freiburg 1993.

[2] W. Hanesch, u.a., Armut in Deutschland, Der Armutsbericht des DGB und des Paritätischen Wohlfahrtsverbandes, Hg. DGB, der Paritätische Wohlfahrtsverband in Zusammenarbeit mit der Hanns-Böckler-Stiftung, Hamburg 1994.

anstalt für Arbeit sind mehr als vier Millionen Menschen derzeit arbeitslos. Insgesamt fehlen etwa fünf bis sechs Millionen Arbeitsplätze.

- Welch dramatische Entwicklung sich in Deutschland abspielt, wird besonders deutlich, wenn man der Armut die (spärlichen, nicht aktuell verfügbaren) Zahlen der Verteilung des Reichtums gegenüberstellt. Sie müssen benannt werden, um den Begriff der „Oberen Zehntausend" für heutige Verhältnisse zurechtzurücken:

- Es gibt etwa 100 Milliardäre, über 100.000 Millionäre und 20.000 Einkommensmillionäre. 1,8 Millionen Haushalte verfügten Ende der 80er Jahre über ein Monatsnettoeinkommen von über 8000 DM (das Doppelte des Durchschnittseinkommens).

- Nach Informationen des Statistischen Bundesamtes nimmt der Anteil der reichsten Haushalte am Gesamtvermögen der Bundesrepublik seit 1949 ständig zu. Ende der 80er Jahre besaßen 10 % der Bevölkerung über 60 % des Gesamtvermögens, andererseits teilten sich 64 % aller Haushalte lediglich 10 % Prozent des Gesamtvermögens. Im Mai 1992 bezifferte die Deutsche Bundesbank die liquiden Mittel der deutschen Wirtschaft auf ca. 800 Milliarden DM.

- Das sind Reichtümer in der Hand weniger. Sie und andere legen ihren Reichtum an in einem durch staatliche Mittel geförderten Geldvermehrungsprozeß (ohne den Einsatz von Arbeit). Banken, Börsen und Inkassobüros treiben die Schulden und Zinsen der über 2 Millionen verschuldeten Privathaushalte ein und machen diese zu Sklaven, weil sie ein Mehrfaches ihrer Kredite zurückzahlen müssen. Auch der Staat, Unternehmer, Geschäftsleute und Hauseigentümer zahlen Zinsen etwa in Höhe von 1 Billion DM pro Jahr, die die Gläubiger „von oben nach unten" weitergeben: der Staat als Steuer oder Sozialkürzung, der Geschäftsmann im Preis der Ware, der Hauseigentümer durch Mieten.

2. Vom Solidarpakt zur Sozialabbau-Inflation

Zum Jahreswechsel 92/93 wurde von der Bundesregierung der vielversprechende Titel „Solidarpakt" geprägt, eine Idee, um für die deutsche Einheit eine dauerhafte Finanzgrundlage zu schaffen. Obwohl nach einhelliger Aussage alle zum Solidarpakt beitragen sollten, wurde sehr schnell klar, daß damit eine einseitige Opferrolle für die sozialschwächsten Mitglieder der Gesellschaft gemeint war. Die Allianz der Starken und Reichen untereinander in dieser Gesellschaft konnte sich durchsetzen. Da blieben dann auch Proteste der Wohlfahrtsverbände, der Gewerkschaften, des Deutschen Städtetages ungehört.

Durch eine gezielte thematische Verlagerung gelang es den PolitikerInnen und auch den Medien im laufenden Prozeß, dem negativen Sachverhalt eine neue Richtung zu geben: vom „Solidarpakt" zum Abbau sozialer Leistungen – und dies verbunden mit der Behauptung von Mißbrauch und Wildwuchs, die als negatives Stigma vom Staat zu bekämpfen seien. In diesem Prozeß eröffnete der Bundeskanzler um die Jahreswende 92/93 die Mißbrauchsdebatte und diskriminierte mit dem Bild vom „kollektiven Freizeitpark" die schwierige Situation der Arbeitslosen. Später verabschiedete die Bundesregierung – mit wohlklingenden Begriffen, um Realitäten besser kaschieren zu können – „Spar-, Konsolidierungs- und Wachstumsprogramm-Gesetze" mit dem Ziel, soziale Standards und staatliche Leistungen der „verminderten Leistungsfähigkeit unserer Gesellschaft" anzupassen. Wichtigste Maßnahmen: Absenkungen, Einsparungen beim Erziehungsgeld, Kindergeld, Wohngeld, BAföG, Kürzungen bei der Arbeitslosenhilfe, beim Schlechtwetter- und Kurzarbeitergeld, massive Veränderungen und Einschränkungen bei der Sozialhilfe.

Neben den individuell wirkenden Sparmaßnahmen wuchs auch die öffentliche Armut: Die Schulden von Bund, Ländern und Kommunen verdoppelten sich innerhalb von acht Jahren auf 1,5 Billionen DM. Darauf reagierte die Politik mit „Diätenanpassung" bei den Abgeordneten, Sparmaßnahmen in öffentlichen Einrichtungen (Schulen, Schwimmbädern u.ä.) und Gebührenerhöhungen, die vor allem wiederum die Schwächsten trafen. Noch nie wurde ein härteres Ausgrenzungsprogramm beschlossen. Das politische Mittel „Solidarpakt" hat im Diskussions- und Entscheidungsprozeß die gesellschaftlichen Fronten, Verhärtungen und Wirklichkeiten neu aufgemischt und eine neue, mittel- und langfristige Sozialpolitik in diesem Lande markiert: eine Sozialabbau-Inflation.

3. Die Sozialhilfe – vom Notstopfen zur unzureichenden Grundversorgung für Millionen

Das Bundessozialhilfegesetz entstand 1962 in einer Zeit der Vollbeschäftigung. Damals bezogen 800.000 Personen Sozialhilfe. Heute sind in einer insgesamt schwierigen wirtschaftlichen Lage mehr als fünf Millionen Menschen im Laufe eines Jahres auf Sozialhilfe angewiesen. Das sind primär Arbeitslose, Alleinerziehende, Kinder und Personen im besten Erwerbsalter. Die wachsende Zahl betroffener Menschen bringt viele Kommunen in eine finanzielle Zwangslage. Das System der Sozialhilfe funktioniert heute nicht als „Not-Stopfen" für wenige, sondern gilt als existentielle Versorgung breiter Bevölkerungsgruppen. Die im Laufe der Jahre immer wieder praktizierte Deckelung der Regelsätze der Sozialhilfe ist ein eklatanter Bruch derzeitiger Sozialpolitik. Jetzt wird unabhängig von der Bedarfslage der Mindestbedarf für einkommensschwache Bevölkerungsgruppen beliebig zur Disposition gestellt und nach haushaltspolitischen Erwägungen neu definiert.
Auch die in der Diskussion befindliche Sozialhilfereform wird nach bisherigen Erfahrungen lediglich zu einer Kosteneinsparung bei den Betroffenen führen und nicht zur dringend notwendigen Bündelung der verschiedenen Sozialgesetze in eine neue Form von sozialer Grundsicherung und zu einem gerechteren Familienlastenausgleich. Einschnitte bei der Sozialhilfe haben nicht nur Auswirkungen auf die betroffenen Berechtigten, sondern die Sozialhilfehöhe dient auch zur Festsetzung des Steuerfreibetrages. Damit soll die finanzielle Situation von Geringverdienern und Familien mit Kindern allgemein verbessert werden. Je mehr also die Sozialhilfe nach unten gedrückt wird, desto mehr Steuern zahlen die Geringverdiener. Damit werden untere Lohngruppen zu einer wichtigen Einnahmequelle des Staates. Diese Zusammenhänge zeigen, warum manche PolitikerInnen so vehement um eine Absenkung des Sozialhilfesatzes und das Einhalten des Lohnabstandsgebots kämpfen.[3]

[3] In der Diskussion um die Sozialhilfereform soll durch eine Senkung des Sozialhilferegelsatzes das Lohnabstandsgebot gewahrt werden, obwohl dies in der Praxis – wie auch Untersuchungen belegen – verwirklicht ist. Das Sozialhilfeleistungsniveau liegt bereits unter dem Einkommensniveau vergleichbarer Arbeitnehmerhaushalte in unte-

Der Caritasverband für die Diözese Münster und die in seiner Region tätigen 53 örtlichen Caritas- und Fachverbände haben sich bereits Mitte der 80er Jahre intensiv mit dem Anwachsen von Armut beschäftigt, weil MitarbeiterInnen zunehmend mit den Problemen von Arbeitslosigkeit, Verschuldung, nicht ausreichender Sozialhilfe u.ä. konfrontiert wurden. Die 1987 im „Caritasreport zur Armut"[4] zusammengestellten Erfahrungen, Tatsachen, Konsequenzen und Arbeitskonzepte sind heute aktueller denn je und haben sich in der Armutsuntersuchung des Deutschen Caritasverbandes[5] bestätigt. Die wichtigsten Tatsachen von 1987:

„1. Die Regelsätze der Sozialhilfe reichen nicht aus, um ein Leben in menschenwürdiger Form sicherzustellen.
2. Weil Sozialhilfe nicht ausreicht, sind Sozialhilfeempfänger häufig gezwungen, Nebentätigkeiten zu suchen und sie dem Sozialamt zu verschweigen.
3. Die einmaligen Leistungen sind zu knapp bemessen, werden zu selten gewährt und häufig rechtswidrig verweigert.
4. Bestimmte Personengruppen sind in unterschiedlicher Art besonders benachteiligt: Alleinerziehende, Arbeitslose, Nichtseßhafte, Asylbewerber.
5. Lang andauernde Abhängigkeit von Sozialhilfe führt zu Isolation, Mangel an Selbstwertgefühl und psychosozialen Krankheiten.
6. Die Bürokratisierung der Antragstellung überfordert in der Regel den Hilfesuchenden.
7. Die Pflicht zur Beratung der Hilfesuchenden wird durch die Sozialämter oft nur unzureichend wahrgenommen.
8. Die Situation in den Sozialämtern und strukturelle Sachzwänge verhindern die Entstehung einer geforderten Beratungsbeziehung zwischen Hilfesuchenden und den Mitarbeitern der Sozialämter.
9. Der Anspruch auf Sozialhilfe wird oft nicht wahrgenommen.
10. Rechtsansprüche werden vielerorts systematisch reduziert und restriktiv gehandhabt.
11. Der Hilfesuchende sieht sich in der Regel als ohnmächtiges Individuum einer mächtigen Institution gegenüber.

ren Einkommensgruppen und wird sich durch die steuerlichen Veränderungen noch weiter vergrößern.

4 Caritasverband für die Diözese Münster (Hg.), Arme haben keine Lobby. Caritas-Report zur Armut, Freiburg 1987.

5 Vgl. Hauser/Hübinger, aaO.

12. Caritas und Fachverbände helfen bisher nur denjenigen, die bei ihnen Hilfe suchen, und gehen von sich aus zu wenig auf die Armen zu ..."[6]

4. Der Ausverkauf des Sozialstaats am Anfang des Jahres 1996

Politisch gibt es auch Anfang 1996 keinen Grund zu Optimismus, ganz im Gegenteil: keine Trendwende am Arbeitsmarkt, mehr Menschen, die auf Lohnersatzleistungen und Sozialhilfe angewiesen sind, eine Verstetigung des Sozialabbaus, steigende Steuern, Gebühren und Abgabenbelastungen sowie die erste Stufe einer gesetzlich-sozialen Sicherung bei Pflegebedürftigkeit, bei der neun Monate nach Inkrafttreten immer noch vieles nicht geregelt ist.

1996 könnte zum Jahr steuerpolitischer Auseinandersetzungen werden, etwa unter dem Motto „Steuerland ist abgebrannt"[7]. Trotz einiger Entlastungen ist ein weiterer Anstieg der Durchschnittsbelastung in den nächsten drei Jahren zu erwarten. Dabei ist die Steuerschraube der letzten fünf Jahre so zu charakterisieren: Anhebung der Mineralölsteuer, der KFZ-Steuer, der Tabaksteuer, der Versicherungssteuer, der Mehrwertsteuer und die Einführung eines 7,5 prozentigen Solidaritätszuschlags.

Im gleichen Zeitraum wurden die Beitragssätze zur Sozialversicherung angehoben und die Pflegeversicherung eingeführt, die die ArbeitnehmerInnen selbst tragen. Innerhalb von nur fünf Jahren kletterte die Durchschnittsbelastung von 40,4 % in 1990 auf 46,1 % in 1995. Rechnet man noch die ständig steigenden Abgaben und Gebühren für öffentliche Dienstleistungen hinzu, dann ist die magische Grenze von 50 % Abgaben und Steuern längst überschritten. Die Steuerbelastung der ArbeitnehmerInnen ist auf Rekordhöhen gestiegen, die der Unternehmen auf Rekordtiefen gesunken.

Die Bundesregierung läßt keine Situation aus, Mißbrauch und Anspruchsdenken anzuprangern und leugnet nach wie vor das Anwachsen der Armut in Deutschland.[8] Darüber hinaus wird über

[6] Caritasverband für die Diözese Münster, aaO., 19–21.

[7] Vgl. eine Plakataktion der FDP-Bundestagsfraktion aus dem Jahr 1996.

[8] Ein halbes Jahr nach einer großen Anfrage der SPD zur Armut in Deutschland sah sich die Bundesregierung auch 1995 außerstande, die Fragen zur wachsenden Armut zu beantworten.

eine Mehrwertsteuererhöhung spekuliert. Schon wird darüber nachgedacht, wie man die steigenden Gesundheitskosten auffangen kann, wie die zweite Stufe der Pflegeversicherung zu finanzieren ist und finanzielle Lasten vom Bund auf die Länder, Kommunen und Privatleute weiter umverteilt werden können. Die Rede ist von Einschränkungen bei Lohnfortzahlungen, bei Frühverrentungen, bei der Arbeitsförderung, Sozialhilfe ... – da wird das sicherlich notwenige „Bündnis für Arbeit" im Vorfeld bereits verwässert.

5. Stimmungslage in der Gesellschaft, insbesondere bei den Armen

Faßt man die (nur skizzenhaft dargestellten) Prozesse zusammen, so wird deutlich, mit welcher Arroganz in dieser Gesellschaft mit immer mehr Bevölkerungsgruppen umgegangen wird: mit SozialhilfebezieherInnen, Arbeitslosen, Wohnungslosen, verdeckt Armen, Flüchtlingen, Alleinerziehenden, Kinderreichen, z.T. auch StudentInnen. Und nicht wenige ziehen sich zurück und verstecken ihre Armut. Die obengenannten Gruppen haben gemeinsam, daß sie vom Staat zuviel bekommen, aber „nichts Richtiges dafür leisten". Diese Meinung ist prägend bei vielen PolitikerInnen im Wahlkampf, in bestimmten Medien und bei Stammtischdiskussionen. Ein Großteil der Bevölkerung erwartet mehr soziale Sicherheit und ein deutliches Eingreifen des Sozialstaates: gerade wenn die Mieten immer unbezahlbarer werden, die Pflegebedürftigkeit immer noch unzureichend gesichert ist, immer mehr Wohnungslose in den Fußgängerzonen umherirren.
Radikalisierung innerhalb der Bevölkerung, insbesondere auch in sozial belasteten Stadtteilen, nimmt zu, Aggressionen und Gewalt wachsen, Feindseligkeit gegenüber Ausländern und innerhalb sozial benachteiligter Gruppen verstärkt sich. Der soziale Friede und das soziale Miteinander werden massiv gestört und polarisiert. In einem „Offenen Brief" haben BewohnerInnen Sozialer Brennpunkte ihre Situation verantwortlichen PolitikerInnen so beschrieben:
„Die Diskussion über den Mißbrauch und die Kürzungen von Sozialleistungen hat bei uns das Klima verändert. Nachbarn, Freunde, Verwandte bespitzeln sich gegenseitig, man braucht ja nur dem Amt was zu sagen ... Es herrscht Unfrieden und Mißtrauen, Gewalt und Wut nehmen zu. Niemandem können wir trauen. Freunde hat man nur

dann, wenn man Geld hat … Wir sind zwar die Betroffenen, aber uns fragt bei den schon Monate andauernden Spardiskussionen keiner, wie es uns geht. Wir werden nie gefragt, und schon gar nicht, wie wir mit dem bißchen, was wir kriegen, über die Runden kommen! Es gibt eine Untersuchung der Frankfurter Fachhochschule von 1991, die besagt, daß die Sozialhilfe nur 19,5 Tage reicht. Das können wir ständig am eigenen Leib erfahren. Können Sie uns sagen, wovon wir die letzten 10 Tage des Monats leben sollen? Wie sollen wir z.B. eine Familie mit fünf Personen durchziehen: Einkaufen, die dringende Bekleidung für die Kinder, Schulbedarf, Waschpulver, Putz- und Pflegemittel, die Buskarten (ein Auto ist sowieso nicht drin). Geschenke gibts nicht, Familienferien, Zeitungen, Spielzeug, Ausflüge, Kulturveranstaltungen (Kino, Theater …), Hobbys, Urlaub: alles Luxus!“[9]

Appelle an die Vernunft und Solidarität allein sind zynisch gegenüber Personen, denen das Wasser bis zum Halse steht und die tagtäglich um ihre Existenzgrundlage kämpfen und bangen müssen. Diese Menschen haben genug mit sich zu tun, brauchen Unterstützung und nicht noch zusätzliche Existenzbedrohungen. Man erwartet ein Umdenken in der Politik, ein Gerechtigkeitsdenken, das allen Menschen eine gleichberechtigte Teilhabe an den Wirtschaftsgütern sichert.

Andererseits ist in den vergangenen Jahren die Anspruchshaltung innerhalb der Gesellschaft in allen Lebensbereichen (beim Wohnen, bei der Flexibilisierung der Arbeit, beim Konsumverhalten etc.) und gegenüber dem Staat überdimensional gewachsen. Der Sozialstaat ist scheinbar zu einem Selbstbedienungsladen geworden, bei dem sich jeder das nimmt, was er meint zu brauchen, ohne zu bezahlen. Der Gesetzgeber aber hat soziale Maßnahmen geschaffen, um sozial Benachteiligte der Gesellschaft zu schützen und Einkommensschwachen zu mehr Teilhabe am Leben der Gesellschaft zu verhelfen. So steht nicht nur der Abbau des Sozialstaates auf der sozialpolitischen Tagesordnung, sondern letztlich auch der Umbau der Gesellschaft und die Kultur des Miteinander-Umgehens.

[9] Offener Brief vom Bewohnertreffen Soziale Brennpunkte vom 15. 9. 1993 (unveröffentlicht, erhältlich über Ulrich Thien, Diözesancaritasverband Münster).

6. Bewertung des gesellschaftlichen und ökonomischen Kontextes von Armut und Reichtum

Armut und Reichtum sind nicht isoliert zu sehen, sondern sie sind die zwei Seiten einer Medaille. In der reichen Bundesrepublik ist seit einigen Jahren eine soziale Polarisierung zu beobachten durch das gleichzeitige Anwachsen von (strukturell schon länger bekannter und sich verändernder) Armut und (überdimensional anwachsendem) Reichtum. Die zahlreicher werdenden Armen werden immer ärmer, und die wenigen Reichen werden immer reicher. Demzufolge wächst ein „Immer-Mehr" an Macht, Kapital, Reichtum, Leistung, Konsum, Bürokratie, Wachstum. Der wachsende Reichtum der „oberen Zehntausend" (das sind mittlerweile über 2 Millionen Menschen) ist in der reichen Bundesrepublik gesellschaftlich ein Tabuthema, weil er „mit seiner Aura von Macht und Attraktivität" immer im Spannungsfeld zur Demokratie steht und sie zu unterwandern sucht.[10] Um die Grenzen der Wirtschafts- und Sozialpolitik klarer benennen und verändern zu können, ist – wenn „Eigentum zum sozialen Gebrauch verpflichtet" – die Offenlegung des Reichtums bzw. eine veränderte Verteilungsstruktur eine Grundvoraussetzung.

Die soziale Einheit unter den Menschen steht auf dem Spiel. Formaler sozialer Gerechtigkeit steht wachsende Ungerechtigkeit gegenüber, z.B. sichern Sozialhilfe, Kindergeld und andere Sozialleistungen längst nicht mehr ausreichend die Lebensgrundlagen der betroffenen Menschen.

Als Folge vermehren und verschärfen sich gesellschaftliche Spaltungsprozesse und soziale Konflikte (z.B. Ausländerfeindlichkeit, Gewalt und Kriminalität in bestimmten Wohngebieten). Die Gesellschaft zerfällt zunehmend in eine Wohlstandszone der Bevölkerungsmehrheit und in unterschiedliche Armutszonen"[11], was sowohl territorial, als auch in Sprache, in Entscheidungsprozessen, bei individuellen und gesellschaftlichen Normen und Werten u.ä. zu beobachten ist.

[10] J. Espenhorst, Reichtum als gesellschaftliches Leitbild, in: E.-U. Huster (Hg.), Reichtum in Deutschland. Der diskrete Charme der sozialen Distanz, Frankfurt/New York 1993, 132–153, 153.

[11] Solidarität am Standort Deutschland. Eine Erklärung von Sozialwissenschaftlerinnen und -wissenschaftlern, Hg. Nell-Breuning-Institut Frankfurt, Frankfurt 1994 (Eigendruck), 9.

Seit Ende der 70er Jahre ist eine sich verfestigende Massenarbeitslosigkeit das drängendste gesellschaftliche Problem. Statt sinnvoller Arbeit wird Arbeitslosigkeit finanziert. Das Beschäftigungsvolumen wurde in vielen Bereichen reduziert. Gleichzeitig wird der zusätzliche Bedarf an gesellschaftlich notwendiger Arbeit ignoriert oder als volkswirtschaftlich unrentabel abgetan. Ohne Arbeit sind Chancen einer sozialen gesellschaftlichen Teilhabe und Teilnahme unmöglich.
Die laufende Debatte um den „Industriestandort Deutschland" wird unterhöhlt durch die Entwicklungen des schleichenden Sozialabbaus und durch Entsolidarisierungstendenzen innerhalb der Bevölkerung und innerhalb der Gesellschaft. Die politisch Verantwortlichen in der Gesellschaft beweisen durch ihr Handeln, daß sie kaum ein Interesse daran haben, die ungerechten Verteilungspraktiken zugunsten sozial ausgewogener Lösungen zu verändern. Statt dessen bleiben die Privilegien der Wohlhabenden erhalten, und der Sozialstaat reduziert sich in allen Sozialbereichen auf nicht bedarfsdeckende Mindest- und Grundversorgungsstandards. Auf diesem Hintergrund behaupten PolitikerInnen weiterhin, der Staat sei gezwungen, die Ausgaben für die Armen zu kürzen.[12] Andererseits schätzt die Deutsche Steuergewerkschaft, daß dem Staat jährlich über 150 Milliarden DM an nicht gezahlten Steuern verlorengehen (andere schätzen gar 400 Milliarden DM). Solange Steuerkriminalität und Schattenwirtschaft üppig wuchern, werden durch die Bekämpfung von Sozialmißbrauch falsche Prioritäten gesetzt bzw. forciert die Wirtschaftsförderung bei gleichzeitiger Steuerhinterziehung die Spaltung der Gesellschaft.
Ein leistungsfähiger Sozialstaat beweist sich insbesondere angesichts „leerer" Kassen und „enger" Verteilungsspielräume. Voraussetzung hierfür ist die Bereitschaft zur Solidarität aller BürgerInnen, was einerseits angesichts stetiger Wohlstandsentwicklungen und andererseits durch steigende Preisentwicklungen und (unnötige) soziale Lasten als „überflüssiger Ballast" ins Wanken gerät. Insofern kann es in der aktuellen politischen und ökonomischen Diskussion nicht um den weiteren Sozialabbau, sondern um einen „intelligenten Umbau"[13] des Sozialstaats gehen, verbunden mit einer Umverteilung und einer aktiven produktiven sozialen Mindestsicherung für alle.[14]

[12] 1994 waren es z.B. 20 Mrd. DM bei der Arbeitslosen- und Sozialhilfe, 1995 weitere 3,5 Mrd. DM.

[13] Solidarität am Standort Deutschland, aaO, 16.

[14] Vgl. Espenhorst, aaO, 153.

7. Zur radikalen Option zugunsten der Armen umkehren

Die häufig zitierte „Option für die Armen“ ist ein wesentlicher diakonischer Auftrag der Kirche, der biblisch von den Konzilsaussagen sowie durch bischöfliche und synodale Aussagen und Texte belegt ist. Konkret bedeutet dies, die strukturellen Ursachen und Zusammenhänge der Armut im eigenen Lande (immer wieder) neu aufzuspüren, zu bekämpfen und dementsprechend die kirchlichen Hilfesysteme angemessen weiterzuentwickeln.

Wenn die dargestellten Ursachen wie Arbeitslosigkeit, Wohnungsnot, zunehmende Verarmung, mangelnde gesellschaftliche Integration bestimmter Bevölkerungsgruppen die Rahmenbedingungen sind für über 10 % der Bevölkerung, dann muß dies von der Kirche und ihrem Handeln berücksichtigt werden. Das christliche Etikett, Anwalt für Arme zu sein, muß im Alltag z.B. von Alleinerziehenden, obdachlosen Familien, bei Arbeitslosen und ihren Familien konkret erfahrbar sein. So beinhaltet „Option für die Armen“ auch, die Bedürfnisse von Klienten, von PatientInnen, von BewohnerInnenn und Betreuten in den Mittelpunkt kirchlicher Arbeit zu stellen und sie im Sinne der Subjektwerdung als Auftraggeber für kirchliches Handeln zuzulassen. Dies ist bedeutsam z.B. für alle caritativen und gemeindlichen Dienste und Einrichtungen und nicht nur für die Dienste, die sich ohnehin verstärkt um die Armen kümmern (Wohnungslosenhilfe, Schuldnerberatung u.ä.) Deshalb werden nur die kirchlichen Verbände und Einrichtungen zukunftsfähig sein und von den Menschen ernst genommen, die sich heute gesellschaftlichen Entwicklungen stellen und einen permanenten Veränderungsprozeß zulassen bzw. einleiten.

Die „Option für die Armen“ bedeutet für Kirche heute konkret, sich gerade dort zu Wort zu melden, wo ganz offensichtlich und sehr verborgen Armut neu entsteht (z.B. bei Flüchtlingen, in Abschiebehaftanstalten, in neu sich entwickelnden Sozialen Brennpunkten, an Bahnhöfen), wo Menschen Ungerechtigkeiten ertragen (müssen), wo gesellschaftliche Strukturen und Rahmenbedingungen Arme immer ärmer machen und gleichzeitig Reiche immer reicher werden lassen. Wichtiges Kennzeichen heutiger kirchlicher Armenarbeit müßte sein, als erste Armut offensiv und möglichst bei der Entstehung bereits bekämpfen zu wollen. Also die konsequente Anwendung des Begriffs „Erbarmen“, nämlich ein „Ab-armen“ bzw. die Armut beenden und betroffene Menschen von ihrer Not befreien wollen. Dies beinhaltet die christliche Haltung und den Willen zur Gerechtigkeit für alle und nicht für einige wenige. Erforderlich ist keine Hilfe von oben, sondern eine sehr situative und sachgerechte Hilfe (z.B. für Familie A. mit ihren sieben Kindern, die in der städtischen Obdachlosenunterkunft in der x-Straße lebt ...), die die Lebensbedingungen konkret verbessert und darüber hinaus gesellschaftspolitisch interveniert.

Kirchlich-soziale Hilfen bzw. caritatives Handeln orientierte sich in der Vergangenheit stärker an der Bekämpfung der individuellen als der strukturellen Armut. Dabei wurde auch deutlich, daß die traditionellen Hilfesysteme betroffenen Menschen in bestimmten Lebenslagen und Problembereichen nicht immer gerecht wurden. Beobachtungen bei einigen kirchlichen Gruppen, Verbänden und Gemeinden bestätigen, daß die „Option für die Armen" z.T. auch genutzt wurde als Anwaltschaft innerhalb der Gesellschaft und gegenüber Politik und Wirtschaft (z.B. beim Einfordern von Sozialleistungen oder bei der Gründung von (Selbsthilfe-) Gruppen). Einzelne Caritas- und Fachverbände und der Deutsche Caritasverband haben sich (wenn auch unzureichend) durch politische Aktivitäten, Stellungnahmen und Untersuchungen in gesellschaftliche Entwicklungsprozesse eingemischt.

Das heute zunehmend zu beobachtende Phänomen innerhalb der Gesellschaft und insbesondere auch innerhalb der Kirche, Risiken zu vermeiden und Lösungen für drängende, gesellschaftliche Probleme nicht zu suchen, darf nach der (oben dargestellten) gesellschaftlichen Analyse von wachsender Armut und wachsendem Reichtum nicht die Grundlage für kirchliches und karitatives Handeln bleiben. Kirche als ganze müßte heute von der Notwendigkeit überzeugt sein bzw. werden, gesellschaftlichen Entwicklungen anders als bisher zu begegnen. Dazu gehört vorrangig, die strukturellen Ursachen von Armut und Reichtum in dieser Gesellschaft, auch in kirchlichen Strukturen, angemessen aufzuspüren, wahrzunehmen und dementsprechend zu bekämpfen. Es stände der Kirche gut an, einer weiteren Aufspaltung der Gesellschaft den Riegel vorzusperren, d.h. konkret, der schleichenden Entsolidarisierung, den Verarmungs- und Ausgrenzungsprozessen und der fortschreitenden Zerstörung des sozialen Friedens in bestimmten Wohn- und Gemeindequartieren entgegenzuwirken.

Im Sinne einer solidarischen Option „der Reichen" mit „den Armen" (und umgekehrt) ist es primär notwendig, die Bekämpfung der Armut mit einer Einstellungsänderung in den eigenen Reihen zu beginnen,

und zwar vorrangig bei denen, die auf der Sonnenseite der Gesellschaft leben und christlich/gemeindlich handeln.
Dieses „sowohl als auch" ist einerseits eine Chance, sich sowohl individuell als auch sozialpolitisch zu engagieren, birgt aber auch die Gefahr in sich, die Not zu individualisieren (und damit die Ursachen dem einzelnen Betroffenen eher zuzuschreiben) und die strukturelle Armutsbekämpfung hintanzustellen. Im Sinne der biblischen „Option für die Armen" müßte sich die Kirche mit all ihren Ressourcen auf Dauer radikaler entscheiden für die Seite der Armen; die Hoffnung vieler engagierter Christinnen und Christen setzt auf diesen kirchlichen Perspektivenwechsel.

8. Anforderungen an eine wirkungsvolle sozialpastorale Armutsbekämpfungsstrategie

8.1 Armutsbekämpfung als Aufgabe aller

Notwendig ist eine breite Solidarität innerhalb der Kirche angesichts der immer schwieriger und komplexer werdenden Armutsbekämpfung. Die Kirchen werden sich daran messen lassen müssen, wie sie die vorrangige Nähe zu den Armen praktizieren.
Die „Option für die Armen" ist nicht nur eine Aufgabe für die Caritas, sondern der gesamten Kirche, d.h. aller Christen, der Kirchenleitung, der christlichen Gruppen und Verbände. Wünschenswert ist eine konstruktive Zusammenarbeit von Fachleuten und Leitungsverantwortlichen, von Handlungs- und Leitungsdiakonie.
Gerade dieser diakonische Schwerpunkt eignet sich besonders und unkompliziert für ein gemeinsames ökumenisches Handeln. Dies würde die Effektivität der Armutsbekämpfung steigern und letztlich die Glaubwürdigkeit der Kirche[15] bei den in Armut lebenden Menschen fördern (Einzelbeispiele gibt es bereits in der gemeinsamen Trägerschaft einer Beratungsstelle für alleinstehende Wohnungslose, bei der Bahnhofsmission, in der gemeinsam von der evangelischen und katholischen Gemeinde getragenen Suppenküche u.ä.).
Beispielhaft ist in diesem Zusammenhang das in NRW gegründete

[15] Im folgenden bleibe ich bei der üblichen Formulierung „die Kirche" und impliziere darin den dargestellten ökumenischen Anspruch.

„Forum Armut“[16], eine (zunächst noch katholische) Zusammenarbeit von karitativen und pastoralen Fachkräften in der Armenarbeit auf lokaler und diözesaner Ebene. Dieses aktive Aktionsbündnis überrascht Kirchenexterne wie Kircheninterne und animiert die Beteiligten, sich beim Armuts- und Reichtumsthema enger miteinander zu vernetzen. Das „Forum Armut“ will lokal und global denken und handeln und gegen soziale Ausgrenzung neue Netze knüpfen getreu dem Caritaswerbespruch „Schöne Worte sind zu wenig“. Konkret geschieht dies über eine kontinuierliche Informations- und Ideenbörse, durch Vermittlungen zu gelungenen Armutsprojekten und deren Vernetzung sowie als sozialpolitisches Sprachrohr in der Öffentlichkeit.

8.2 Die Ursachen der Armut beseitigen und den Lebensstandort Deutschland verbessern

Armutsbekämpfung heute bedeutet, für das gleiche Recht und die Freiheit jedes und aller Menschen in unserem Land einzutreten, also für die fundamentale Würde von Wohnungslosen, Arbeitslosen, SozialhilfebezieherInnen, von Familien, von materiell und immateriell Armen u.v.m. Armutsbekämpfung ist nach der katholischen Soziallehre ein Perspektivenwechsel auf die Seite der Ohnmächtigen und Entrechteten, um aus ihrer Perspektive lebensbedrohliche Unrechtstrukturen in Gesellschaft, Staat und Kirche zu analysieren und entsprechende Handlungsschritte einzuleiten. Damit werden die Not der Menschen und die die Armut und Unterversorgung produzierenden Strukturen und Mechanismen zum Maßstab christlichen Handelns.
Wenn Kirche und Caritas Anwalt von in Not geratenen Menschen sein wollen und die Not das Maß der Hilfe bestimmt[17], dann gilt es, die dazugehörigen politischen Optionen wahrzunehmen, um gemeinsam mit den Betroffenen deren Problemen Gehör zu verschaffen und ihnen zu ihrem Recht zu verhelfen (z.B. eine für die einzelnen Betroffenen adäquate, bezahlbare und familiengerechte Wohnung zu finden). Das kann natürlich viele Konflikte mit sich bringen: Konflikte mit PolitikerInnen in der Kommune oder im Kreis, von denen man an anderer Stelle abhängig ist

[16] Kontakte sind möglich über die Diözesancaritasverbände Aachen, Essen, Köln, Münster und Paderborn. Hier sind auch weitere Informationsmaterialien erhältlich.

[17] Das wird in vielen Stellungnahmen zitiert und viel zu oft und wenig konkret in Predigten verkündet.

(z.B. bei der Finanzierung von Stellen in der sozialen Arbeit) und denen man nicht auf die Füße treten mag; natürlich auch Konflikte mit VertreterInnen der eigenen Kirche, die den politischen Auftrag und das damit verbundene Engagement des kirchlichen Wohlfahrtsverbandes durch ihre binnenkirchliche Brille durchaus anders bewerten.
Angesichts der komplexen wirtschaftlichen und politischen Zusammenhänge, die letztlich sozial benachteiligte Menschen verstärkt ausstoßen, in die Arbeitslosigkeit und ins Abseits drängen, kann es nicht Aufgabe christlich geprägter sozialer Institutionen sein, die Opfer solcher Mechanismen und Strukturen nur zu pflegen. Die Kirche und insbesondere ihre Caritasinstitutionen müssen auf den jeweiligen Ebenen (ganz besonders auf Landes- und Bundesebene) diejenigen bedrängen, die aufgrund ihrer gesellschaftlichen Macht die wachsende Armut mit verursachen. Es gehört zur christlichen Botschaft der Liebe und Gerechtigkeit, solche ungerechten Situationen und die Verletzung der Menschenrechte einzuklagen und für eine Verbesserung der Lebensbedingungen einzutreten. Dies verlangt eine umfassende Änderung der Wirtschafts- und Sozialpolitik, eine Umverteilung von Arbeit und Kapital, von Land und Macht, vor allem für sozial Benachteiligte und Entrechtete.
Ziel muß es sein, den Lebensstandort Deutschland und nicht nur den Wirtschaftsstandort zu verbessern. Da der Caritasverband nicht der Erfüllungsgehilfe des Staates ist, muß er seine ihm zugewiesene Rolle als freier Wohlfahrtsverband im Sinne der Anwaltschaft für Arme einsetzen und von daher alle Versuche beim Abbau sozialer Leistungen abwehren und konstruktiv, sozial- und wirtschaftspolitisch kompetent innovative Lösungsmodelle mit entwickeln. Zentrale Aufgabe der Caritas ist es heute nicht, die Armut vielleicht etwas besser als die Behörden zu verwalten, sondern in vielen Lebensbereichen Alternativen zur Verbesserung mit zu entwickeln und Kommunikation herzustellen. Eine kirchliche Praxis im Sinne der vorrangigen Liebe und Nähe zu den Armen sollte immer an der gesellschaftlichen Realität ausgerichtet sein. Damit wird Kirche auf den verschiedenen Ebenen zu einem ernst zu nehmenden Mitgestalter und Akteur gesellschaftlichen Lebens, also von Wohnen, Arbeit, gesellschaftlicher Teilhabe, von kulturellem und sozialem Zusammenleben der Menschen.
In der politischen Diskussion gibt es derzeit keine eindeutigen Antworten auf die noch ungelösten und neu auf uns zukommenden Probleme sozialer Sicherung. Die Kirche sollte sich aber am Lösungsfin-

dungsprozeß um die aktuellen sozialpolitischen Fragen beteiligen, wie z.Z. bei der Reform des Bundessozialhilfegesetzes, beim Familienlastenausgleich, bei einer gerechteren Steuerreform (die die „oberen Zehntausend" gleichwertig berücksichtigt), bei der notwendigen Einführung einer Grundsicherung, bei konkreten arbeitsmarktpolitischen Maßnahmen, bei der sozialen Wohnungspolitik und einem engagierten sozialen Wohnungsbau, bei der Asyl- und Ausländerpolitik, bei der Sicherung des sozialen Friedens u.v.m.

8.3 Die Chance des Wohnquartiers nützen

Der soziale Raum (das Dorf, der Stadtteil, das Wohnquartier, die Straße) ist ein zentrales Forum für menschliche Interaktion und sichtbarer (oft auch brüchiger) Ort der Bündelung menschlicher Problemlagen. Der Alltag der Menschen spielt sich zum größten Teil im Wohnquartier ab. Wenn bei der Betroffenheit der Menschen angesetzt werden soll, dann muß dieser (Lebens-)Raum auch stärker in der sozialen und pastoralen Arbeit Berücksichtigung finden und unter Nutzung der vielfältigen Ressourcen (z.B. soziale Netze, räumliche Möglichkeiten) zum primären Handlungsfeld (Straßen, Märkte, Treffpunkte, Plätze, wo Menschen sich aufhalten) werden. Dies setzt einen innerkirchlichen Dialog zwischen Caritas und Pastoral voraus bzw. mündet im gemeinsamen sozialpastoralen Handeln.
Die Kirche mit ihren verschiedenartigen Gruppen, Verbänden und Institutionen, ihrem enormen Potential an fachlichen und kreativen haupt- und ehrenamtlichen MitarbeiterInnen und mit der Nähe zu Menschen im Wohnquartier hat unendlich viele Möglichkeiten und Ressourcen, um sich in den Dienst von Armen und sozial Benachteiligten zu stellen. Dies hat sie in der Vergangenheit vielfach und in unterschiedlichsten Beispielen bewiesen, oft sehr verschwiegen und nicht an die große Glocke gehängt, manchmal sehr offen und öffentlichkeitswirksam. Dieses Engagement stand unter der Überschrift, den Menschen, die Hilfe brauchen, spontan und unbürokratisch, aber wirksam zu helfen.
In der differenzierten Gesellschaft und der Segmentierung der menschlichen Lebensbereiche, der Auflösung alter geschlossener Lebenswelten und Lebensgemeinschaften, sind verschiedenartige professionelle soziale Hilfen und Wohlfahrtssysteme unerläßlich. Deshalb sind gemeinde-, stadtteil- und bürgernahe soziale und pastorale Dienste zu fördern, zu koordinieren und miteinander zu vernetzen. Dementsprechend ist nicht

eine individualisierende, sondern eine lebensraumorientierte, an den Interessen und Bedürfnissen betroffener Menschen partizipierende, gemeindebildende, fachlich qualifizierte Sozial- und Pastoralarbeit, also eine neue Form von Sozialpastoral zukunftsweisend.[18]

8.4 Lebensfördernde Gruppen und Gemeinschaften stiften und fördern

Lebensfördernde kleine christliche Gruppen und Gemeinschaften sind zu initiieren und zu fördern und den Selbsthilfe- und Helfergruppen Handlungs- und Freiheitsräume zu ermöglichen. In der Regel entstehen viele solcher Gruppen und Initiativen heute im Kontext neuer Nöte (z.B. Alleinerziehende, Aidskranke, SozialhilfebezieherInnen) außerhalb von Gemeinden und Caritasverbänden, weil hier in der Regel mehr möglich ist durch andere Formen von Helfen, Heilen, Betreuen, Selbständigwerden, eben durch betroffene Menschen selbst. Für die Zukunft von Kirchengemeinden wird es notwendig sein, das System Gemeinde mit seinem gesamten Repertoire in den Dienst neuer Selbsthilfe- und Helfergruppen zu stellen und nicht ab- und auszugrenzen oder vorschnell zu urteilen. Viele praktische Beispiele aus pastoraler und karitativer Arbeit der vergangenen Jahre können ein Zeichen der Ermutigung sein, wenn sie nicht in den Hinterhöfen der Städte verschwinden, sondern heute eine offensichtliche Herausforderung für kirchliches Handeln bieten.

8.5 Die Ergebnisse und Selbstverpflichtungen der Caritas-Armutsuntersuchung nützen

Die überraschenden Ergebnisse der Caritas-Armutsuntersuchung[19], die besagen, daß der Anteil der Armen unter den Caritasklienten überdimensional in den letzten 15 Jahren angestiegen ist und daß der Verband die direkten Folgen bei den „verdeckt“ Armen noch gar nicht richtig erkannt hat, geschweige denn angemessen lindern oder beseitigen kann, verpflichten die Caritas, aber auch die Kirche, eindeutige Kursänderungen ihrer „Option für die Armen“ vorzunehmen.

[18] Vgl. auch H. Kramer/U. Thien (Hg.), Gemeinde und Soziale Brennpunktarbeit. Soziotop von Not und Hoffnung, Freiburg 1989, bes. 137–141.

[19] Vgl. Hauser/ Hübinger, aaO.

Angesichts der derzeit finanziell angespannten Lage auf allen Ebenen ist es auch für die Caritas verführerisch, ungeprüft das Sparen zu übernehmen. Viele Projekte, viele Dienste und Einrichtungen im Kontext von Armenarbeit stehen derzeit in der Gefahr, daß sie durch eine Kürzung der öffentlichen und kirchlichen Mittel eingeschränkt oder abgebaut werden müssen. Angesichts der fortschreitenden Polarisierung in der Gesellschaft ist eigentlich genau das Gegenteil erforderlich: beispielsweise die Sozial- und Schuldnerberatung für betroffene Menschen zu intensivieren, die Angebote sozialer Dienste in die Stadtteile und in Soziale Brennpunkte zu verlagern, neue Projekte zur Verbesserung des sozialen Klimas zu initiieren, Betroffeneninitiativen fachlich und finanziell zu unterstützen oder als kirchlicher Arbeitgeber neue (staatlich subventionierte) Beschäftigungsinitiativen für Langzeitarbeitslose und psychisch Kranke aufzubauen.
Genau zu diesen Forderungen und Konsequenzen kommt auch die Armutsuntersuchung des Deutschen Caritasverbandes, wenn sie den Ausbau der Beratungs- und Betreuungsarbeit, der Sozialrechtsberatung, die Entwicklung von Pilotprojekten und eine Verstärkung der sozialpolitischen Anwaltsfunktion verlangt. Solche Folgerungen belegen, daß die deutsche Caritas das „Armuts-Mandat" im Sinne einer „Option für die Armen" angenommen hat. Allerdings: Wer genauer hinschaut, wird schnell feststellen, daß es sich bei den Beschlüssen nicht um konkret eingeleitete Maßnahmen handelt, sondern lediglich um gutgemeinte Absichtserklärungen.
Mit einigen Forderungen bemüht man sich hin und wieder in die politische Diskussion; sie müßten kontinuierlich mit PolitikerInnen aller Parteien und Regierungen, mit Kirchengemeinden, Betroffenengruppen, den anderen Wohlfahrtsverbänden, Gewerkschaften verhandelt und eingefordert werden.[20]
Konsequente Armenarbeit bedeutet auch, daß es gelingt, die gegenwärtigen Rückzugstendenzen in der Mitarbeiterschaft in diesem Arbeitsfeld aufzubrechen. Vielen KollegInnen in Armutsprojekten fehlt offensichtlich der notwendige Rückhalt. Diese haben oft andere Erwartungen an die Bekämpfung von Not und Armut als die jeweilige

[20] Beispielsweise wird die politisch sinnvolle Einführung eines „soziokulturellen Existenzminimums" in Höhe von 814,30 DM als Grundlage bei der Berechnung aller Sozialleistungen in der Diskussion um die Reform des Bundessozialhilfegesetzes oder bei der Neufestsetzung des Kindergeldes ab Januar 1996 nicht mehr öffentlich eingefordert.

Leitungsebene, als der übergeordnete Verband. Erforderlich und wünschenswert wäre hier ein gemeinsamer Dialog bis auf die unterste Caritas- und Gemeindeebene, der sicherlich nicht konfliktfrei ist und eine neue Streitkultur verlangt.
Derzeit bleibt abzuwarten, ob und in welcher Intensität sich der Caritasverband auf Dauer mit gesellschaftlich Ausgegrenzten und Verlierern identifiziert, ob und unter welchen Bedingungen sich der Verband stärker von gesellschaftspolitischen und kirchenpolitischen Kräften leiten läßt oder von den eigenen Werten, Normen Zielen und Zielgruppen. Auch in diesem Kontext ist eine Verortung der „Option für die Armen“ notwendig.
Konkrete Erfahrungen und Forderungen aus der Arbeit mit Wohnungslosen und von Wohnungsnot Bedrohten können die Suchrichtung für diese Zielgruppe verdeutlichen helfen. Die gesellschaftlichen Entwicklungen und insbesondere die zunehmende Ausgrenzung von immer mehr Wohnungslosen fordern die Caritas, Wohlfahrtsverbände und staatliche Stellen derzeit ganz neu heraus. Es bedeutet, sich dem notwendigen Wandel zu stellen, die unterschiedlichen ambulanten, stationären, auch die almosenverteilenden (z.B. Suppenküchen, Wärmestuben und sonstige Notversorgungen) Dienste und Aufgaben transparenter miteinander zu vernetzen und weiterzuentwickeln. Die sozialpolitische Anwaltsfunktion ist in Kooperation mit anderen Diensten, Trägern und Betroffenengruppen wahrzunehmen.
Für kommunale Träger und auch für die Caritas hat sich das Instrument der „Fachstelle für Wohnungsnotfälle“ als erfolgversprechendes Instrument der Zukunft und der Bekämpfung von Wohnungslosigkeit erwiesen.
Als wichtigste Aufgabe bleibt jedoch die Bereitstellung von Sozialwohnungen (keine Unterbringung in Schlichtwohnungen) für am Wohnungsmarkt benachteiligte Personen. Da die Wohnungsversorgung in der BRD bei über 90 % der Bevölkerung als recht gut zu bezeichnen ist, stellt sich hier die Frage der Wohnraum-Verteilung angesichts eines nicht funktionierenden freien Wohnungsmarktes. Ohne die Bereitstellung bedarfsgerechten Wohnraums für Wohnungslose kann mit den Möglichkeiten der sozialen Arbeit und der sozialen Sicherungssysteme langfristig keine gesicherte Lebensgrundlage erreicht werden.[21]

[21] Vgl. U. Thien, Wohnungslos – Gesellschaftslos. Wer seine Wohnung verliert, verliert weit mehr als das schützende Dach über dem Kopf – eine Situationsbeschreibung, in: Caritas in NRW 5/95, 6–10.

8.6 Die „Option für und mit Armen" durch strukturelle Rahmenbedingungen innerhalb der Caritasinstitutionen wollen und fördern

Die Kirche ist flächendeckend in jeder Diözese, in jeder Region und Kommune vertreten und hat vielfältige Möglichkeiten, sich sozialpolitisch einzumischen: auf kommunaler Ebene im Sozialauschuß, bei der Einrichtung eines runden Tisches für Wohnen oder Arbeit, bei der Erstellung von Flächennutzungsplänen für adäquates Wohnen usw. Ein bislang vernachlässigter Arbeitsbereich ist die Einmischung und fachkompetente Mitarbeit bei Sozialplanung und Sozialberichterstattung. Denn um politisch verändernde Schritte einleiten zu können, sind heute klare Zahlen und Fakten eine Grundvoraussetzung.

Die Bekämpfung der Armut erfordert eine übergreifende Strategie. Erfahrungsgemäß läßt sich dies bei der derzeitigen Struktur der Caritas nicht umsetzen. Die Caritas wirkt, von außen betrachtet, zwar wie ein geschlossener Konzern mit über 24.000 Diensten und über 400.000 Mitarbeitern, de facto aber besteht sie aus über 500 selbständigen Verbänden (auf Diözesan-, Orts-, Kreisebene). Jede Betriebsträgergesellschaft der Caritas arbeitet mit und für andere Klientengruppen, verfolgt eigene Interessen und setzt eigene Schwerpunkte, unterhält andere Dienste, fährt eine eigene Politik und steht örtlich, politisch, kirchenpolitisch in anderen Abhängigkeiten. Insofern wird die deklarierte „Option für die Armen" eher individuell praktiziert. An dieser Stelle kann das Unternehmen Caritas in seiner vermeintlichen Schlagkraft entlarvt werden. Wenn die Caritas eine wirksame Armutsbekämpfung betreiben will, muß sie zukünftig geeignete Instrumentarien und professionelle Kommunikations- und Kooperationsstrukturen entwickeln, die ihr sozialpolitisches Mandat transparenter werden lassen.

In diesem Zusammenhang ist auch darüber nachzudenken, ob die Armenarbeit der Caritas unter Einbeziehung aller offenen sozialen Dienste dann nicht auch eine eigene Struktur mit entsprechenden Kompetenzen innerhalb des bestehenden Wirtschaftsunternehmens braucht. Denn derzeit genießen nur Einrichtungen, die Gewinne einfahren, Prestige – sie sind die Aushängeschilder des Verbandes. Mit ihnen können Armenprojekte in der Regel nicht konkurieren. Der Mut zu neuen Projekten bedeutet den stärkeren Einsatz eigener finanzieller Mittel und ein Überdenken der eigenen Verteilungspolitik.[22] Spätestens an dieser Stelle wird deutlich, daß Armutsbekämpfung auch zu tun hat mit einem neuen Verteilungskampf um sozialpastorale Prioritäten und Schwerpunkte. Hier gilt es, liebgewordene Gewohnheiten und Ansichten zu überprüfen und im Zweifel auch aufzugeben. Hier gilt es, jene Widerstände in den eigenen Reihen zu bearbeiten, die einer offensiven „Option für die Armen" entgegenstehen. Dies geht natürlich auch an den Nerv der Ressourcen von Caritas und Kirche, an ihre Finanzen, ihr Kapital, ihren Grund und Boden. Bislang gab es genügend Abwehrmechanismen gegen solche Diskussionen. Angesichts des knapper werdenden Kirchsteueraufkommens und damit der enger werdenden kirchlichen Haushalte besteht die berechtigte Hoffnung auf neue sozialpastorale Möglichkeiten und Prioritäten.

8.7 Ehrliche Solidarität und kompetente Vernetzung als Markenzeichen

Die Kirche wird sich daran messen lassen können, wie es gelingt, Solidarität wiederzuentdecken. Solidarität mit Flüchtlingen, Wohnungslosen, Arbeitslosen – und zwar so, daß sie als gleichwertige Partner in Gruppen, Gremien, bei Verhandlungen anerkannt werden (z.B. als „Freunde von der Straße") und nicht nur als zu betreuende degradiert werden (z.B. das Problem der Nichtseßhaften behördlich regeln). Das bedeutet auch, nicht solange abzuwarten, bis die Armut zum Himmel schreit oder die Betroffenen schon jahrelange Benachteiligungen, Ausgrenzungen oder Diffamierungen erlitten haben.
In diesem Sinne kann z.B. von der Arbeitsgemeinschaft „Lobby für Wohnsitzlose und Arme" gelernt werden. Sie versucht wohlhabende und arme Menschen zusammenzubringen, um gegeseitige Vorurteile und Berührungsängste abzubauen, z.B. durch ein Lobby-Restaurant in Aachen oder Frankfurt, wo Wohnungslose und andere BürgerInnen der Stadt gemeinsam essen können (zu unterschiedlichen Preisen), wo das Essen und anderer Beratungsbedarf so normal wie eben möglich geregelt wird. Ein bedenkenswertes Beispiel in der Versorgungskette von Wohnungslosen, das kirchliche Dienste zum Nachdenken bringen

[22] Einige örtliche und diözesane Caritas- und Fachverbände gehen diesen Fragen sehr offensiv nach. Zum Beispiel läuft z.Z. im Diözesancaritasverband Münster ein Armutsprojekt zur Entwicklung von alternativen Strukturen und zur Bildung von Qualitätsstandards einer angemessenen Armenarbeit.

sollte, weil diese trotz langjähriger Erfahrungen auf ein solches Konzept des solidarischen Handelns bisher zu wenig aufmerksam wurden. Ehrliche Solidarität führt zu gemeinsamem vernetzten Handeln aller Dienste und Einrichtungen von Kirche und Caritas. Um der Armen und Ausgestoßenen willen sind neue Kooperations- und Vernetzungsformen erforderlich mit allen möglichen Partnern. Diese sollten offen und nicht von vornherein parteipolitisch eingegrenzt, nicht von der Konkurrenz unter den Wohlfahrtsverbänden oder vom politischen Agieren einzelner SozialarbeiterInnen, BeraterInnen oder Leitungsverantwortlicher geprägt sein. Solidarisierungspartner müßten ausgesucht werden unter dem Blickwinkel einer Nähe zu Ausgegrenzten und Unterversorgten und einer einer Fähigkeit, eine lebenswertere und gerechtere Gesellschaft voranbringen zu wollen.
In diesem Sinne kann eine ernstgemeinte kirchliche „Option für Arme“ einem sozial blinden Markt[23] und einer (wirtschafts-)politisch inszenierten Sozialinflation sozialpolitisch kompetent und konzertiert entgegensteuern und offensiv den sozialen Frieden im Lande fördern: z.B. durch Stadtteil-Kommunikationszentren, durch eine adäquate Sozialberatung, durch gezielte Einmischungsstrategien, durch den bewußten Einsatz von kompetenten, präventiv ausgerichteten Sozial- und PastoralarbeiterInnen, durch eine Weiterentwicklung regionaler Netzwerke, durch eine neue Dialog- und Streitkultur, durch Beteiligung anstelle von Resignation und Gleichgültigkeit, durch Integration statt Ausgrenzung.[24]

[23] Vgl. F.H. Fritz, Ein sozial blinder Markt. Die Diskussion über ein neues Wohnungsbaugesetz als Chance für eine soziale Neurorientierung, in: Herder-Korrespondenz 49 (1995) 654–658, 654.

[24] Vgl. hierzu das aktuelle Protestplakat der Diözesancaritasverbände in NRW:
„Regierung plant Sozialhilfereform – Caritas warnt vor Sozialabbau: Solidarität statt Ausgrenzung
– Arme nicht ärmer machen! – Armut bekämpfen!
– Arbeit schaffen! – Existenzminimum sichern!
– Kein Haushaltsausgleich zu Lasten der Armen!
Die Caritas setzt sich anwaltschaftlich für Sozialhilfeempfänger ein. Ziel ist es, einen weiteren Sozialabbau und einer Entsolidarisierung in unserer Gesellschaft entgegenzutreten.“

Bert van Schagen

Kirche und Stadtviertelarbeit in Amsterdam-Ost

Modell einer Sozialpastoral

In diesem Beitrag geht es um die Beschreibung einer sozialpastoralen Praxis in Form einer Stadtviertelarbeit in Amsterdam-Ost. Diese Arbeit fasse ich als eine Form von kirchlicher Gemeindeberatung auf, deren Durchführung sich an den Bedürfnissen und Nöten der Menschen im Stadtviertel orientiert; daraus erwächst dann ihr Angebot.
Im folgenden lege ich diese kirchliche Stadtviertelarbeit als eine Methode dar.[1] Im ersten Abschnitt beschreibe ich die Struktur von kirchlicher Stadtviertelarbeit im Osten Amsterdams sowie meine Position und Aufgaben als kirchlicher Stadtviertelarbeiter. Daran schließe ich eine Beschreibung der Stadtviertel an, wofür ich als Beispiel das Stadtviertel Transvaal auswähle. Dabei stelle ich auch das Projekt „Schicksalsgefährten" (lotgenoten) vor, das sich aus einer Analyse dieses Stadtviertels ergeben hat. Abschließend soll noch – mit Augenmerk auf die Entwicklung von Kirche sowie auf die kirchliche Präsenz im Stadtviertel – die Bedeutung der Vorgehensweise reflektiert werden.

1. Kirchliche Stadtviertelarbeit in Amsterdam-Ost

Seit Mitte Juni 1995 bin ich mit 27 Stunden pro Woche zusammen mit einem Kollegen als kirchlicher Stadtviertelarbeiter bei der im Aufbau befindlichen Stiftung „Kerk en buurtwerk Amsterdam Oost" (Kirche und Stadtviertelarbeit in Amsterdam-Ost) beschäftigt. In dieser Stiftung arbeiten zwei örtliche Kirchengemeinden zusammen:

- die römisch-katholische ABG-Pfarrei (Anna – Bonifatius – Gerardus Majella, ein Zusammenschluß von drei Pfarreien) und
- die protestantische Gemeinde Ost (eine Fusion der reformierten Eltheto-Gemeinde und der altreformierten Muider-Funen-Gemeinde).

[1] Vgl. Profiel. Zicht op kerkelijk opbouwwerk. Diocesaan Pastoraal Centrum Haarlem/Sectie Kerkopbouw, i.s.m. de Maatschap Kerkelijk Opbouwwerk in het Bisdom Haarlem, Haarlem 1993. – In dieser Broschüre wird die kirchliche Stadtteilarbeit als eine „Typologie" der kirchlichen Aufbauarbeit verstanden.

Die kirchliche Stadtteilarbeit strebt eine Verbesserung der Lebensqualität und des sozialen Zusammenhaltes an, und sie versucht, die kirchlichen Leitungen dafür zu gewinnen, ihre pastorale Führung mehr als bisher an dem Geschehen im Viertel und dem Erleben seiner Bewohner zu orientieren. Sie folgt also zwei Spuren: dem Viertel und der Kirche – und zwar in dieser Reihenfolge. Denn das Spezifische der kirchlichen Stadtteilarbeit liegt einerseits in dem Bemühen, im konkreten Handeln innerhalb des Viertels ihren Weg zu finden, und andererseits in dem Bewußtsein, daß nur in diesem suchenden Umgang mit den Menschen – und nur so – die kirchliche Präsenz Form erhalten kann und muß. In diesem Doppelbezug liegt ihre Identität.
Die kirchliche Stadtteilarbeit möchte Menschen aus dem Viertel, aus den Gemeinden zusammenführen, indem sie sie anregt, sich anläßlich eines Themas, einer aktuellen Problematik, innerhalb eines Projekts zu beteiligen. Auf diese Weise hofft sie, den Menschen Möglichkeiten zu bieten, sich für das, was für sie selbst, für den Aufbau des Viertels und der Glaubensgemeinschaft wichtig ist, einzusetzen.
Obwohl „Kerk en buurtwerk“ eine eigene Stiftung ist, die, wie gesagt, zwei Leute angestellt hat, arbeitet sie nicht losgelöst von den örtlichen Kirchengemeinden. Dafür gibt es verschiedene Gründe. Einer davon ist, daß „Kerk en buurtwerk“ nicht als Alibi dafür dienen soll, daß sich die Kirchengemeinden von der Wahrnehmung ihres Auftrages im Stadtviertel dispensieren. Von daher war es nötig, die Beziehung zwischen örtlichen Kirchengemeinden und der Stiftung für kirchliche Stadtviertelarbeit zu regeln. In dem dafür erstellten Statut ist vereinbart, daß die beiden Stadtviertelarbeiter (jeder viermal im Jahr) einen Gottesdienst leiten und daß regelmäßige Kontakte mit dem Kirchenrat und dem Pfarrgemeinderat unterhalten werden. Für die inhaltliche Arbeit der Stadtviertelarbeit ist der Vorstand der Stiftung verantwortlich. Er hat darüber sowohl gegenüber der Leitung der römisch-katholischen Pfarrei als auch gegenüber dem Kirchenrat der protestantischen Gemeinde Rechenschaft abzulegen.

2. Meine Position

Anstellung und Sendung, das sind die beiden Koordinaten meines Postens als Stadtviertelarbeiter.
Der Vorstand der Stiftung ist mein Arbeitgeber; er hat mich angestellt.

Meine kirchliche Sendung habe ich von den betroffenen Kirchengemeinden empfangen, und zwar am 24. September 1995 im Rahmen eines ökumenischen Gottesdienstes mit dem Thema: „Aussendung von Bert van Schagen als kirchlicher Stadtviertelarbeiter“. Dazu wurde u.a. gesagt: „Sie sind dazu berufen, kirchlicher Stadtviertelarbeiter in diesen Stadtvierteln zu sein. Die Kirche, die Sie beruft und sendet, lebt hier mittendrin als Quelle der Inspiration, der Liebe und der Geisteskraft.“
Ins Stadtviertel hineinzugehen, war für mich aufgrund früherer Arbeitserfahrungen nicht gänzlich neu. Dennoch fühlte ich mich zu Beginn meiner Arbeit als kirchlicher Stadtviertelarbeiter nicht heimisch. Ich mußte mich in meiner neuen Position als kirchlicher Stadtviertelarbeiter erst noch zurechtfinden; sie unterschied sich von der als kirchlicher Gemeindearbeiter in der Pfarrei „De Graankorrel“ in Amsterdam-Südost, wo ich vom 1. Januar 1989 bis zum 31. Dezember 1994 arbeitete.
Mein Auftrag in dieser Pfarrei bestand darin, daß ich ihr bei der Entwicklung des Umgangs mit der dort lebenden multiethnischen Vielfalt helfen sollte. Das Angebot der Pfarrgemeinde sollte mit der demographischen Entwicklung dort in Südost Schritt halten. Es ging also um „Gemeindeaufbau“. Ich war im Dienst der Pfarrei tätig, und ich wurde auch so angesehen.
Als ich nun als kirchlicher Stadtviertelarbeiter in Amsterdam-Ost angestellt war, begriff ich, daß meine Position eine andere sein würde. Vor allem bei meiner Aussendung am 25. September 1995, „in das Stadtviertel hinein“, wurde ich mir dessen bewußt.
Meine heutige Position ist weniger kirchen- als vielmehr stadtviertelbezogen. Das ergibt sich u.a. aus der zentralen Zielsetzung der kirchlichen Stadtviertelarbeit in Amsterdam Ost: die Lebensqualität des Stadtviertels fördern. Sie zielt also nicht so sehr auf die örtlichen Kirchengemeinden, obwohl es natürlich Verbindungen gibt. Denn ich bin ein kirchlicher Stadtviertelarbeiter, d.h. daß mit meiner Tätigkeit prinzipiell das Adjektiv „kirchlich“ verbunden ist. Mit Blick auf die kirchliche Präsenz und die kirchliche Erneuerung ziehe ich diese Position der früheren vor. Weiter unten werde ich noch genauer erläutern, warum.

3. Die Stadtviertel

Das Arbeitsgebiet der ökumenischen Stadtviertelarbeit liegt im Osten vom Zentrum von Amsterdam und umfaßt sechs Stadtviertel. Mein

Kollege arbeitet in zwei ausgedehnten Stadtvierteln, die im Stadtteil Zeeburg liegen. Ich arbeite in den anderen vier Stadtvierteln. Eins liegt in der östlichen Innenstadt: die Oostelijke Eilanden. Die drei anderen liegen im Stadtteil Amsterdam Ost: Dapperbuurt, Oosterparkbuurt und Transvaalbuurt. Im Volksmund heißen sie die „alten Stadtviertel“; dabei denkt man nicht mehr daran, daß bis zur zweiten Hälfte des 19. Jahrhunderts der größte Teil dieses Gebiets noch zum Wiesen- und Weidegebiet rings um Amsterdam gehörte. Die Bebauung datiert von der zweiten Hälfte des 19. Jahrhunderts und später, und sie hängt zusammen mit dem damaligen Beginn der Industrialisierung. Im folgenden gebe ich eine kurze Übersicht über die einzelnen Stadtviertel:

Oostelijke Eilanden

Das Stadtviertel Oostelijke Eilanden wurde in der zweiten Hälfte des 19. Jahrhunderts errichtet. Es besteht aus drei kleineren Stadtvierteln (Kattenburg, Wittenburg, Oostenburg), die voneinander durch Kanäle, die in das Wasser von Het Íj münden, getrennt werden. Dazu kommt ein viertes, das Czaar Peterbuurt, das an Oostenburg grenzt.

Das ganze Stadtviertel wird umschlossen von einem großen Marine-Gelände, von Schienen der Niederländischen Eisenbahn, von den Häfen der Het Íj und von einer großen Straße, an der entlang ein im Jahre 1877 gegrabener Kanal läuft.

Das Stadtviertel war lange Zeit verwahrlost. Zwischen 1955 und 1975 kann man nur noch von Verarmung und Kahlschlag sprechen. Die Bevölkerungszahl, die schon vorher zurückgegangen war, nahm in dieser Zeit dramatisch ab. In den letzten zehn Jahren nahm sie infolge einer darauf ausgerichteten Wohnungspolitik – es sind viele neue Wohnungen gebaut worden – wieder zu.[2] Traditionell handelt es sich bei diesem Stadtviertel um eines, in dem man wohnen und arbeiten kann. Die Gewerbegebiete befinden sich vornehmlich an den Gebieten, die an Het Íj grenzen.

In der Czaar-Peter-Gegend, wo noch viele alte Wohnungen stehen, befindet sich ein Haus der Offenen Tür („inloophuis“) der kirchlichen Stadtteilarbeit, das mit Hilfe von zwei ABM-Stellen (ndl. „banenpoolers“[3]) unterhalten wird. Diese Tätigkeit wird von mir koordiniert und begleitet.

[2] J. Verhulst, Struktuurvisie Oostelijke Eilanden 2000, Amsterdam 1992.

[3] Ein „Banenpooler“ ist jemand, der im Rahmen der „Banenpool-Regelung“ als Arbeitnehmer einen Dienstvertrag eingegangen ist. Die Banenpool-Regelung bezweckt,

Dapperbuurt und Oosterparkbuurt[4]

Diese liegen im Halbkreis um den Oosterpark, einen alten Friedhof. 1891 wurde er in einen Park umgewandelt. Die beiden Stadtviertel wurden so geplant, daß rund um den Oosterpark die Wohlhabenderen wohnen sollten und in den Straßen dahinter der Mittelstand und die Arbeiterklasse. Es wurden auch zwei Krankenhäuser errichtet.

Transvaalbuurt[5]

Transvaalbuurt wurde zu Beginn des 20. Jahrhunderts gebaut, mit viel Ehrgeiz und mit für die damalige Zeit verhältnismäßig großzügiger Planung (spielerische Anordnung der Wohnhäuser, mehrere öffentliche Plätze ...). Durch zunehmende Motorisierung bleibt allerdings von der Geräumigkeit nicht viel übrig: Plätze werden „Parkplätze".

Die Wohnungen wurden in der damaligen Zeit gut entworfen, wenngleich sie nach heutigen Einsichten eine zu kleine Grundfläche haben. Viele von ihnen waren für die Arbeiter in der östlichen Innenstadt bestimmt. Es wohnten hier vor allem Diamanten-Arbeiter und Menschen jüdischer Abstammung. Im Zweiten Weltkrieg wurde das Stadtviertel ein „jüdisches Kiez". Über den nahegelegenen Muiderpoort-Bahnhof wurden viele in die Vernichtungslager abtransportiert. Aus den leerstehenden Wohnungen wurde – vor allem im strengen Winter 1944/45 – alles, was brennbar war, entfernt. Am Ende des Krieges bot das Stadtviertel darum einen abgewrackten und desolaten Anblick. Die Häuser wurden wieder hergestellt und boten anderen Familien Gelegenheit zur Unterkunft.

In den vier Stadtvierteln wohnen insgesamt fast 40.000 Menschen. Ende der sechziger Jahre begann die Bevölkerung sich zu verändern. Es kamen viele Menschen aus dem Mittelmeer-Raum und aus der Karibik. Momentan sind ungefähr 55% der Bewohner des Stadtteils Amsterdam-Ost ausländischer Herkunft, unter ihnen ein großer Anteil an Marokkanern und Türken (fast 20%). Ungefähr 15% stammen von Surinam und von den Antillen.

Der Anteil von Migranten am Gesamt der Bevölkerung in Amsterdam-Ost nimmt zu. 1988 betrug er 31%; 1990 33%, 1992 40% und am

daß langzeitarbeitslose Amsterdamer (drei Jahre oder länger arbeitslos) durch Bereitstellung zusätzlicher Arbeitsplätze wieder am Arbeitsprozeß teilnehmen können. Die Arbeitsplätze werden alle im öffentlichen Sektor geschaffen, einschließlich unterstützten Institutionen und Non-Profit-Organisationen.

4 Vgl. Wijkplan Oosterparkbuurt. Amsterdam, Stadsdeel Oost, November 1995.

5 Vgl. Wijkplan Transvaalbuurt. Amsterdam, Stadsdeel Oost, November 1995.

1. Januar 1994 45%. Dieses starke Ansteigen war so nicht vorgesehen; in einer Veröffentlichung der Kommune von Amsterdam aus dem Jahre 1990 ist zu lesen, daß damals für das Jahr 2000 der Ausländeranteil auf nur 42% geschätzt worden ist.[6]
Von den Einwohnern in Amsterdam-Ost sind ungefähr 25% von der Sozialhilfe abhängig. Die Arbeitslosenquote ist hoch und schwankt von Viertel zu Viertel; in Oosterparkbuurt beträgt sie 20,3% und in Transvaalbuurt 23,3%.[7]

4. Transvaalbuurt

Das Transvaal-Viertel hat in meinem Aufgabenkatalog Priorität. Es handelt sich um ein Gebiet, in dem die Probleme noch radikaler sind als in den anderen Stadtvierteln von Amsterdam-Ost. Hinzu kommt, daß hier augenfällig wird, was es heißt: Kirchen „vergessen" ihre Stadtviertel.
Ich begann mich zu orientieren, indem ich im Stadtviertel umherzog. Transvaal ist klein, nicht einmal 38 Hektar groß. Es liegt eingeschlossen zwischen einer großen Autostraße, unter der eine Metro läuft, einem hohen Eisenbahndamm, einer breiten Geschäftsstraße und dem Ringkanal vom Watergraafsmeer.
Das Stadtgebiet ist reines Wohngebiet und dicht bebaut. Die Versorgung für die rund 10.000 Einwohner (125 Wohnungen pro Hektar) ist unzulänglich: ein paar Geschäfte, Cafés, Snackbars sowie marokkanische und türkische Kaffeehäuser und eine marokkanische und eine türkische Moschee. Es gibt keine Theatersäle und keine Zentren der christlichen Kirchen. Für die Kinder gibt es kaum Spielplätze.
Meine Orientierung setzte ich dann fort mit der Lektüre von Berichten und Broschüren; ich führte mit einigen Bewohnern Gespräche, und vor allem mit den Sozialarbeitern in dem Stadtviertel: im Straßeneckenbüro, im Mädchen-Projekt, im Aktivitätszentrum für Jüngere von Amsterdam-Ost sowie mit einem Gemeinwesenarbeiter. Ich hatte auch eine Besprechung mit einem Vertreter der türkischen Moschee sowie mit einem Mann, der jahrelang Stadtviertel-Polizist in Transvaalbuurt gewesen ist.

6 Vgl. Bevolkingsprojekties tot 2000. Deel 6: migranten. Amsterdam bureau voor onderzoek en statistiek, Amsterdam, augustus 1991.

7 Siehe die unter Anm. 4 und 5 aufgeführten Stadtviertelpläne.

Mein Ziel war es insbesondere, zu untersuchen, worin in diesem Stadtviertel der Einsatz eines kirchlichen Stadtviertelarbeiters sinnvollerweise bestehen könne, und um diesen Einsatz mit einer solchen Untersuchung zu untermauern.
Durch die Begegnungen, die ich hatte, bekam das anfangs globale Bild, das ich von dem Stadtviertel hatte, eine spezifischere Füllung.

Die ökonomische Struktur
Die ökonomische Struktur des Stadtviertels ist aufgrund verschiedener Ursachen schwach: Die Niederlassungsmöglichkeiten für Betriebe sind gering, weil nur wenig Platz dafür vorhanden ist. Obendrein ist das Stadtviertel nicht gut an Verkehrswege angeschlossen. Technisch gesehen ist das zwar der Fall. Es gibt eine anliegende Metrostation, wodurch das Stadtviertel vom Hauptbahnhof in 8–9 Minuten erreichbar ist. Aber durch die Anwesenheit von Landstreichern und Drogensüchtigen rund um diese Metrostation und den Eingang zur Metro ist der Zugang ziemlich unsicher. Die Unterführungen durch den Bahndamm gelten auch nicht als beschützt und sicher. Dazu kommt, daß Angst vor Raubüberfällen und Einbruch entsprechend einer Bevölkerungsumfrage sehr hoch sind. Das sind Faktoren, die die ökonomische Struktur von Transvaalbuurt schwächen; hinzu kommen noch die folgenden:

Die hohe Fluktuationsrate
Aufgrund der Stadterneurung, die in den achtziger Jahren begonnen wurde, sind in kurzer Zeit relativ viele Menschen umgezogen. Das Stadtviertel weist immer noch eine hohe Fluktuationsrate auf: pro Jahr zieht einer von fünf Haushalten um. Dies hat nicht in erster Linie mit der Lebensqualität des Stadtviertels zu tun, sondern mit der Qualität der Wohnungen. Diese sind relativ klein. Menschen, die sich eine höhere Miete leisten können, entscheiden sich gewöhnlich für eine größere Wohnung und verlassen das Stadtviertel. Neu Zugezogene sind meistens „Anfänger" auf dem Wohnungsmarkt oder aber Menschen, die sich auf gesellschaftlich niederem Niveau befinden. Diese Entwicklung beeinflußt die Bevölkerungszusammensetzung einseitig – mit negativen Konsequenzen z.B. für das Aufkommen und Bestehen eines Vereinslebens, für Partizipationsmöglichkeiten im Stadtviertel und in der Arbeit, in der Sozialstruktur des Stadtviertels. Menschen, die nicht für längere Zeit Fuß fassen, werden nicht viel in das Stadtviertel inve-

stieren. Das Vereinsleben ist größtenteils verschwunden. Darüber hinaus gelingt es der Sozialarbeit nur unzulänglich, Formen zu finden, die helfen, die Betroffenheit der Einwohner (Arbeitslosigkeit, Drogenproblematik, Unsicherheit etc.) in Partizipation umzusetzen.

Die Zusammensetzung der Bevölkerung

Im Vergleich zu anderen Stadtvierteln wohnen in Transvaal viele Menschen mit ausländischer Herkunft: 61%. Von den Bewohnern sind 31% Türken und Marokkaner. Das Eingehen von Beziehungen wird darum nicht nur durch den hohen Anteil von Umzügen erschwert, sondern auch dadurch, daß sich viele Menschen aufgrund ihrer unterschiedlichen Herkunft und aufgrund der Sprachbarrieren, die damit einhergehen, nicht kennen. Im Stadtviertelbericht von Transvaalbuurt wird angegeben, daß sich die Beziehungen zwischen den Einwohnern meistens nur auf die eigenen Gruppen erstrecken. Dies kann ich aufgrund meiner Gespräche mit der Bevölkerung bestätigen.

Die Arbeitslosigkeit

Sie ist unter den Gruppierungen mit ausländischer Herkunft nochmals besonders hoch. Dies hat u.a. zur Folge, daß Kinder in einem Stadtviertel aufwachsen, in dem das Zur-Arbeit-Gehen nicht mehr das Normale ist. Das Stadtviertel ist das kinderreichste von ganz Amsterdam. Dies hängt mit dem hohen Bevölkerungsanteil von Türken und Marokkanern zusammen, die in der Regel mehr Kinder haben als (insbesondere) die Niederländer.

Jugendliche

Eine große Gruppe von Jugendlichen in Transvaalbuurt lebt ohne jegliche Aussicht. Die Zukunft bietet für viele nur geringe Möglichkeiten. Es ist viel die Rede von frühen Schulabgängen und von Schuleschwänzen. Das Ausbildungsniveau der berufstätigen Bevölkerung in Transvaalbuurt ist niedrig (60% haben eine nur geringe Berufsausbildung). Es gibt von daher keinen Anlaß anzunehmen, daß es unter den Jüngeren höher ausfällt.

Ein Berg von Problemen

Aus der vorausgegangenen – immer noch ziemlich groben – Analyse ergibt sich, daß die Kumulation von Problemen für Transvaalburt kennzeichnend ist. Es gibt nicht nur ein Problem; sie kommen vielmehr täglich zuhauf. Dazu kommt, daß viele davon nicht allein aus dem Stadtviertel heraus und von den Bewohnern her abgeleitet werden können. Probleme im Zusammenhang mit Kriminalität, Arbeitslosigkeit, Versklavung etc. gehen über den Bereich des Stadtviertels hinaus; sie sind Folge der überregionalen Entwicklung. Dies bedeutet, daß sie nicht allein von den Stadtviertelbewohnern und von den örtlichen Instanzen angegangen werden können, sondern daß es sich hierbei auch und vor allem um eine Aufgabe für höhere Instanzen handelt.

5. Das Projekt „Schicksalsgefährten" (Lotgenoten)[8]

Während meiner Erkundungen des Stadtviertels traf ich immer wieder, tagsüber und abends, Gruppen von Jugendlichen, die einfach herumhingen. Bei meinen Kontakten mit der Jugendhilfsbehörde brachte ich dies zur Sprache. Das Schwänzen, Herumstreichen und Abhauen von zu Hause kam so auf die Tagesordnung – und damit die „obdachlosen Jugendlichen".

Dies sind Jungen und Mädchen zwischen 12 und 25 Jahren, ständig von einer Adresse zur nächsten ziehend, von Freunden zu Auffangzentren, von Verwandten oder Bekannten zu Unterkünften für Obdachlose. Ständig leben sie unter der Drohung, obdachlos zu werden, was dann auch von Zeit zu Zeit vorkommt. Sie haben kein festes Lebensmilieu und sind sozial entwurzelt. Sie lösen sich von Familie, Schule, Freundesgruppe.

In den Niederlanden gibt es pro Jahr zwischen 6000 und 7600 obdachlose Jugendliche. Mädchen sind mit ca. 25% in der Minderheit, Jungen machen die Mehrheit aus. Das durchschnittliche Alter von obdachlosen Jugendlichen beläuft sich auf rund 18 Jahre.[9] Die meisten sind niederländischer Herkunft. Ungefähr 40% weisen eine nicht-niederländische Herkunft auf. Marokkaner und Surinamesen sind unter ihnen überrepräsentiert.

[8] Vgl. I. Glissenaar, Dicht bij huis. Thuisloze jongeren en de mogelijkheden van kerkelijke interventie, Den Bosch 1994 (Rapport in opdracht van de Sectie Dienst van de Raad van Kerken in Nederland); I. Glissenaar (m.m.v. K. Posthumus), Jongeren van de straat. Hoe kunnen kerken thuisloze jongeren helpen?, Utrecht, Thema-katern 1995/3, uitgegeven door het Secretariaat Rooms Katholiek Kerkgenootschap in Nederland (eine kurze, populäre Version des Rapports).

[9] Vgl. I. Glissenaar, Jongeren van de straat, aaO., 3.

Beim Straßeneckenbüro hörte ich, daß im Transvaal-Viertel momentan ungefähr zehn obdachlose Jugendliche bekannt sind. Sie kommen aus marokkanischen, surinamesischen, antillanischen und niederländischen Familien. Obdachlose Jugendliche kommen in der Regel aus „Multi-Problem"-Familien, die mit vielerlei Problemen unterschiedlichster Art zu kämpfen haben: finanzielle Probleme aufgrund von Arbeitslosigkeit und Verschuldung; zerbrochene Familien aufgrund von Scheidung oder Tod; Gesundheitsprobleme; Drogenabhängigkeit. Deren Zustand ist darum meist instabil. Die Eltern können diese Situation nicht meistern und haben Schwierigkeiten bei der Erziehung ihrer Kinder. Oft kennen sie auch nicht die Möglichkeiten, um an eine adäquate Hilfe für ihre Probleme zu gelangen. Viele Familien, von denen ein Kind obdachlos ist, kommen aus der niedrigsten sozioökonomischen Klasse. Inwiefern diese Beschreibungen auf die betreffenden Kategorien im Transvaal-Viertel zutreffen, muß die Zukunft zeigen.
Während meiner Orientierungszeit erhielt ich von der Katholischen landesweiten Vereinigung für gesellschaftliche Aktivierungsarbeit in Den Bosch (KLVMA) die Anfrage, ob ich als kirchlicher Stadtviertelarbeiter in Amsterdam-Ost bereit sei, an einem Projekt teilzunehmen, das dazu beitragen will, Schicksalsgefährten-Kontakte (lotgenotencontacten) zustandezubringen. Es wird eine Möglichkeit für die „Nächsten" der obdachlosen Jugendlichen – die Zurückgebliebenen aus den Familien also – geschaffen, zusammenzukommen, um miteinander Erfahrungen auszutauschen und sich gegenseitig Halt und Hilfe zu bieten. Das Projekt richtet sich also auf die Familien, die von den Kindern verlassen wurden.
Da ich überzeugt war, daß damit ein Problem angesprochen wurde, was im Transvaal-Viertel drängend ist, ging ich auf das Angebot von KLVMA ein, nachdem wir das übrigens auch im Vorstand der Stiftung beraten hatten.
Intention und Durchführung dieses Projekts, das sich auf das Transvaal-Viertel und seine unmittelbare Umgebung erstrecken soll, werden unter Begleitung einer Initiativgruppe erfolgen. Diese wird durch mich initiiert und koordiniert werden. Die Kandidaten dafür suche ich unter den „Professionellen" in der Jugendhilfsbehörde im Transvaal-Viertel und Umgebung und in den örtlichen Kirchengemeinden. Die Gruppe wird aus ungefähr sieben Leuten bestehen und vorerst für zwei Jahre funktionieren.

Die Aufgabe dieser Gruppe wird – um anzufangen – darin bestehen, mit Hilfe einer breit angelegten Öffentlichkeitskampagne Eltern oder andere Verwandte bzw. Angehörige von weggelaufenen Kindern aufzurufen und dazu anzureizen, an Schicksalsgefährten-Begegnungen teilzunehmen. Ungefähr gleichzeitig wird die Initiativgruppe eine Kampagne in Gang setzen müssen, um Menschen anzuwerben, auszuwählen und um sie zu trainieren, daß sie die Treffen und Gespräche in einer Schicksalsgefährten-Gruppe begleiten können. Methoden, Anleitungen und Ideen, um das eine und das andere durchzuführen, bekomme ich von der KLVMA, die in zwei anderen Städten der Niederlande, in Heerlen und Rotterdam, ein ähnliches Projekt startet.
Die Zielsetzung der KLVMA ist es, eine Handreichung zusammenzustellen, die das aufgreift, was innerhalb der Kirchen momentan auf diesem Gebiet passiert, und die mit neuen Projekten ständig ergänzt werden kann. Die Handreichung muß insgesamt so konkret ausgeführt sein, daß sie von Freiwilligen vor Ort, also auf lokaler Ebene, ausgeführt werden kann.
Die Projekte werden wissenschaftlich begleitet von der Katholisch-Theologischen Universität Utrecht und von der Stiftung Alexander in Amsterdam.

6. Reflexion[10]

Abschließend soll darüber reflektiert werden, welche Bedeutung der beschriebenen Tätigkeit für die Präsenz und die Entwicklung der Kirchen in alten Stadtvierteln zukommt.

Gefangenschaft
Nach meinem Dafürhalten ist für die Zukunft der örtlichen Kirchengemeinden das Maß entscheidend, in dem es ihnen gelingt, sich nicht länger um eigene institutionelle Angelegenheiten und klerikale Interessen zu kümmern. Statt dessen sollten sie mehr, als es bisher geschieht, die Fähigkeit dafür entwickeln, die Probleme der Menschen und des gesellschaftlichen Zusammenlebens wahrzunehmen. Für Kirchengemeinden, die in alten Stadtvierteln so wie in Amsterdam-Ost

[10] Vgl. K.A. Schippers/J.B.G. Jonkers, Kerk en buurt. Theologisch en sociologisch commentaar op de relatie tussen kerk en buurt in vier oude stadswijken, Kampen 1989, sowie Profiel, aaO.

etabliert sind, macht die Ausbildung eines solchen Vermögens ein „bewußtes Im-Stadtviertel-Sein" erforderlich, also regelmäßige Begegnungen mit den Leuten und Einrichtungen des Stadtviertels und dabei mit einem offenen Ohr für ihre Probleme. Wenn diese Stadtviertelbegegnungen nicht gesucht werden, bleibt dessen Wahrnehmung viel zu unzulänglich und dreht sich nur um die eigenen geschlossenen Kreise. Dies hat unweigerlich zur Folge, daß das pastorale Angebot vor allem auf die Fragen und Bedürfnisse derer abgestimmt wird, die sich in den eigenen Reihen hervortun, und weniger darauf, was sich draußen abspielt. Die Relevanz des pastoralen Angebots kann so bestenfalls fragmentarisch über die eigenen Grenzen hinausreichen. Dies führt dazu, daß man das eigene Produkt konsumiert und daß man so zum „Prosument" (= Produzent + Konsument) wird. Das bedeutet „Gefangenschaft".

In der Herausforderung mit einem Stadtviertel wie Transvaal erlebe ich diese Gefangenschaft der Kirchen: in der Mittelklasse und innerhalb des eigenen ethnisch weißen Erbgutes. Dadurch drängt sich die Frage auf, was die örtlichen Kirchengemeinden, die im hohen Maße durch eine weiße kirchliche Leitung bestimmt werden, Menschen aus den unteren Schichten und Leuten schwarzer Hautfarbe zu bieten haben. Mein Eindruck ist, daß viele örtliche Kirchengemeinden in alten Stadtvierteln mit solchen Problemen kämpfen, so daß die Frage gerechtfertigt ist, ob es ihnen mit Hilfe der eigenen Mittel – materiellen, personellen und mentalitätsmäßig – gelingt, Veränderungen durchzuführen, die sie auf einen anderen Kurs bringen: dazu beizutragen, um die in einem Stadtviertel oder „Kiez" aufgespürten Probleme anzugehen und – wo möglich – zu lösen.

Eine Änderung des Kurses ist deshalb so schwierig, weil sie eine andere Weise des Denkens, Handelns und Glaubens erfordert, wobei Probleme vorzugsweise inklusiv-gesellschaftlich statt exklusiv-kirchlich definiert werden. Es ist diese andere, eben genannte Weise, die der hier berichteten Vorgehensweise zugrundeliegt. Gläubiges Engagement kümmert sich dabei nicht um kirchliche Grenzen und läßt sich nicht von den Mauern der Kirche aufhalten. Denn der Geist weht, wo er will. In der Predigt Jesu gilt unter den Menschen der Arme nun einmal mehr als der Reiche, der Schwache mehr als der Starke. Gläubige können ein solches Engagement kreativ in die Stadtviertel einbringen, und sie können dabei von dem relativ großen Spielraum, den die Kirchen in der Praxis haben, Gebrauch machen. Sie sind nämlich ganz und gar oder größtenteils unabhängig von den Zuschüssen der bürgerlichen Gemeinde. Diese freiere Position befähigt sie mehr als andere bezuschußte Behörden wie z.B. die Stadtviertel-Aufbaubehörde oder andere kommunale Wohlfahrtsinstitutionen, kritisch zu arbeiten und Veränderungen innerhalb der gesellschaftlichen Ordnung anzustreben.[11]

Offenheit und Betroffenheit

Die Vorgehensweise, wie sie hier dargelegt wurde, läßt sich von einem offeneren Kirchenverständnis leiten. Dieses impliziert Betroffenheit für die Menschen, für deren Probleme, Bedürfnisse und Nöte, die sie zu erkennen geben. Als kirchlicher Mitarbeiter suche ich nach Möglichkeiten und Anknüpfungspunkten, um dieser Offenheit und Betroffenheit Ausdruck zu geben in einer bestimmten Arbeitsweise oder Methode, wie es der vorangegangenen Beschreibung zu entnehmen ist.
Mit der Einführung des Projekts „Schicksalsgefährten" habe ich eine Zusammenarbeit im Umkreis der Stadtviertel-Problematik angestrebt. Das ist mir deshalb so wichtig, weil sich daraus Möglichkeiten ergeben, um von der kirchlichen Stadtteilarbeit aus Kontakte und Verbindungen über die Grenzen der kirchlichen bzw. gläubigen Zirkel hinaus zu knüpfen. So entstehen Gelegenheiten, durch die die Kirchen herausgefordert werden, die Situation des Stadtviertels als eine Angelegenheit, die es mit ihrem ureigenen Auftrag zu tun hat, zu begreifen. Ferner kann das Projekt dazu beitragen, daß die Kirchen von den Sozialhilfeinstanzen und den StadtteilbewohnerInnen als Bundesgenossinnen bei dem Aufbau des Stadtviertels erfahren werden.

Problembewußtsein, menschliche Würde

Die konkrete Gestalt, die die kirchliche Präsenz annimmt, ergibt sich nach der beschriebenen Vorgehensweise als Konsequenz aus den wahrgenommenen Problemen, aus dem Hören darauf, was Menschen bedrängt und ihnen die Zukunft versperrt. Hierbei wird angestrebt, „Probleme" und „Problem-Lösen" zusammenzuhalten. Dies heißt, daß mit Berufung auf die eigenen Möglichkeiten der Menschen derart vorgegangen wird, daß das Formulieren der Probleme und die Lösungsversuche von ihnen in eigener Regie durchgeführt werden.

[11] Vgl. H. van Middelaar/B. van Schagen, Offene-Tür-Einrichtungen (O.T.s) in Amsterdam, in: Diakonia 24 (1993) 347–351, hier: 350.

So ein Vorgehen ist nicht allein sinnvoll mit Blick auf die Animation von Problembewußtsein. Es handelt sich auch um eine Frage der Integrität. Menschen werden als Subjekte behandelt und nicht zu Objekten von Entscheidungen degradiert. Dies kann dazu beitragen, in bescheidenem Maße und „auf kleinem Fuße“ entfremdenden und ausbeutenden Tendenzen, durch die die Menschen ihrer Würde beraubt werden, zu widerstehen und ihnen die geraubte oder verlorene Würde wieder zurückzugeben.

7. Zum Schluß

Im Vorangegangenen habe ich versucht, Rechenschaft darüber zu geben, was ich für einen Typus oder eine Grundform kirchlicher Aufbauarbeit halte: die kirchliche Stadtteilarbeit. Ich habe nur einen Ausschnitt daraus beschrieben: meine Orientierungszeit im Transvaal-Viertel in Amsterdam-Ost. Und ich habe nur ein Beispiel dafür präsentiert, wie kirchliche Stadtteilarbeit sich sowohl in formaler als auch in materialer Hinsicht durch die örtlichen Umstände beeinflussen läßt. Dabei ist mir bewußt, daß Inhalt und Arbeitsform kirchlicher Stadtteilarbeit von Ort zu Ort verschieden ausfallen. Ausschlaggebend sind dafür sowohl der Ort der Praxis, die konkret betroffenen Menschen sowie der jeweilige kirchliche Stadtteilarbeiter. Gleichwohl dürfte deutlich geworden sein, daß und wie nach meinem Konzept die kirchliche Stadtteilarbeit eine spezifische Methode der Gemeindeberatung darstellt.

Manfred Körber

Nahe sein in den Brüchen der Gesellschaft
Sozialpastorale Aspekte kirchlichen Handelns im wirtschaftlichen Strukturwandel

Einleitung

Das habe er sich früher nicht träumen lassen, erzählt Horst K., „daß ich einmal selbst den Gang zum Sozialamt antreten muß". Das war in seiner Vorstellung „etwas für Asylbewerber und Arbeitsscheue gewesen". Der 49 Jahre alte Metallfacharbeiter hatte 1993 seine Stelle verloren. Neue Angebote in seinem Beruf sind dünn gesät, und sein Alter und ein Augenleiden vereinfachen die Vermittlung nicht. Nach Ablauf des Arbeitslosengeldbezugs beschleunigte sich für die Familie der finanzielle Abstieg. Mit Überstunden und Weihnachtsgeld verdiente er früher im Schnitt monatlich rund 3000 Mark. Heute dagegen bleiben ihm noch etwa 1400 Mark Arbeitslosenhilfe. Trotz eines kleinen Nebenverdienstes seiner Frau, Kindergeld für die beiden Söhne und Wohngeld reichte das Einkommen bei einer Miete von fast 1000 Mark zum Leben nicht aus. Es wird nun um 400 Mark vom Sozialamt der Stadt aufgestockt, so daß die Kommune zum Ersatz-Arbeitsamt wird.[1]
Das persönliche Schicksal von Horst K. verdeutlicht die Zusammenhänge von wirtschaftlichem Wandel, Arbeitslosigkeit und Armut. Die Kirchen werden in vielfältiger Weise mit solchen oder ähnlichen Schicksalen konfrontiert, in Gemeinden, Beratungsdiensten, Kindergärten, Arbeitslosenprojekten etc. Der folgende Beitrag beschreibt anhand der Entwicklungen in der Aachener Region, wie kirchliche Gruppen eine spezifische Praxis im regionalen Strukturwandel entwickelt haben. Auf unterschiedliche Weise sind sie den Menschen in den gesellschaftlichen und individuellen Umbrüchen nahe.

1 Zu solchen und ähnlichen Fallberichten vgl. u.a. Forum der Arbeit (Hg.), Armes AC – zweiter Armuts- und Sozialbericht, Idstein 1995.

Der regionale Strukturwandel als kirchliches Handlungsfeld

Seit Mitte der 80er Jahre mischen sich immer häufiger die Kirchen ein, wenn Betriebsschließungen sich andeuten oder industrielle Großprojekte eine Region zu verändern drohen. Sie übernehmen durch ihren Protest eine Verantwortung für die regionale Zukunft.[2] Oft folgt aber auf Widerstand und Protest keine kontinuierliche Weiterarbeit an der Thematik. Die Sozialverbände wenden sich schnell wieder aktuelleren Themen zu, Pfarrgemeinden sind mit der Fülle der durch die Wandlungsprozesse angestoßenen Neuerungen oft überfordert, und die Wohlfahrtsverbände haben mit den sozialen Folgen der Umbrüche genug zu tun.

In einigen Regionen aber – darunter die Aachener Region – gelang es kirchlichen Akteuren durch die Gründung von Initiativen und Netzwerken, eine Kontinuität der Arbeit an der Problematik zu erreichen. In Aachen kamen ihnen dabei die besonderen Voraussetzungen durch den pastoralen Schwerpunkt „Kirche und Arbeiterschaft" sowie die nordrhein-westfälische Konzeption der regionalisierten Strukturpolitik, die eine breite gesellschaftliche Beteiligung beim regionalen Strukturwandel vorsieht, zugute.

1987 gründeten die regionalen Katholikenräte, die Katholische Arbeitnehmerbewegung, die Christliche Arbeiterjugend, Kolping, der Deutsche Gewerkschaftsbund und die evangelischen Kirchenkreise das Forum der Arbeit. Die Gründung dieser strukturpolitischen Initiative geht auf die große Betroffenheit zurück, die die damalige Kohlerunde in der Region auslöste. Wissenschaftliche Untersuchungen prognostizierten durch die Schließung der letzten Zeche, Emil Mayrisch in Alsdorf, den Wegfall von 30.000 Arbeitsplätzen und enorme Kaufkraftverluste für die Region. Unter dem Motto: „Unsere Region soll leben ..." versuchten kirchliche und gewerkschaftliche Gruppen, der geplanten Zechenschließung Widerstand entgegenzusetzen.

Nach der Festlegung des Schließungsdatums für die Zeche wurde den Akteuren bewußt, daß ihr Engagement nun der aktiven Gestaltung der wirtschaftlichen Umstrukturierung gelten muß. Aufgabe des Forums der Arbeit sollte es daher sein, aus der Perspektive der Ver-

[2] Vgl. H.W. Jablonowski (Hg.), Betriebsschließungen im Ruhrgebiet. Kirche in Konflikten des Strukturwandels, Bochum 1990; ders. (Hg.), Betriebsschließungen im Ruhrgebiet. Teil 2. Kirche in Konflikten des Strukturwandels. Der Fall Rheinhausen. Chronik und Analysen. Bochum 1991.

lierergruppen des wirtschaftlichen Wandels heraus mögliche Alternativen zu derzeitigen Formen des Wirtschaftens und Arbeitens in der Region zu thematisieren und entsprechende Projekte mit verschiedenen gesellschaftlichen Gruppen zu entwickeln. Neben einer Geschäftsstelle, die die Aktivitäten der Ehrenamtlichen koordiniert, einer von der katholischen Kirche getragenen Projektstelle „Sozialethik im Strukturwandel", verfügt das Forum der Arbeit heute auch über ein vom Land Nordrhein-Westfalen gefördertes Projektbüro, das Initiativen, Verbände und BürgerInnen der Region in Fragen des strukturpolitischen Engagements und der Projektentwicklung berät. Mit Hilfe des Forums der Arbeit ist es den Kirchen gelungen, eigene Beiträge in den strukturellen Wandel einzubringen. Dadurch ist in der Aachener Region ein „Kirchliches Handlungsfeld regionale Strukturpolitik" entstanden.[3]

Das sozialpastorale Selbstverständnis der kirchlichen Akteure

Die Rede vom Strukturwandel ist in den letzten Jahren zu einem Alltagsbegriff geworden, mit dem die gesellschaftlichen und wirtschaftlichen Umbruchsprozesse auch jenseits von Expertendiskursen beschrieben werden. Kaum eine Tageszeitung, kaum ein politisches Magazin, kaum eine Diskussion in Betrieben oder Kommunen, in denen der Begriff nicht fällt. Dies ist nur ein Indiz dafür, daß von den Auswirkungen der stattfindenden wirtschaftlichen und gesellschaftlichen Umbruchsprozesse nahezu alle gesellschaftlichen Bereiche betroffen sind. In besonders dramatischer Weise wird dies z.Z. in Ostdeutschland erfahrbar, wo die massenhaften Abstiegserlebnisse im sich dort vollziehenden strukturellen Wandel zu einer Entwertung der Berufs- und Lebenserfahrungen weiter Teile der Bevölkerung führen. Im gesellschaftlichen und wirtschaftlichen Leben, so scheint es, sind die Phasen lang anhaltender Kontinuitäten vorbei. Die Gesellschaft der radikalisierten Moderne zeichnet sich durch zunehmend beschleunigte Wandlungsprozesse aus. Der Strukturwandel wird sich in den nächsten Jahren aufgrund der Veränderungen in der Produktionstech-

[3] M. Körber, Regionale Strukturpolitik – ein Handlungsfeld für die Kirchen? Das Forum der Arbeit in der Aachener Region, in: Jahrbuch für Christliche Sozialwissenschaft Bd. 36/1995, 191–199.

nik, der Unternehmensorganisation und Weltmarktkonkurrenz sowie durch die politischen und wirtschaftlichen Entwicklungen in Osteuropa noch beschleunigen. Daher wird eine regionale Arbeitsmarkt- und Strukturpolitik, die die Menschen nicht in ihr privates Schicksal entläßt, sondern Übergänge und Planungssicherheit bei der beruflichen Zukunft garantiert, von immer größerer Bedeutung.[4] Besonders wegen des Zusammenspiels von Strukturwandel, Arbeitslosigkeit und Verarmungsprozessen wird die Integration von Beschäftigungspolitik und Wirtschaftsförderung zur zentralen Aufgabe einer Politik, die soziale Gerechtigkeit realisieren will.[5]

Beim wirtschaftlichen Strukturwandel handelt es sich um ein signifikantes Kennzeichen gesellschaftlicher Entwicklung. Er ist nach dem Verständnis des Zweiten Vatikanischen Konzils ein „Zeichen der Zeit“ (*Gaudium et spes* 4) für die kirchlichen Akteure. D.h. es fordert sie heraus, den Strukturwandel im Lichte des Evangeliums und der Tradition zu interpretieren und für die eigene Praxis ernst zu nehmen.

Dieser Aufgabe haben sich die kirchlichen Akteure in einigen Regionen gestellt. Angesichts vielfältiger Verliererschicksale im wirtschaftlichen Wandel wollen sie auf praktischer und politischer Ebene in ihrer Region einen Beitrag für mehr Beschäftigung und Lebensqualität leisten. Es ist kein Zufall, daß z.B. die Gründung des Forums der Arbeit in die Phase der deutschen Rezeption des US-amerikanischen Hirtenbriefes „Gerechtigkeit für alle“ fiel. Die Diskussion des Hirtenbriefes besonders in den Sozialverbänden hat dem Engagement im Strukturwandel wichtige Impulse verliehen. Die Bischöfe schreiben darin: „Die kommunale und regionale Zusammenarbeit ist ein wirksames Instrument, um sich der Übermacht eines beherrschenden Großunternehmens zu erwehren oder aus jenem Teufelskreis auszubrechen, in den Problemregionen mit hoher Arbeitslosigkeit und geringen Finanzmitteln leicht hineingeraten, wenn sie an der Subventionskonkurrenz, um neue Unternehmen anzulocken, nicht teilnehmen können. Die Ortskirche hat daher eine große Chance, ihr Wissen um die Bedürfnisse der Menschen, das sie aus erster Hand hat, sowie ihre Mittlerrolle in Projekte einzubringen, die zusammen mit Forschungs-

4 Vgl. G. Bosch/H. Neumann, Beschäftigungsplan und Beschäftigungsgesellschaft, Köln 1992.

5 Vgl. Forum der Arbeit (Hg.), Armes AC – Erste Bausteine für eine Armutsberichterstattung in der Stadt und dem Kreis Aachen, Aachen 1992.

stellen, Wirtschaftsverbänden, Entwicklungsgesellschaften und denen, die politisch verantwortlich sind, betrieben werden."[6]
Für die kirchlichen Akteure wird ihre Praxis im Strukturwandel zum Ort gelebten Glaubens. Eine Kirche, die den Wandel als „Zeichen der Zeit" wahrnimmt, tritt für die Subjektwerdung des Menschen ein. Die Gruppen und Initiativen verstehen sich daher als Anwälte einer Sozialpastoral. „Im Unterschied zu der traditionell eher elitär orientierten Pastoral, die auf die gesellschaftlich Mächtigen Einfluß zu nehmen versucht (und darum vor allem im ‚Zentrum' fungiert), um durch Appelle in ihre Gewissen die Einrichtung einer für alle angemessenen Sozialordnung zu erreichen, wählt Sozialpastoral bewußt ihren Ort an der Peripherie, der auch gemäß der biblischen Tradition Gottes Vorliebe gilt."[7] Auf zentrale Aspekte dieser spezifischen Praxis wird im folgenden näher eingegangen.

1. Um Entwicklungsperspektiven streiten

Christinnen und Christen, die im Strukturwandel aktiv werden, setzen sich kritisch mit den Sachzwängen von Politik und Wirtschaft auseinander, die in den Umbruchsphasen besonders dramatisch erfahrbar sind. Da sie im allgemeinen nicht zu den anerkannten relevanten gesellschaftlichen Akteuren aus Wirtschaft und Politik gehören, können sie „vom Rand her" andere Positionen einbringen und sich für diejenigen einsetzen, die in der Gefahr stehen, von den Wandlungsprozessen ausgegrenzt zu werden. Vom Rand her entwickeln sie eine spezifische Form des ethischen Verständigungsdiskurses. Ihr Anliegen ist es, ethische Leitlinien im gesellschaftlichen Diskurs mit anderen zu entwickeln und diese in der regionalen Umgestaltung wirksam werden zu lassen. Dabei handelt es sich um einen von Konflikten geprägten Aushandlungsprozeß. Die kirchlichen Gruppen und Initiativen sind Akteure einer Wirtschaftsethik unter Druck und Gegendruck.[8] Als Christinnen und Christen wollen sie im Strukturwandel der Marktwirt-

[6] Gegen Unmenschlichkeit in der Wirtschaft. Der Hirtenbrief der katholischen Bischöfe der USA „Wirtschaftliche Gerechtigkeit für alle". Aus deutscher Sicht kommentiert von F. Hengsbach SJ, Freiburg/Br. 1987, hier: 286.

[7] N. Mette, Volkskirchlich orientierte („Betreuungs-") Pastoral – befreiungstheologisch inspirierte Sozialpastoral. Ein idealtypischer Vergleich, in: Informationes Theologiae Europae. Internationales ökumenisches Jahrbuch für Theologie. Bd. 2/1993, 215–225, hier: 222.

[8] Vgl. F. Hengsbach, Wirtschaftsethik, Freiburg 1991.

schaft die Sozialethik einimpfen. Sie betreiben eine institutionenethische Auseinandersetzung um die Bestimmung von „Orten der Moral in einer modernen Wirtschaftsordnung“[9]. Im Suchen nach solchen konkreten Ortsbestimmungen im Strukturwandel überwinden sie eine Ethik, die sich nur appellativ an die Verantwortlichen richtet, und sie tragen zur Entwicklung konkreter ethikgeleiteter Modellprojekte bei. So binden sie ihre ethischen Vorstellungen zumindest exemplarisch in den gesellschaftlichen Umbruchsprozeß ein. Durch dieses Handeln tragen sie direkt oder indirekt zur Kreation neuer politischer Kooperationsformen, Institutionen und Verfahrensweisen bei. Sie fordern die Sozialethik heraus, im Rahmen einer Institutionen- und Prozeßethik die sozialen Problemkomplexe, die gesellschaftlichen Handlungsebenen und -abläufe sowie die daraus resultierenden Konsequenzen zu reflektieren und einen Beitrag zur Entwicklung neuer institutioneller Regelungen, Instrumentarien, Partizipations- und Organisationsformen in politisch relevanten gesellschaftlichen Bereichen zu leisten.[10]
In der konkreten Praxis vor Ort wird es zur Aufgabe der kirchlichen Akteure, diese ethikgeleiteten Vorstellungen in den Diskurs um die Regionalentwicklung aktiv einzubringen. Im Rahmen der nordrheinwestfälischen regionalisierten Strukturpolitik spielen dabei die regionalen Entwicklungskonzepte eine besondere Rolle. An ihnen orientiert sich die politische Begleitung der Umstrukturierungsprozesse. Die Kirchen können sie zur gesellschaftlichen Diskussion ihrer Vorschläge nutzen, um auf die Leitbildentwicklung einzuwirken.

2. Veränderungen aufmerksam beobachten

Der sektorale Strukturwandel von der Industrie- zur Dienstleistungsgesellschaft führt zu tiefgreifenden Veränderungen in den Regionen. Durch die Ansiedlung neuer Betriebe, die Diversifikation alter Branchen, die Durchsetzung neuer Produktionskonzepte, das Entstehen neuer Dienstleistungsberufe und eine veränderte Arbeitsorganisation werden die bisher bestehenden wirtschaftlichen Beziehungen einer

[9] Vgl. P. Ulrich, Tranformation der ökonomischen Vernunft. Fortschrittsperspektiven der modernen Industriegesellschaft, Bern/Stuttgart/Wien [3]1993.

[10] Vgl. H.W. Jablonowski, Wirtschaftlicher Strukturwandel, politische Gestaltungsansätze und sozialethische Zugänge, in: ders./R. Simons (Hg.), Strukturpolitik in Ost und West. Zwischen Steuerungsbedarf und ordnungspolitischem Sündenfall, Köln 1993, 13–42, hier: 22.

Region grundlegend verändert. Diese Veränderungen haben auch Auswirkungen auf den Verlauf des zukünftigen strukturellen Wandels. Es wird wohl nur noch in wenigen monostrukturierten Regionen oder in Ostdeutschland zu solch kollektiven Krisenerfahrungen und Widerstandsprozessen kommen, wie sie Auslöser für das bisherige kirchliche Engagement im Strukturwandel waren.

Der zukünftige Wandel wird ansonsten weitgehend unspektakulär verlaufen. In vielfacher Hinsicht kann im strukturellen Wandel der Textilindustrie, der kaum öffentliche Beachtung und vor allem keine breite Lobby fand, aber zu enormen Arbeitsplatzverlusten führte, ein Prototyp der künftigen Umbrüche gesehen werden. Die Zukunft bringt kleinere Betriebsgrößen durch Ausgründungen, eine Verringerung der Fertigungstiefe von Unternehmen, etc. Es wird nicht mehr in dem Maße zu Massenentlassungen kommen. Viele kleine Betriebe werden schließen, ohne daß eine kollektive Krisenwahrnehmung entsteht. Regionen werden darüber hinaus nicht mehr, wie durch Stahl, Kohle oder Automobil, eine jahrzehntelange Prägung erfahren. Die Zyklen der Veränderung werden kürzer werden. Der Strukturwandel entwickelt sich vom „krisenhaften Umbruch“ zum „permanenten schleichenden Prozeß“.

Die dramatischen Auswirkungen werden dadurch aber nicht geringer. Weiterhin werden Menschen arbeitslos werden, wird es Verlierer- und Gewinnergruppen geben, wird sich die kulturelle Identität von Regionen verändern. Das alles wird dann ohne kollektive Krisenerfahrung vonstatten gehen, mit der Konsequenz, daß die Schere zwischen Gewinnern und Verlierern, obwohl sie immer größer wird, zugleich immer weniger Beachtung finden wird. Die kirchlichen Akteure stehen, wenn sie auch weiterhin in den Umbrüchen den Menschen nahe sein wollen, vor der Herausforderung, neue Instrumente zu entwickeln, um auf den Strukturwandel als permanenten schleichenden Prozeß zu reagieren. Aus diesem Grund begann man im Forum der Arbeit 1991 mit einer regionalen Armuts- und Sozialberichterstattung. Sie ermöglicht eine aufmerksame Beobachtung der sozialen und wirtschaftlichen Veränderungen in der Region und gibt Impulse für konkrete Maßnahmen.

Obwohl die kirchlichen Gruppen und Initiativen in der Gefahr stehen, von anderen gesellschaftlichen Akteuren „auf das Soziale“ festgelegt zu werden, können sie mit Hilfe dieses Handlungsansatzes dazu beitragen, daß die soziale Entwicklung einer Region zum Leitbild der regionalen Strukturpolitik wird. In den regionalen Entwicklungskonzepten und -leitlinien, die zumindest in Nordrhein-Westfalen einen wichtigen Handlungsrahmen für die Förderungspolitik des Landes darstellen, fehlen solche Aspekte häufig, oder sie bilden ein ungeliebtes Anhängsel zur eigentlichen wirtschaftsorientierten Strukturpolitik – so auch im Entwicklungskonzept für die Aachener Wirtschaftsregion von 1991.

Beispielhaft für eine gelungene Leitbildentwicklung verschiedener sozialpolitischer Akteure – darunter kirchliche Einrichtungen und Initiativen – ist das „Regionale Entwicklungskonzept für die Region Mülheim, Essen, Oberhausen". Dort heißt es: „Die soziale Problematik in der Region steht in einem engen Zusammenhang mit dem sich in der Region sowie dem ganzen Ruhrgebiet vollziehenden Strukturwandel und den damit verbundenen strukturellen Problemen. Ihre Entschärfung bzw. Beseitigung dient nicht nur der sozialen Gerechtigkeit, sondern leistet darüber hinaus einen bedeutsamen strukturpolitischen Beitrag für die weitere Entwicklung der Region. Als wichtiger Standortfaktor wirkt sich ein gesicherter sozialer Frieden positiv auf die Standortqualität der Region aus. Hierfür ist die Erfassung und Kenntnis der Problemlagen der sozialen Situation erforderlich. Um sie in einer zuverlässigen Bestandsaufnahme erarbeiten und analysieren zu können, ist eine gemeinsame Sozialberichterstattung für die Region eine Grundvoraussetzung … Anhand eines übergeordneten Leitbildes ‚Sicherung des sozialen Friedens' in der Region werden zukünftig Schwerpunktsetzungen und Handlungsorientierungen abzuleiten sein ..."

3. Netzwerke bilden

Die Konzeption der Armuts- und Sozialberichterstattung im Forum der Arbeit verdeutlicht auch einen weiteren sozialpastoralen Aspekt des Engagements im Strukturwandel, die Gründung von Netzwerken zur Entwicklung integrierter Problemlösungen. Armutsberichterstattung geschieht im Forum der Arbeit nicht im sozialwissenschaftlichen Elfenbeinturm, sondern sie ist eingebunden in ein Netzwerk von Wohlfahrtsverbänden, sozialen Initiativen und Projekten. Die Verzahnung von Theorie und Praxis ist ein zentrales Anliegen einer solchen Berichterstattung. Sie ist als öffentlicher Prozeß organisiert, der verschiedene gesellschaftliche Akteure zusammenführt, die regionale Entwicklung analysiert und Gestaltungsprojekte mit den Beteiligten entwickelt. Dies schließt Kampagnen zu einzelnen Themenbereichen, Politikergespräche und eine intensive Öffentlichkeitsarbeit mit ein. Ein solcher Ansatz von Armutsberichterstattung ist „netzwerkbildend" für eine soziale Kultur „von unten". Angesichts der Betroffenheit der lokalen Ebene durch Massenarbeitslosigkeit und zunehmende Verarmungs- und Spaltungsprozesse sind solche Vernetzungen zwischen Projekten, kommunaler Politik, Ämtern, Verwaltungsausschüssen und Kammern eine zentrale Voraussetzung, um mit der Konzentration der Probleme vor Ort zurecht zu kommen.[11]

Die gesellschaftlichen Spaltungen im Strukturwandel verdeutlichen vielen Menschen hautnah, in welcher Art und Weise Armut aus bestimmten Momenten der Gesellschaftsentwicklung resultiert. Sie belegen, daß einzelne Personengruppen für ihre Armut nicht selbst verantwortlich sind, und drängen darauf, Armutsbekämpfung als gesamtgesellschaftliche Aufgabe zu verstehen. Der Umgang mit Armut wird zum Seismographen für das Gerechtigkeitsempfinden und die solidarische Sensibilität einer Gesellschaft. Den kirchlichen Akteuren geht es in ihrem strukturpolitischen Engagement neben der Entwicklung konkreter Hilfsangebote aber auch um die Förderung eines tragfähigen Zukunftsprojektes gesellschaftlicher Integration.

Denn Solidarität und soziales Verhalten sind keine immer gültigen Prinzipien, die eine Gesellschaft vor sich her tragen kann. Sie müssen jeweils wieder neu in der demokratischen Auseinandersetzung gewonnen werden. Für diese inhaltliche Auseinandersetzung ist die Diskussion um die Zivilgesellschaft von zentraler Bedeutung. Die kirchlichen Akteure verstehen Zivilgesellschaft als Suchbegriff, der nach den Bedingungen für die Lebensfähigkeit einer Gesellschaft fragt. Diese Lebensfähigkeit ist in den entwickelten Industrieländern bedroht, durch Tendenzen des wirtschaftlichen Systems, das gesamte gesellschaftliche Leben zu beherrschen. Zivilgesellschaftliches Handeln betont demgegenüber die Notwendigkeit des Wechselspiels zwischen politischen, wirtschaftlichen und öffentlichen Prozessen für die Lebensfähigkeit einer Gesellschaft und wendet sich gegen eine Ökonomisierung der Alltagswelt. Die Perspektive der Zivilgesellschaft verdeutlicht, daß alle wirtschaftlichen und politischen Prozesse auf einem

[11] Vgl. Forum der Arbeit (Hg.), Armutsberichterstattung als öffentlicher Prozeß. Zur Konzeption der Armutsberichterstattung in Stadt und Kreis Aachen durch das Forum der Arbeit, Herzogenrath 1994.

Beziehungsgeflecht in der Alltagswelt aufbauen, das sie zwar nutzen, aber nicht regenerieren können, sondern potentiell zerstören. Die Zivilgesellschaft folgt so einer anderen Rationalität als Politik und Wirtschaft. Sie stellt die Förderung der Kommunikationsfähigkeit einer Gesellschaft sowie die Förderung von Lebensqualität durch die Schaffung von verläßlichen und sinnvollen Lebenszusammenhängen in den Mittelpunkt ihres Interesses.[12]

In der Anlehnung an ein solches Verständnis von Zivilgesellschaft vertiefen die kirchlichen Akteure Anliegen des konziliaren Prozesses und bringen projekthafte Umsetzungen vor allem in den Bereichen Gerechtigkeit und Bewahrung der Schöpfung in den regionalen Wandel ein.[13] In zivilgesellschaftlicher Perspektive sehen sie die Debatte um die Sozialpolitik in der Region als konflikthaften Diskurs, die Spannungen zwischen dem Anspruch sozialer Gerechtigkeit und den konkreten sozialpolitischen Maßnahmen aufzulösen – und dies auf den verschiedenen Ebenen politischen Handelns. Somit tragen Netzwerke gegen Armut und Armutsberichterstattung zur Konstituierung ziviler Solidarität in komplexen Gesellschaften bei, denn an die Stelle der Religion, die früher dazu motivierte, Almosen zu verteilen, oder der Staatsräson, die später die Armenfürsorge übernahm, tritt in der demokratischen Republik eine wechselseitige Verpflichtung der Mitglieder der Zivilgesellschaft.[14]

4. Neue Beteiligungsformen entwickeln

Die Entwicklung des Forums der Arbeit als strukturpolitische Initiative von Kirchen und Gewerkschaften ist selbst das Ergebnis eines schwierigen Dialogs und der Annäherung unterschiedlicher gesellschaftlicher Akteure. Diese Grunderfahrung prägt auch seine Arbeitsweise. Ausgehend von der Option für die Verlierergruppen des Strukturwandels, sucht das Forum der Arbeit immer wieder den Dialog mit verschiedenen gesellschaftlichen Gruppen, um seine Vorstellungen einer anderen Regionalpolitik einzubringen und bestehende „Zirkel der Macht" durch die Partizipation vielfältiger Gruppen und Personen zu öffnen.[15]

[12] Vgl. dazu auch meinen Beitrag in Forum der Arbeit (Hg.), Armes AC, aaO.

[13] Vgl. K. Raiser, Zivilgesellschaft und konziliarer Prozeß, in: epd-Dokumentation Nr. 24/1995, 1–8.

[14] Vgl. U. Rödel u.a., Die demokratische Frage, Frankfurt/M. 1989.

[15] Vgl. dazu Forum der Arbeit (Hg.), Armes AC, aaO.

Die Beteiligung von Betroffenen spielt daher für das Forum der Arbeit eine wichtige Rolle. Sie kommen zu Wort in Arbeitskreisen, Fachkonferenzen und Dialogtagungen sowie bei der Art und Weise arbeitsmarkt- und strukturpolitischer Projektentwicklung durch Zukunftswerkstätten, runde Tische etc. Folgende Themen spielen z.Z. eine zentrale Rolle: Verbesserung des öffentlichen Personennahverkehrs, Aufbau eines schienengebundenen regionalen Güterverkehrskonzepts, Armutsberichterstattung, Schaffung von Frauenarbeitsplätzen und Qualifikationsangeboten im ländlichen Raum, Projektmanagement eines Kooperationsverbundes zum Elektro- und Elektronikschrottrecycling, Initiierung von Stadtteilprojekten und die Entwicklung von Fortbildungsmaßnahmen zur Strukturpolitik.
Im Unterschied zu anderen Regionen in Nordrhein-Westfalen geschieht die regionale Konsensbildung im Rahmen der regionalisierten Strukturpolitik in der Aachener Region unter Ausschluß von Umweltverbänden, Wohlfahrtsverbänden, dem Arbeitsamt, BürgerInnengruppen und sogar weitgehend auch der Politik. Kammern und Verwaltung dominieren die Abstimmungsrunden. Es ist daher eine Herausforderung für die kirchlichen Akteure, ihre in vielen Initiativen verwirklichte kommunikative und integrative Praxis in diese Runden einzubringen.
Die Ergebnisse der wissenschaftlichen Begleitforschung zur regionalisierten Strukturpolitik in Nordrhein-Westfalen bestätigen, daß die regionale Planung und Kooperation durch die Einbeziehung der sozialen Akteure in die regionalen Gremien eine neue Qualität bekommen kann. Sie ist eine zentrale Voraussetzung für die Entwicklung integrierter sozial- und arbeitsmarktpolitischer Projekte sowie für die Weiterentwicklung einer kooperativen regionalen Kultur.
Runde Tische leisten dazu einen wichtigen Beitrag. Sie haben sich vor allem als ein Instrument des Krisenmanagements in der Umbruchsphase der sozialistischen Gesellschaften bewährt. Mit Wolfgang Ullmann können sie als Form der gesellschaftlichen Selbstorganisation begriffen werden, wo Staatsorgane und Interessenverbände prinzipiell unwirksam werden, weil gerade diejenigen nicht mehr an den Prozessen beteiligt sind, um deren Interessen es eigentlich geht. Solche Prozesse können soziale, politische, ökologische und viele andere – nicht vorhersehbare – Herausforderungen sein. Eine vorausgehende Legitimation für solche Selbstorganisationsformen kann es dabei nicht geben. Wohl aber kann ein erfolgreicher Runder Tisch eine Autorität

gewinnen, die ihre Legitimation aus einem sichtbaren Gewinn für die realexistierende Demokratie schöpft. Ullmann schlußfolgert: In der Konstitution eines Runden Tischs bestätigen BürgerInnen nicht ihre verfassungsgebende, sondern ihre Kommunikation und Sprache schaffende „vierte" Gewalt.[16]
In der Aachener Region hat der verstorbene Bischof Klaus Hemmerle diese Bedeutung erkannt, als er 1988 einen Runden Tisch unterschiedlicher gesellschaftlicher Gruppen zur Strukturpolitik einberufen hat, der seitdem zu einem wichtigen Ort interessenübergreifender Projekte und Kooperationen geworden ist.

5. Projekte entwickeln

Die Entscheidung der Akteure, ethische Optionen mit Hilfe von exemplarischen Projekten in den Strukturwandel einzubringen, hat dazu geführt, daß die Projektentwicklung zu einem wichtigen Feld des Engagements wurde.
Besonders die kirchlichen Initiativen, die seit den 80er Jahren Maßnahmen für Langzeitarbeitslose durchführen, besitzen ein Know-how zur bedarfs- und zielgruppenorientierten Projektentwicklung. Dieses bringen sie in die Dialogrunden mit ein. So wurde z.B. am runden Tisch des Bischofs unter dem Namen „Biotopia" ein Projekt zur Qualifizierung von Langzeitarbeitslosen entwickelt. Ein ökologischer Bauhof sollte entstehen. Die Kirchen übernahmen erhebliche Leistungen in der Vorfinanzierung des Projektes. Die anderen gesellschaftlichen Akteure setzten das Projekt auf die Prioritätenliste der „Zukunftsinitiative Montanregion". Daß dann eine Landesförderung nicht zustande kam, ist eine lange Geschichte aus dem Kapitel der Förderung von Maßnahmen, die hier nicht erzählt werden kann. Ein Untersuchungsprojekt zu Beschäftigungsperspektiven für Frauen im Strukturwandel einer altindustriellen Region hingegen wurde am runden Tisch entwickelt und von ihm vorangetrieben.
Ein wichtiges Feld der Projektentwicklung, das sich aus dem Engagement verschiedener kirchlicher Akteure im Strukturwandel ergab, betrifft auch Innovationen im pastoralen Bereich. Hierzu gehört die Einrichtung von zwei Modellprojekten der Stadtteilarbeit in Bergar-

[16] Vgl. W. Ullmann, Runde Tische als „vierte Gewalt" in: Forum Bürgerbewegung 3/94, 7.

beitersiedlungen der Region. Hintergrund dieser Projekte war die Feststellung, daß eine Kirche, die die Menschen in ihrem Leben begleiten will, neue Arbeitsformen benötigt, die in der Lage sind, die Menschen in den Umbruchsprozessen zu erreichen und ihnen ein solidarischer Wegbegleiter zu sein. Stadtteilarbeit bietet den kirchlichen Gruppen eine Möglichkeit, in den Wohnbezirken der betroffenen Bergleute und ihrer Familien präsent zu sein und Hilfe zu leisten. Stadtteilarbeit fördert die Vernetzung der Gruppen im Stadtteil, sie bietet konkrete Hilfeleistungen an und fördert das Gemeinschaftsleben. Sie befähigt so einzelne und das Gemeinwesen, die wirtschaftlichen, sozialen und kulturellen Auswirkungen der Umbrüche zu bewältigen.
Ausgehend von den Erfahrungen in den Pilotprojekten wird z.Z. im Bistum Aachen überlegt, ein Programm zur Förderung stadtteilbezogener Arbeit aufzulegen. Stadtteilarbeit als kirchliches Handeln erschließt den Stadtteil mit den Augen der Bewohner und befragt die konkreten Lebensverhältnisse vor dem Hintergrund des Glaubens. „Der Zwiespalt zwischen der frohen und befreienden Botschaft auf der einen Seite und den einengenden Lebensbedingungen auf der anderen Seite ist ein ständiger Impuls für das Engagement im Stadtteil bei der Suche nach gerechteren Lebensbedingungen.“[17]

Ausblick

Die hier beschriebenen Aspekte einer Sozialpastoral im regionalen Strukturwandel gründen im Wachgerüttelt-Werden kirchlicher Akteure durch eine regionale Krisenerfahrung. Die vielfältigen kirchlichen Aktivitäten von Solidaritätserklärungen, Demonstrationen, Befragung von Bundestagsabgeordneten, Feier von Mahngottesdiensten sowie der Gründung eigener Initiativen wären ohne eine kollektive Krisenstimmung nicht denkbar gewesen.
In Zukunft aber können sich die kirchlichen Akteure angesichts der Veränderung der wirtschaftlichen und gesellschaftlichen Wandlungsprozesse, die zuvor als permanenter schleichender Prozeß charakterisiert wurden, nicht mehr darauf verlassen, daß sich eine spontane Interessenvertretung und entsprechende Gestaltungsprojekte aus der

[17] M. Körber, Modernisierung der Region – eine Herausforderung für kirchliches Handeln?, in: Forum der Arbeit (Hg.), Nach der Kohlezeit – Stadtteile im Wandel, Aachen 1994, 135–144, hier: 141.

Betroffenheit heraus quasi selbständig entwickeln. Dies muß für ihr zukünftiges sozialpastorales Handeln im Strukturwandel Konsequenzen haben. Sie müssen in der Lage sein, vielfältig auf die schleichende Spaltung der Gesellschaft zu reagieren. Aber je vielfältiger die Herausforderungen und Projekte werden, desto stärker müssen sie auch über Integrationsthemen ihres Handelns nachdenken, da ihr sozialpastorales Engagement sonst an Profil verliert. Die Präsenz in den Umbrüchen des Strukturwandels könnte ein entsprechendes Integrationsthema zukünftiger Sozialpastoral von der Arbeitslosenarbeit über die Gemeinden bis hin zur Beratungspraxis der Wohlfahrtsverbände darstellen.

Handlungsleitend für die kirchlichen Akteure bleibt die Partzipationsforderung im Sinne einer umfassenden Beteiligungsgerechtigkeit, wie sie der Hirtenbrief des US-Bischöfe formuliert hat. Hierin liegt ein Bindeglied zwischen bisheriger und zukünftiger Praxis. Für das Forum der Arbeit hat diese Partizipationsforderung im Laufe seiner Entwicklung eine doppelte Funktion erlangt. Sie ist erstens Kriterium zur Beurteilung der Strukturpolitik in der Region, also der demokratischen Legitimation der Gremien, der Zielsetzung der Projekte und Beteiligungsorientierung der Vorhaben, und darüber hinaus ist sie zweitens kritisches Kriterium der eigenen Weiterentwicklung.

Die Partizipationsoption als Grundlage kirchlichen Engagements im Strukturwandel bedeutet einen Einsatz dafür, daß die Ansätze einer lebensraumbezogenen Pastoral gezielt gefördert werden. Die Kirchen haben die Chance, punktuelle (biographische) Betroffenheiten aufzugreifen und für strukturpolitische Gestaltungsprojekte nutzbar zu machen. Konkrete Projekte schaffen im Unterschied zu moralischen Appellen Erfolgserlebnisse in einem Klima der Politikverdrossenheit und ermöglichen lebensraumbezogene Solidaritätserfahrungen.

Allerdings geschieht eine solche Entwicklung ethikgeleiteter Projekte, die an den Sorgen und Nöten der Menschen ansetzen, nicht automatisch. Dazu müssen die kirchlichen Akteure entsprechende Wege finden. Aufgrund der Erfahrungen im Forum der Arbeit kann in der Weiterentwicklung der Beratungsfunktion ein zentraler Ansatzpunkt gesehen werden. Ein solches Beratungsangebot stellt für die kirchlichen Akteure eine Hilfe dar, um ethische Optionen in Gestaltungsprojekte zu transformieren. Allerdings hat ein Beratungsangebot in diesem Bereich bislang zumindest keine starke kirchliche Lobby – im Unterschied etwa zum psychosozialen Bereich, wo die Kirchen anerkannte Träger von Beratungseinrichtungen sind. Wenn die kirchlichen Akteure, u.a. die Sozialverbände, weiterhin im Strukturwandel präsent sein wollen, liegt im Ausbau der Beratungskompetenz ein wichtiger Ansatzpunkt zur Umsetzung einer Option für die Diakonie, die nicht bei individueller Hilfeleistung stehen bleibt, sondern Strukturen anklagt und ausgehend von der Begleitung der Menschen gestaltend in den Wandel eingreift.

Heiner Buchen/Stephan Manstein/Michael Schappert/Petra Thielen

Sozialpastorale Praxis im Bistum Trier

Ein Erfahrungsbericht

Einleitung

Im folgenden Beitrag stellen vier PastoralreferentInnen aus dem Bistum Trier Praxisversuche von Sozialpastoral in ihrer pastoralen Arbeit dar. Eingangs wird kurz die soziale und ökonomische Situation der Region, in der die Arbeit geleistet wird, charakterisiert. Um die Praxisversuche einordnen zu können, werden sie innerhalb der aktuellen Bistumsdiskussion um pastorale Konzepte situiert. Den Schwerpunkt dieses Artikels bildet dann die Darstellung (inkl. Auswertung) von Praxisbeispielen in zwei unterschiedlichen Arbeitsbereichen: Das erste Beispiel beschreibt den Versuch, in einer Gesprächgruppe ausgehend von gesellschaftlichen Betrachtungen und biblischen Reflexionen nach pastoralem Handeln für die Zukunft zu suchen. Die drei übrigen Beispiele sind im Feld der Jugendarbeit angesiedelt und berichten von dem Versuch einer Umsetzung der biblischen Option für die Armen in diesem pastoralen Feld.

1. Schlaglichter zur sozialen und ökonomischen Situation im Saarland

Ökonomisch ist das Saarland durch den Niedergang der Schwerindustrie und das weitgehende Fehlen anderer arbeitsplatzintensiver Produktionsindustrien geprägt. Sowohl im Bereich der Eisen- und Stahlhütten, als auch im Bereich der Kohleförderung und Kohleverarbeitung ist ein Ende des Arbeitsplatzabbaus noch nicht in Sicht.
Diese Entwicklung findet ihren Ausdruck in überdurchschnittlich hohen Arbeitslosenzahlen. Im Saarland lag die Arbeitslosenquote im Oktober 1995 bei 11,3% während der Bundesdurchschnitt bei 9,2% lag. Schwerpunkte der Arbeitslosigkeit sind der Großraum Saarbrücken (12,9%) und andere Standorte der Schwerindustrie wie der Kreis Saarlouis.

Die in diesen Regionen lebenden ausländischen MitbürgerInnen (ca. 8% der Gesamtbevölkerung) sind von dieser Entwicklung überdurchschnittlich stark betroffen. Insgesamt sind derzeit mehr als ein Viertel der dem Arbeitsmarkt zur Verfügung stehenden AusländerInnen arbeitslos.
Auch für Jugendliche verschlechtern sich die Aussichten am Arbeitsmarkt immer mehr. Hier wird das Saarland mit einem Anteil von 10,6 % arbeitsloser junger Menschen (unter 25 Jahren) in den westlichen Bundesländern nur noch von Hamburg übertroffen (12,2%). Der Bundesdurchschnitt liegt hier, bezogen auf die westlichen Bundesländer, bei 8,5%.
Besonders dramatisch wird die Situation dadurch, daß sich der Prozentsatz der Langzeitarbeitslosen mittlerweile der 50%-Grenze nähert. Diese hohe und verfestigte Form strukturbedingter Arbeitslosigkeit führt auch zu einer besonders hohen Zahl von Sozialhilfeabhängigen (9%), unter denen wiederum die Anzahl von Familien mit Kindern besonders hoch ist. So lebt im Großraum Saarbrücken mittlerweile jedes fünfte Kind von Sozialhilfe, und die Tendenz ist weiter steigend.

2. Zur aktuellen Diskussion um Pastoralkonzepte im Bistum Trier

Als Reaktion auf die Krise der kirchlichen Praxis in der modernen Gesellschaft veröffentlichte das Generalvikariat des Bistums Trier im Frühjahr 1993 seinen Pastoralplan.[1] Dieser Plan versucht, den durch den immer größer werdenden Priestermangel ausgelösten „pastoralen Notstand“ durch personelle Veränderungen zu beheben. Weil dabei vor allem auf das Zusammenwirken der verschiedenen pastoralen Berufe abgehoben wird, spricht man von der „kooperativen Pastoral“. Noch im gleichen Jahr verabschiedete die Mitgliederversammlung des Berufsverbandes der Pastoralreferenten und Pastoralreferentinnen im Bistum Trier eine Stellungnahme, in der eine fundamentale Kritik an der Bistumskonzeption formuliert wurde. Im Kern kritisiert sie die binnenkirchliche Fixierung des Bistumsentwurfs, die Verkürzung notwendiger struktureller Überlegungen auf symptombehandelndes Kurieren bezüglich des Priestermangels und die Ausblendung der Lebensrea-

[1] Vgl. Bischöfliches Generalvikariat Trier (Hg.), Kooperative Pastoral in Seelsorgeeinheit und Pfarrverband, Trier 1993.

lität der Menschen, insbesondere der benachteiligten Menschen. Dies sind im Saarland vor allem jene, die durch den wirtschaftlichen Niedergang der Region besonders hart getroffen sind, z.B. Langzeitarbeitslose, alleinerziehende Frauen, Kinder und Jugendliche, denen durch die zunehmende Auflösung der sozialen Infrastruktur Handlungs- und Entwicklungsmöglichkeiten vorenthalten werden. Gleichzeitig deutet die Stellungnahme des Berufsverbandes ein Pastoralkonzept an, das sich an der biblischen Option für die Armen orientiert und damit die Situation der Menschen zum Ausgang pastoraler Überlegungen und pastoralen Handelns macht. Aufgrund des bewußten Bezugs auf die soziale Wirklichkeit können diese Überlegungen zu einer diakonisch strukturierten Kirchenpraxis in den Begriff „Sozialpastoral" gefaßt werden.
Angesichts der strukturellen Weiterentwicklung des Bistumsansatzes in den Jahren 1994/1995 gestaltet sich der Diskussionsprozeß um die Umsetzung einer Sozialpastoral als schwierig. Die augenscheinlichen Widersprüche beider Paradigmen lassen uns als VertreterInnen der Sozialpastoral zunächst eine Unvereinbarkeit konstatieren. Trotzdem gilt es, den Dialog nicht abzubrechen, sondern noch genauer zu fragen, wo die Widersprüche zu verorten sind und wo eventuelle Anschlußpunkte für eine wechselseitig kritische Weiterentwicklung liegen.
Die Gegenüberstellung von Planungen zur Kooperation des kirchlichen Personals einerseits und Visionen einer sozialpastoral-diakonischen Glaubenspraxis andererseits macht einen pastoralen Grundkonflikt im Bistum Trier und in der Kirche insgesamt deutlich. Es geht um die Frage: Ist die Kirche für sich oder für die Menschen da?

3. Sozialpastorale Gehversuche in den Arbeitsgruppen „Pastoral der Zukunft"

3.1 Die Genese der Arbeitsgruppen

Die Arbeitsgruppen „Pastoral der Zukunft" sind entstanden im Kontext der Diskussion „Kooperative Pastoral" versus „Sozialpastoral". Nachdem die Stellungnahme des Berufsverbandes sich in erster Linie an die Verantwortlichen auf Bistumsebene gerichtet hatte, schien es uns wichtig, diese Diskussion auch an der Basis zu führen. So entstand die Idee, regionale Gruppen zum Thema „Pastoral der Zukunft" zu bilden.

In dieser Zeit entdeckten wir das „Arbeitsinstrument für pastorales Handeln im Bistum Basel"[2], das helfen will, gesellschaftliche und kirchliche Phänomene im Rahmen der Instanzen „Ökonomie, Politik und Ideologie (Kultur und Religion)" zu analysieren und über die Schritte „Sehen – Urteilen – Handeln" den Glauben in diese gesellschaftlichen Instanzen zu vermitteln. Diese Vorgehensweise deckte sich genau mit unseren Interessen, so daß wir uns entschieden, das Baseler Arbeitsinstrument als Leitfaden für unsere Arbeitsgruppen zu wählen.
Spannend war jetzt der Versuch, unser Anliegen mit offiziellen Strukturen zu verbinden. Zur gleichen Zeit hatten die Regionaldekane von der Bistumsleitung den Auftrag erhalten, ebenfalls regionale Gruppen zu gründen, und zwar mit dem Ziel, Impulse für die „Kooperative Pastoral" zu erarbeiten. In Gesprächen mit den jeweiligen Regionaldekanen versuchten wir, unsere Vorstellungen in diese offizielle Struktur einzubringen. Die Ergebnisse dieser Gespräche waren unterschiedlich. Im folgenden werden Arbeit und Arbeitsweise einer Gruppe exemplarisch dargestellt.

3.2 AK „Pastoral der Zukunft" in der Region Saarbrücken

3.2.1 Die Gruppe

Die Gruppe besteht aus 13 Personen aus der Region Saarbrücken (ungefähr identisch mit dem Stadtverband [=Kreis] Saarbrücken). Zu dieser Gruppe gehören fünf hauptamtliche pastorale MitarbeiterInnen (drei PastoralreferentInnen, eine Gemeindereferentin, ein Pfarrer) und sieben Ehrenamtliche. Die meisten der Ehrenamtlichen sind vor Ort in den Gemeinden engagiert. Einige sind auch „ehemals Engagierte", die sich mit ihren Anliegen in den Gruppen und Gremien der Gemeinden nicht mehr wiederfinden können und deshalb dort nicht mehr mitarbeiten wollen. (Zitat: „Draußen brennt es, und wir haben uns wochenlang damit beschäftigt, wie wir die Kirchenbänke anders rücken können.") Der jüngste Teilnehmer ist Anfang 20, die älteste Teilnehmerin ist ca. 50 Jahre alt. Die übrigen TeilnehmerInnen sind zwischen 30 und 40 Jahre alt.
In Saarbrücken war es nicht möglich, den Regionaldekan zur Mitarbeit zu gewinnen. Damit waren wir zunächst nicht in die offizielle

[2] „Suchet zuerst das Reich Gottes und seine Gerechtigkeit …" Ein Arbeitsinstrument für pastorales Handeln im Bistum Basel, Solothurn 1993.

Struktur einbezogen. Im Laufe der Zeit geschah dies dann doch; denn in Saarbrücken gab es keine offizielle Gruppe zur Kooperativen Pastoral, so daß der Regionaldekan unsere Gruppe „Pastoral der Zukunft“ später wieder als „seine“ Gruppe in der Region ansprach und schließlich auch in die Diskussion auf Bistumsebene einbezogen hat.

3.2.2 Der Prozeßverlauf

- Einstiegsphase: Die Gruppe traf sich im Herbst 1994 zum ersten Mal. Es wurden zunächst zwölf Treffen mit jeweils zwei Stunden vereinbart, denn eine zeitliche Begrenzung war allen wichtig, damit die Mitarbeit kalkulierbar blieb. Zu Beginn ging es um eine erste Orientierung und um die Einführung in das Vorhaben. Danach war eine befreiungstheologische Deutung des Samaritergleichnisses aus Lk 10,25–37[3] Ausgangspunkt für die Fragestellung: Durch welche Opfer und durch welche Strukturen der Räuberei fühlen wir uns als ChristInnen heute herausgefordert? Aus den dabei gesammelten Antworten wählten wir gemeinsam für unseren Kreis den Bereich „Arbeitslosigkeit“ aus. Nach dieser Entscheidung sollten die Schritte „Sehen – Urteilen – Handeln“ folgen.
- Sehen: Diesen Arbeitsschritt haben wir mit dem Einstieg begonnen: Was fällt mir beim Wort „Arbeitslosigkeit“ ein, was beim Wort „Arbeit“? Was hat das Phänomen „Arbeitslosigkeit“ für mich zu einer Herausforderung gemacht? Bin ich direkt oder indirekt betroffen?
  Im Laufe des Gesprächs über diese Fragen stellte sich heraus, daß zwei Personen aus dem Kreis von bevorstehenden Entlassungen in ihren Betrieben berichten konnten. Diese Informationen aus erster Hand nutzten wir für unsere Analyse der Ursachen von Arbeitslosigkeit. Beim ersten Unternehmen handelt es sich um eine Eisen- und Stahlhütte mit ca. 1000 Beschäftigten. Sie gehört zu einem französischen Konzern und hat in den letzten Jahren stets Gewinne gemacht. Anstehende Investitionen, die dazu beitragen werden, die Gewinnspanne noch zu erhöhen, werden nicht über zuvor erzielte Gewinne finanziert, sondern über den Abbau von weiteren 300 Arbeitsplätzen. Hier wurde uns deutlich, daß wirtschaftliches Wachstum heute keinen Einfluß mehr auf den Rückgang von Arbeitslosenzahlen hat.

[3] Vgl. H. Steinkamp, Diakonie im Spannungsfeld zwischen Kirche und Gesellschaft, in: Schriften der Hochschulgesellschaft forum sociale Mainz e.V., Mainz 1993.

Die so erkannten Hintergründe und Zusammenhänge ordneten wir im folgenden den gesellschaftlichen Instanzen „Wirtschaft – Politik – Ideologie/Religion“ zu: Die Wirtschaft, die grenzenlose Geldvermehrung anstrebt, dominiert die Politik. Die Politik reagiert auf die Vorgaben der Wirtschaft. Ideologisch legitimiert wird alles mit dem unhinterfragten Zwang, am Markt wettbewerbsfähig bleiben zu müssen.
Als nächstes widmeten wir uns dem zweiten Unternehmen: dem staatlich subventionierten Unternehmen Saarberg, an dem jeder 20. Arbeitsplatz im Saarland hängt. Die saarländische Kohleförderung ist um ein Vielfaches teurer als der Weltmarktpreis. Politik greift hier ein und subventioniert bis zu einer bestimmten Summe, um so einheimische Energieversorgung und Arbeitsplätze zu sichern. Wird die Subventionssumme reduziert, ist Arbeitsplatzabbau die Folge.
Zwei recht unterschiedliche Beispiele, und doch gibt es Gemeinsamkeiten: Uns fiel auf, daß die Wirtschaft zunehmend global agiert und auf dieser Ebene keiner politischen Kontrolle unterworfen ist. So führt der internationale Standortwettbewerb dazu, daß die niedrigsten Löhne bzw. die niedrigsten sozialen und ökologischen Auflagen zum Maßstab werden. Sie drücken den Weltmarktpreis für Kohle (und machen damit die Kohleförderung in Deutschland unattraktiv) und dienen als Druckmittel für Konzerne, die jeden Abbau von Arbeitsplätzen damit begründen können, daß die Lohnkosten im Ausland niedriger sind als bei uns. Wir waren also über die Problematik der Arbeitslosigkeit zu Fragen der (Welt)Wirtschaft gekommen.

– Urteilen: Es folgte der Schritt Urteilen, bei dem wir die Ergebnisse unserer Analyse mit Texten der Bibel konfrontiert haben. Mit zwei Texten aus dem Lukasevangelium haben wir uns ausführlich beschäftigt: mit dem Gleichnis vom Festmahl in Lk 14,15–24 und mit dem ersten Auftreten Jesu in Nazaret Lk 4,16–30.
In beiden Texten entdeckten wir, daß Jesus eine eindeutige Option für die Armen vertritt. Lukas stand nun vor der Aufgabe, genau diese Botschaft seiner Gemeinde, zu der auch Reiche und Wohlhabende gehörten, zu vermitteln. Hier sahen wir bereits Parallelen zu unserer aktuellen Situation, da unsere Gemeinden in der Regel Mittelstandsgemeinden sind. Nach Lk 4 verkündetet Jesus eine gute Nachricht für die Armen, Gefangenen, Blinden und Zerschlagenen. Zum Mahl im Reich Gottes (Lk 14) sind zwar auch diejenigen eingeladen, die es sich leisten können, einen Acker zu kaufen, aber sie kommen nicht, weil sie zu geschäftig sind. Es kommen jedoch die

Armen, die Blinden, die Krüppel und die Lahmen und schließlich sogar diejenigen, die vor der Stadt und auf den Landstraßen liegen. Wir waren uns einig, daß diese Botschaft keine Bestätigung für die Reichen und Wohlhabenden der lukanischen Gemeinde war, sondern daß es für sie um Umkehr ging, und zwar Umkehr nicht als moralische Verpflichtung, sondern weil sie sonst etwas verpassen (nämlich die Teilhabe am Mahl bzw. Reich Gottes), was ihnen besonders wichtig ist (Lk 14, 15f).
Jesus bzw. Lukas greift die konkrete gesellschaftliche Situation auf (es gibt Reiche und Arme, die ausgegrenzt sind) und ergreift Partei für die Ausgegrenzten. Zu unserem Thema war der Bezug schnell hergestellt. Arbeitslose Menschen sind in unserer Gesellschaft ausgeschlossen. An ihrer Seite wäre der Platz der Kirche und der Gemeinden, wenn sie die Option Jesu für die Armen heute aktualisieren wollen. Aus der Option für die Armen könnte sich so eine Option für Arbeitslose entwickeln.

– Handeln: Anschließend fragten wir uns, welchen Beitrag unsere Gruppe, die sich über die Pastoral der Zukunft Gedanken machen wollte, in dieser Fragestellung leisten kann. Wir hatten gesehen, daß die Ausgrenzung von arbeitslosen Menschen einerseits ökonomisch und andererseits ideologisch geschieht, indem die Gründe für Arbeitslosigkeit oftmals den einzelnen zugeschoben werden. „Wer keine Arbeit hat, der ist selbst schuld; der ist zu faul, um zu arbeiten!" Solche oder ähnliche Aussagen sind auch immer wieder in unseren Gemeinden anzutreffen. Unsere Gruppe hat dagegen festgestellt, daß die aktuelle Arbeitslosigkeit ihre Ursachen in den Strukturen der kapitalistischen Weltwirtschaft hat.
Daher haben wir uns entschlossen, unseren Arbeits- und Erkenntnisprozeß zu dokumentieren und so aufzuarbeiten, daß eine Arbeitsgrundlage für kirchliche Gruppen und Gremien in unserer Region dabei entsteht. Am Beispiel Arbeitslosigkeit wollen wir exemplarisch deutlich machen, daß Pastoral der Zukunft sich kritisch mit unserem Wirtschaftssystem auseinandersetzen muß. Zwei Ziele verfolgen wir dabei:
Arbeitslose sollen aus ihrer Isolierung herauskommen, indem sie nicht mehr individuell für ihre Situation verantwortlich gemacht werden.
Indem andere dazu ermutigt werden können, sich mit dem Wirtschaftssystem zu befassen, verliert dieses bereits an Macht, die es zum Teil auch deshalb hat, weil die meisten Menschen sich für unfähig halten, wirtschaftliche Zusammenhänge zu verstehen.

Das Arbeitsheft ist derzeit noch nicht fertiggestellt, so daß noch kein abschließendes Resümee unseres Gesamtprozesses möglich ist. Eine Zwischenbilanz kann jedoch gezogen werden:
Die TeilnehmerInnen der Gruppe haben Interesse an ökonomischen Fragen gefunden.
Sie haben einen Teil ihrer „Ehrfurcht" vor diesem Thema abgelegt.
Sie sehen mittlerweile einen engen Zusammenhang mit der Theologie, d.h. mit der Frage: Wer ist Gott in unserer Gesellschaft? Ist es der Gott Jesu (bzw. der Bibel) oder ist es das Geld oder der Markt?

4. Praxis der Sozialpastoral in der Jugendarbeit

4.1 Warum gerade in der Jugendarbeit?

Es ist zunächst relativ einfach zu verstehen, warum die nachfolgend beschriebenen Projekte alle im Bereich der Jugendarbeit angesiedelt sind. Einerseits ist es darin begründet, daß wir alle mit dem Schwerpunkt Jugendarbeit in unseren Pfarrverbänden arbeiten. Daß wir in diesem Feld erste sozialpastorale Gehversuche machen, hat damit zu tun, daß wir vergleichbare Vorstellungen von Kirche haben, die sich sehr gut mit dem Titel eines Buches von U. Eigenmann umschreiben lassen: „Am Rande die Mitte suchen"[4].
Andererseits erleben wir gleichzeitig, daß Veränderungen in der Jugendarbeit leichter möglich sind, weil hier die Krise der traditionellen Pastoral schon am deutlichsten greifbar ist. Positiv gewendet kann man sagen, daß der Jugendarbeit hier möglicherweise eine Vorreiterrolle zukommt, die innovativ für die Praxis der Kirche sein kann.

4.2 Das Projekt „Jugendarbeit an der Hauptschule Sulzbach"

4.2.1 Zur Entstehungssituation des Projektes

Dieses Projekt ist entstanden im Kontext der Umstrukturierung der Jugendarbeit im Pfarrverband Sulzbach von einer pfarreiorientierten Jugendarbeit zu einer gemeinwesenorientierten Jugendarbeit. In der pfarreiorientierten Jugendarbeit nutzen einige, v.a. Mittelschichtsjugendliche die räumlichen und teilweise personellen Ressourcen von

[4] Vgl. U. Eigenmann, Am Rande die Mitte suchen, Unterwegs zu einer diakonischen Gemeindekirche der Basis, Fribourg/Brig 1990.

Pfarrgemeinden zur eigenen Freizeitgestaltung. Sowohl auf eine inhaltliche Ausgestaltung als auch auf eine intensivere Begleitung wird kein großer Wert gelegt. Dem gegenüber steht eine immer größere Anzahl von Jugendlichen, die aufgrund ihrer sozialen und finanziellen Situation in ihren Möglichkeiten der Lebens- und Freizeitgestaltung stark eingeschränkt ist. Ein Großteil dieser Jugendlichen besucht die Hauptschule in Sulzbach.

4.2.2 Projektskizze

4.2.2.1 Projektansatz

Im Herbst 1994 fand eine Tagung zur sozialpastoralen Praxisreflexion für SozialarbeiterInnen der Caritas und PastoralarbeiterInnen aus dem Bistum Trier statt. Im Verlauf dieser Tagung wurde auf dem Hintergrund einer befreiungstheologischen Interpretation des Samaritergleichnisses pastorale und sozialarbeiterische Praxis reflektiert und weiterentwickelt. In bezug auf die Praxis der Jugendarbeit in Sulzbach wurden sozial benachteiligte Jugendliche (= HauptschülerInnen) mit dem unter die Räuber gefallenen Opfer identifiziert. Die pfarrgemeindliche Jugendarbeit geht an diesen Jugendlichen genauso vorbei, wie die Vertreter des Kultes (Priester und Levit) im Gleichnis am Opfer der Räuber vorbeigehen. Die übrigen Träger von Jugendarbeit (Jugendzentrum, Projekt für arbeitslose Jugendliche, Jugendcafé ...) erkennen zwar die Defizite der Jugendlichen, verbinden auch wie der Herbergswirt die ärgsten Wunden, versuchen aber nicht, die Räuberei (= Strukturen der Benachteiligung) in Frage zu stellen. Basisgemeindliches Handeln (= Handeln des Samariters) hätte demgegenüber die Aufgabe, konsequent auf der Seite der Jugendlichen zu stehen, ihre Lebensmöglichkeiten zu erweitern und mit ihnen gemeinsam gegen die Strukturen der Räuberei vorzugehen. Daß genau dieses Handeln pastorales Handeln ist, wird im Gleichnis dadurch deutlich, daß in dem Angerührt-Werden des Samariters und seinem daraus entspringenden Handeln für das Opfer Gottesbegegnung geschieht.

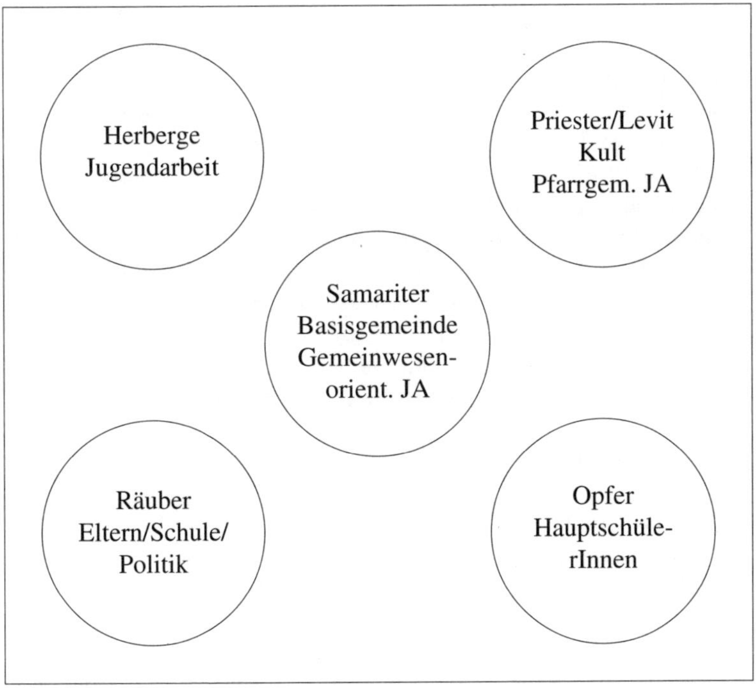

Aus diesen Überlegungen lassen sich zur Umsetzung folgende Grundzüge einer gemeinwesenorientierten Jugendarbeit beschreiben:

- Sie orientiert sich an den gesellschaftlichen Gegebenheiten eines Gemeinwesens, hier der Stadt Sulzbach. Ausgangspunkt sind also nicht einzelne Personen, Gruppen oder Pfarrgemeinden, sondern die gesellschaftliche Situation von Jugendlichen in Sulzbach mit ihren Chancen, Widersprüchen und besonders auch ihren Ausgrenzungen.
- Sie wendet den Blick besonders auf die von Ausgrenzungen und Benachteiligungen betroffenen Jugendlichen und deren Lebenssituation im Gemeinwesen.
- Sie versucht mit den Betroffenen gemeinsam, Möglichkeiten der Ressourcenerweiterung zu entwickeln und umzusetzen. Konkret sollen hier die Lebens- und Freizeitmöglichkeiten von SchülerInnen der Hauptschule durch Angebote von Jugendarbeit an der Schule erweitert werden.

– Sie versucht, diese Ressourcenerweiterung auch durch Einfluß auf Entscheidungen der Politik zu betreiben und abzusichern. Interessen und Anliegen von Jugendlichen bezüglich ihres Umfeldes sollen in jugendpolitische Entscheidungsprozesse eingebracht werden. Hierzu eignet sich vor allem die im neuen Kinder- und Jugendhilfegesetz als Pflichtaufgabe vorgeschriebene Jugendhilfeplanung.[5] Der öffentliche Jugendhilfeträger (Kreisjugendamt) wird im Gesetz damit beauftragt, unter breiter Beteiligung freier Träger der Jugendhilfe den Prozeß der Jugendhilfeplanung durchzuführen. Dieser Prozeß beinhaltet neben einer regionalen Bedarfs- und Bestandsanalyse auch die daraus hervorgehende Entwicklung von geeigneten Maßnahmen der Jugendhilfe. In allen Phasen soll außerdem für eine geeignete Beteiligung von Betroffenen Sorge getragen werden. Zu diesem Zweck ist eine Vernetzung der Träger der Jugendhilfe (öffentliche und freie Träger) notwendig.

4.2.2.2 Das Projekt

Auf der Basis dieser Überlegungen wurde Anfang 1995 der Kontakt zur Schule aufgenommen.

Das erste Ziel war, SchülerInnen und Lehrpersonal im Umfeld der Schule kennenzulernen. Nach einigen Gesprächen mit Schulleitung und LehrerInnen entschieden wir uns, gemeinsam mit zwei Schulklassen jeweils drei inhaltlich gestaltete „Orientierungstage“ durchzuführen. Die Vorbereitung dieser Tage wurde in den Klassen mit den LehrerInnen unter der Leitung des Pastoralreferenten Stephan Manstein und der Gemeindereferentin Annette Flämig durchgeführt.

Die Veranstaltungen ermöglichten neben der Kontaktbildung auch eine gemeinsame Perspektivenentwicklung für weitere Maßnahmen der Jugendarbeit an der Schule.

So ergab sich die gemeinsame Durchführung einer Ferienmaßnahme mit einem Gemeinwesenprojekt im Sozialen Brennpunkt im Sommer 1995, an der SchülerInnen der Hauptschule und Jugendliche aus dem Brennpunkt teilnahmen. Darüber hinaus wurde mit einer Klasse ein Konfliktgespräch mit einer Lehrerin vorbereitet und mit der anderen Klasse eine Disco geplant und durchgeführt.

Zur gleichen Zeit wurde in dem bestehenden „AK Sulzbacher Jugend-

[5] Der Bundesminister für Frauen und Jugend (Hg.), Das neue Kinder- und Jugendhilfegesetz, Bonn 1991.

arbeiterInnen" (= Zusammenschluß freier und öffentlicher Träger der Jugendhilfe in Sulzbach) der Diskussionsprozeß zur Jugendhilfeplanung forciert. Hier wurde ein Konzept entwickelt, unter möglichst breiter Einbeziehung von Jugendlichen (Projekt Hauptschule) Jugendhilfeplanung in Sulzbach zu betreiben. Zu diesem Zweck wurde innerhalb der bereits angelaufenen Armuts- und Sozialberichterstattung der Stadt Sulzbach ein eigener Bericht zur Situation von Kindern und Jugendlichen durchgesetzt. Eine ABM-Stelle zur Durchführung dieses Projektes wurde Anfang 1996 eingerichtet. Dieser Bericht soll seinerseits Bestandteil im Prozeß der Jugendhilfeplanung für Sulzbach sein, die vom Kreisjugendamt eingefordert und in Zusammenarbeit mit dem AK durchgeführt werden soll.

4.2.3 Perspektiven

An der Schule selbst werden weitere „Orientierungstage" mit Schulklassen stattfinden; denn sie bieten die Möglichkeit, bestehende Kontakte zu vertiefen und neue Kontakte zu eröffnen. Darüber hinaus sollen in Verbindung mit anderen Trägern der Jugendarbeit weitere Maßnahmen der Jugendarbeit an der Schule durchgeführt werden.
Auch soll die jährliche Projektwoche der Schule im Rahmen der Jugendhilfeplanung geplant und gestaltet werden. Hier sollen gemeinsam mit allen SchülerInnen die Lebens- und Freizeitmöglichkeiten von Jugendlichen in Sulzbach kritisch überprüft werden. Dieser Prozeß soll kreativ gestaltet, und die Ergebnisse sollen in den Prozeß der Jugendhilfeplanung eingebracht werden.

4.2.4 Abschließende Bewertung

Das Projekt gemeinwesenorientierter Jugendarbeit ist in den einzelnen Schritten sicherlich nichts Neues. Das Bemerkenswerte ist vielleicht das dahinterliegende Verständnis, daß gerade dieses solidarische Eintreten für benachteiligte Jugendliche und deren Anliegen als explizit pastorales Handeln angesehen wird. Pastorales Handeln ist hier nicht nur die Ressourcenerweiterung der Jugendlichen, sondern auch die konsequente Einmischung in politische Entscheidungszusammenhänge.
Diese Arbeit mit sozial benachteiligten Jugendlichen an der Hauptschule stieß in pastoralen und pfarrgemeindlichen Gremien auf wohlwollende Toleranz, denn es wurde – auch wenn wir dieses Ziel immer

wieder ausdrücklich ablehnten – die Möglichkeit gesehen, neue Ressourcen für die pfarrgemeindliche Jugendarbeit zu gewinnen. Diese stand jedoch dem Projekt sehr skeptisch gegenüber, denn es wurde befürchtet, daß die „schwierigen" Jugendlichen nicht integrierbar sind und diese eventuell auch noch „ihre" Räume benutzen sollten. Momentan läuft daher diese Form der Jugendarbeit relativ unvermittelt neben der pfarrgemeindlichen Jugendarbeit her.
Aus dieser Beobachtung heraus stellt sich die Frage, ob oder unter welchen Bedingungen sozialpastorale oder gemeinwesenorientierte Jugendarbeit in bestehenden Pfarreistrukturen und deren Jugendarbeit überhaupt möglich erscheint.
Konstruktive Verbindungslinien scheinen hier im Moment zumindest schwierig, wenn nicht aussichtslos. Dennoch ist uns die kritische Konfrontation der pfarreiorientierten Jugendarbeit mit der gemeinwesenorientierten Jugendarbeit auch weiterhin ein wichtiges Anliegen.

4.3 Das Jugendprojekt Wadgassen

4.3.1 Zur Entstehungssituation des Projektes

Die Kommunalgemeinde Wadgassen hat insgesamt 19.000 Einwohner und besteht aus sechs früher selbständigen Ortschaften. Sie grenzt unmittelbar an die alte Industriestadt Völklingen und liegt somit inmitten des Montangürtels, der sich von Saarbrücken bis Dillingen erstreckt. Trotz des industriellen Großraums hat Wadgassen ein deutlich dörfliches Gepräge. Die Bevölkerung von Wadgassen setzt sich zum größten Teil aus Arbeiterfamilien und Familien von kleineren und mittleren Angestellten zusammen. Die oben beschriebene sozioökonomische Situation des Saarlandes trifft auch auf Wadgassen zu. Dies zeigt sich in einer Arbeitslosenquote von 13% im Jahr 1994. In der Gemeinde leben 1550 Kinder im Alter zwischen 6 und 13 Jahren und 730 Jugendliche zwischen 14 und 17 Jahren. Der Anteil ausländischer Kinder und Jugendlicher in dieser Altersspanne liegt bei 12%.
Neben den sich im langsamen Zerfall befindlichen dörflichen Milieuklassikern wie Feuerwehr, Musikkapelle und Sportverein, Institutionen, in denen man zusammenkommt und Gemeinschaft pflegt, entwickeln sich rasant Cliquen und Szenen, die dieses Bindungsvakuum offensichtlich füllen. Sie bilden sich entlang außerschulischer Freizeitkontakte (Partys, Discos etc.) oder auf der Straße (informelle Treffpunkte). Inwieweit sich infolge des sozialen Drucks durch Arbeitslosigkeit

eine zunehmende Verarmung unter Jugendlichen vollzieht, bleibt angesichts der nach außen gewahrten bürgerlichen Fassade noch offen. Auffällig ist ein steigender Suchtmittelkonsum unter den 14–21jährigen, der sich im letzten Jahr von Alkohol auf Designerdrogen wie Ecstasy und andere synthetische LSD-Ableger verlagert hat.
Die kirchliche Jugendarbeit in den fünf katholischen Pfarreien der Kommunalgemeinde Wadgassen folgt dem traditionellen Rekrutierungsmuster, das im Rahmen der Kommunion- und Firmvorbereitung kurzfristig quantitative Erfolge aufweist. Kinder und Jugendliche sind zumeist in Meßdienergruppen und der sogenannten Katholischen Jugend, Pfarrei XY, auf einem relativ labilen Niveau organisiert. In zwei der fünf Pfarreien arbeiten Gemeindereferentinnen, die für die Begleitung der Jugendgruppen zuständig sind. Sie sind zwar an neuen Formen der Jugendarbeit interessiert, haben jedoch (aufgrund einer starken Einbindung in klassische Felder der Pastoral) kaum die Möglichkeit, eine Umorientierung in der Jugendarbeit zu initiieren. Überpfarreiliche Aktivitäten, sofern sie die Grenzen des Pfarrverbandes nicht überschreiten, werden als Ausbildungs- und Informationsforen angenommen. Jugendliche aus dem oben beschriebenen Szene- und Cliquenmilieu tauchen in diesen Veranstaltungen und Gruppen eher am Rande auf, z.B. bei Ferienfreizeiten und Discos. Subtile Ausgrenzungsmechanismen zwischen Jugendlichen aus dem kirchlichen Bereich und den anderen Milieus tragen zu scharfen Grenzziehungen bei.

4.3.2 Projektskizze

4.3.2.1 Der Projektansatz

Im Gegensatz zu Konzepten einer angebots- und gruppenorientierten Jugendarbeit, wie sie traditionell in der kirchlichen Jugendarbeit, in den Verbänden und von uns selbst als Jugendarbeiter praktiziert werden, versucht dieses Projekt, sich an einem cliquen- und lebensweltorientierten Ansatz von Jugendarbeit zu orientieren.[6] Ausgehend von den Erfahrungen mit Jugendlichen vor Ort beobachten wir, daß Cliquen im Alltag Jugendlicher eine immer zentralere Bedeutung haben, ja daß Cliquen angesichts wachsender Individualisierung und zuneh-

[6] Vgl. F.J. Krafeld, Theorie cliquenorientierter Jugendarbeit, in: Deutsche Jugend 7–8/ 1992, 310–312.

mendem Orientierungsverlust häufig „überlebenswichtige zentrale Sozialisationsinstanz“ sind.[7] Dabei ist es uns zum einen wichtig, die objektiven gesellschaftlichen Lebenszusammenhänge Jugendlicher in Wadgassen in den Blick zu nehmen, zum anderen danach zu fragen, wie Jugendliche als Subjekte mit diesen Verhältnissen umgehen, wie sie sich ihre Lebenswelt anzueignen versuchen und sich dazu ihre sozialen Zusammenhänge der Alltags- und Lebensbewältigung zunehmend selbst organisieren (müssen). Die Lebenszusammenhänge gewachsener sozialer Gruppierungen bilden die Handlungsgrundlage in der Jugendarbeit, nicht mehr allein die pädagogisch initiierten Gruppierungen gelten als erstrebenswert. Ein solcher Ansatz verlangt es, die Cliquen der Jugendlichen dort aufzusuchen, wo sich ein Teil ihres Lebens abspielt. Dies sind die informellen Plätze (Kinderspielplätze und Schulhöfe) zumeist jenseits kirchlicher Jugendräume oder anderer kirchlicher Pfarrei- bzw. Pfarrverbandsgrenzen. Das in der einrichtungsgebundenen Jugendarbeit übliche Komm-Prinzip wird durch das Geh-Prinzip ergänzt.

4.3.2.2 Das Projekt

Das Jugendprojekt in Wadgassen begann im Herbst 1993 und besteht bis heute aus zwei Elementen. Es ist zum einen die Arbeit mit 15–25 Jugendlichen aus drei Cliquen im Alter von 14–18 Jahren, die für einen Teil der Bürger zum Problem wurden. Vor dem Hintergrund der Erfahrungen mit diesen Jugendlichen soll in einem zweiten Schritt eine genauere Analyse der Situation von Kindern und Jugendlichen in der Gemeinde Wadgassen erfolgen.

Diese Analyse besteht in einer Erstellung eines Fragebogens und einer vom Oktober bis Dezember 1995 durchgeführten Befragung von Kindern und Jugendlichen. Ziel der Befragung ist es, eine qualitative und bedürfnisorientierte Situationsanalyse der eher verdeckten Lebenswirklichkeit von Jugendlichen zu erheben. Daneben soll eine Lobby für Jugendliche geschaffen werden, um Forderungen an die Kommune wie kirchliche Gemeinden stellen zu können. Darüber hinaus ist eine grundsätzliche Umstrukturierung unserer Jugendarbeit im Sinne des oben skizzierten Ansatzes intendiert.

Im folgenden werden beide Teile des Projektes dargestellt. Gerade der erste Teil ist dabei etwas ausführlicher gehalten, um die Behutsamkeit

[7] W. Ferchhoff, Jugendkulturen im 20. Jahrhundert, Frankfurt/Main 1990, 72.

des Anfangs und die Dynamik des dann folgenden Prozesses in einer sich verändernden Jugendkultur besser zu beschreiben. Gleichzeitig wird dadurch verdeutlicht, daß ein sozialpastorales Anliegen Grenzüberschreitungen herkömmlicher Jugendarbeit impliziert und zu neuen Wegen in der Jugendarbeit provoziert.

Teil 1:
In den Ortsteilen Wadgassen und Schaffhausen werden im Herbst 1993 drei Cliquen von Jugendlichen im Alter von 14–18 Jahren auffällig. Ihre Treffpunkte sind Kinderspielplätze und Schulhöfe. Beschwerden aus der Bevölkerung und Unterrichtung durch das Ordnungsamt der Gemeinde Wadgassen veranlassen den Gemeindejugendpfleger und mich zur Kontaktaufnahme mit den Gruppen. Schmierereien an den Wänden der Grundschule, hoher Alkoholkonsum und hinterlassene „Müllberge" sind u.a. Auslöser für den Bürgerprotest.
Nach ersten Kontakten mit den Cliquen an deren jeweiligen Treffpunkten und dem Aufbau eines Vertrauensverhältnisses werden die Vorkommnisse, welche die Anwohner gestört haben, thematisiert. Von Oktober bis November finden noch vier weitere Treffen statt. Bei diesen Kontakten geht es in erster Linie um die Entwicklung einer vertrauensvollen und einigermaßen belastbaren Beziehung.[8] Das kann nur gelingen, wenn die Jugendlichen spüren, daß ihnen der Kontakt etwas bringt. Wegen des gemeinsamen Wunsches nach Räumen finden die letzten beiden Treffen mit allen drei Gruppen gemeinsam statt (Ort: Kinderspielplatz Schaffhausen). Bei der letzten Out-door-Versammlung bei strömendem Regen werden drei Vertreter (je Gruppe einer) ausgesucht, die zusammen mit dem Gemeindejugendpfleger und mir ein Gespräch mit dem Bürgermeister zur Überlassung eines Raumes im Jugendtreff „Alter Bauhof" führen sollen.
Das Gespräch am 6. Dezember 1993 verläuft erfolgreich, die Jugendgruppen bekommen den Raum, müssen die Benutzung jedoch mit anderen Gruppen (Junge Union, Jungsozialisten und Naturfreunde) absprechen, was eine Woche später auch geschieht. Ergebnis: Ab Januar 1994 können die Räume dienstags, mittwochs und donnerstags von 18–22 Uhr und alle 14 Tage freitags von 18–22 Uhr belegt wer-

[8] Vgl. W. Specht, Mobile Jugendarbeit, in: H. Eyferth/H. U. Otto/H. Thiersch (Hg.), Handbuch zur Sozialarbeit/Sozialpädagogik, Neuwied 1987, 555.

den. Am darauffolgenden Tag treffen die Jugendlichen Vereinbarungen darüber, welche Grundregeln eingehalten werden sollen, und wählen zwei Schlüsselverantwortliche. Im Januar 1994 startet eine Eröffnungsfete – laut und feucht.
In Abstimmung mit den nunmehr ca. 30 Jugendlichen unternehmen wir im Februar 1994 den Versuch, ein Programm für gemeinsame Aktivitäten zu entwickeln. Ergebnis ist die Planung zweier Discoveranstaltungen, deren Einnahmen zur Durchführung einer gemeinsamen Sommerfreizeit im Elsaß verwendet werden sollen. Die beiden Discos finden im März und Mai 1994 statt und bringen der Gruppe 1000 DM in die selbstverwaltete Gemeinschaftskasse ein. Die bereits geplante Sommeraktion muß im Juni 1994 abgesagt werden, da die eingenommenen 1000 DM von der Gruppe anderweitig ausgegeben worden sind.
Ab diesem Zeitpunkt überschlagen sich die Ereignisse: Im September 1994 kommt es zu wiederholten Einbrüchen in den Jugendtreff, bei denen zwei Stereoanlagen gestohlen werden. Konflikte zwischen der offenen Gruppe und den organisierten Gruppen häufen sich, diverse Krisensitzungen sind die Folge und führen schließlich zur vorübergehenden Schließung des Jugendtreffs.
Im November 1994 spaltet sich die Gruppe in Techno- und Heavyfans, Musik wird zur Erkennungsmelodie, zum kleinsten gemeinsamen Nenner auseinanderdriftender Szenen. Wer Techno hört, ist Raver, wer Heavy hört, ist Heavyman, wer Grunge hört, ist … Popmusik wird zum Mittel, sich von anderen Gruppierungen abzusetzen. Ebenso deutlich wird uns der szenenspezifische Drogenkonsum. Diese Entwicklung führt dazu, daß sich die nun wieder verschiedenen Cliquen zu unterschiedlichen Zeiten im „Alten Bauhof“ treffen.
Die relative Selbstverwaltung läuft unter solchen Umständen kaum noch, gemeinsam aufgestellte Regeln und Absprachen werden immer häufiger gebrochen. Der Gemeindejugendpfleger und ich fahren zweigleisig: Auf der einen Seite machen wir viel Einzelbetreuung, Aktionen und Gespräche mit wenigen oder einzelnen; auf der anderen Seite versuchen wir, alle in die Gruppe zu integrieren. Es kommt zu einer zwischenzeitlichen Stabilisierung in beiden Cliquen. Der Drogenkonsum wird jedoch zunehmend zum zentralen Problem. Da wir es nicht erlauben können und wollen, daß im Jugendtreff Drogen genommen werden, verliert sich zu immer mehr Jugendlichen der Kontakt. Dieser Aussortierungprozeß wird dadurch verstärkt, daß wir durch unsere Arbeit mit einem Teil der Jugendlichen (den „Vernünftigen“) ein

Anti-Drogen-Klima im „Alten Bauhof" aufgebaut haben. Im März 1995 wird der Jugendtreff nur noch einmal wöchentlich geöffnet. Die Attraktion des Treffs hat sich verbraucht. Attraktivere Szenenangebote wie wöchentliche Raves in den großen Diskotheken in Saarlouis, Völklingen und Saarbrücken und noch härtere Cores in Rocktreffs und eine gesteigerte Mobilität wirken wie ein Sog in die Zentren.
Trotzdem halten wir den Kontakt zu einer ganzen Reihe von Jugendlichen. Im Sommer 1995 bieten wir eine Zeltfreizeit für Jungen an, die wir speziell unter den ehemaligen Treffbesuchern publik machen, zwölf fahren mit. Im Herbst des gleichen Jahres findet ein Cliquenfußballturnier statt, bei dem ebenfalls vertraute Gesichter auftauchen. Es ist im Moment offen, was unsere nächsten Schritte sein werden. Dies hängt maßgeblich von der zur Zeit laufenden Befragung von Jugendlichen ab. Somit bin ich bei dem zweiten Teil des Jugendprojektes – einer sozialräumlichen Analyse.
Als Zwischenergebnis läßt sich festhalten: Szenen bilden die Gesellschaftsordnung der 90er Jahre. Sie entstehen überall dort, wo Menschen freiwillig gemeinsame Interessen, Wertvorstellungen und Freizeitaktivitäten entwickeln oder ganz einfach die gleichen Konsumartikel schön finden. Szenen sind soziale Netzwerke.

Teil 2:
Dieser zweite Teil des Jugendprojektes beginnt im Januar 1994. Angestoßen durch die Erfahrungen mit den drei Cliquen in den Monaten vorher, entschließen wir uns zu einer Analyse der Situation von Kindern und Jugendlichen im Alter von 13–21 Jahren in der Gemeinde Wadgassen in Form einer Befragung. Ziel der Befragung wird es sein, eine qualitative und bedürfnisorientierte Situationsanalyse zu machen. Daneben soll eine Lobby für Kinder und Jugendliche geschaffen werden, um Forderungen, z.B. nach Räumen oder Finanzmitteln, an die politische Gemeinde und die kirchlichen Pfarreien stellen zu können. Ebenso hat die Untersuchung das Ziel, unsere eigene Jugendarbeit umzustrukturieren, um sie noch wesentlicher an den sozialräumlichen Gegebenheiten und an der Lebenswelt der Jugendlichen zu orientieren.
Da weder der Gemeindejugendpfleger noch ich jemals eine solche Befragung gemacht haben, geht es zunächst darum, ein multiprofessionelles Team zusammenzustellen. Die Teammitglieder sollten sowohl Jugendarbeit machen als auch Kenntnisse und Erfahrungen in soziologischen Fragestellungen mitbringen.

Im März 1994 steht eine multiprofessionelle Equipe, es sind:
- der pädagogische Referent der Regionalstelle für kirchliche Jugendarbeit;
- ein Sozialarbeiter vom Projekt der Mobilen Jugendarbeit des evangelischen Jugendwerkes in Saarlouis (Schwerpunkt: Arbeit mit Skinheads);
- eine Soziologin vom selben Projekt;
- ein Soziologe der Arbeitsstelle Migration und Fremdenfeindlichkeit des Vereins Multikultur im Gemeinwesenprojekt Saarstraße in Völklingen;
- der Gemeindjugendpfleger
- und ich als Theologe.

Nach der Sichtung statistischen Materials aus den Bereichen Schule, Vereine, arbeitslose Jugendliche, ausländische Familien, kirchliche Jugendarbeit u.a.m., einer fotografischen Ortsteilerkundung und den bis dahin gemachten Beobachtungen bzw. Erfahrungen aus der Jugendarbeitspraxis wird die inhaltliche Orientierung des Fragebogens und damit der Analyse festgelegt. Sie besagt: Wenn Sozialintegration nach wie vor die Grundfigur einer Sozialpädagogik des Jugendalters ist, so haben sich in den letzten Jahrzehnten die Integrationskonflikte von der Ebene kultureller Normenkonflikte (wie sie Kennzeichen der Generation der 50er und 60er Jahre waren) auf die Ebene sozialer Bewältigungskonflikte verschoben.[9] Das klassische Jugendmodell, welches Jugendzeit als Reifungszeit ansah, hat sich unter den Bedingungen gesellschaftlicher Modernisierung erweitert: Zu den Entwicklungsaufgaben hinzugekommen sind eine Menge von Bewältigungskonflikten, welche das Kindes- und Jugendalter prägen: z.B. die Bewältigung zunehmender schulischer Leistungsanforderungen bei gleichzeitigem Plausibilitätsverlust schulischer Abschlüsse („Was bringt ein Abschluß, wenn ich anschließend keine Lehrstelle bekomme!“) oder die Bewältigung innerfamiliärer Konflikte auf dem Hintergrund veränderter Beziehungs- und Erziehungsstrukturen in den Familien oder die Bewältigung von psychosozialen Krisen auf dem Hintergrund mangelnder persönlicher Perspektiven und wirtschaftlicher Armut.[10]

[9] Vgl. L. Böhnisch, Sozialpädagogik und Jugend, in: B. Dewe/H. U. Otto (Hg.), Zeit-Zeichen Sozialer Arbeit. Entwürfe einer neuen Praxis, Neuwied 1992, 51.

[10] Vgl. M. Schumann, Wandel von Kindheit und Jugend, in: Deutsche Jugend 7–8/1993, 320ff.

Dieser Orientierung folgend, wird vom Frühjahr 1994 bis zum Herbst 1995 in ca. 20 Treffen mit jeweils drei Stunden der Fragebogen und die Befragungsorganisation entwickelt. Der Fragebogen erhebt Ist-Daten, Meinungsdaten bzw. Wertorientierungen und Bedürfnisdaten. Er besteht aus 98 Fragen zu folgenden Themenbereichen:
- Persönliche Daten
- Schule/Ausbildung/Beruf/Arbeitslosigkeit
- Wohnen
- Ressourcen
- Familie
- Freizeit/Ferien
- Autonomie/Selbständiges Handeln
- Konfliktbearbeitung
- Konsumverhalten
- Wertorientierung
- Zukunftsperspektiven.

Vom Oktober bis Dezember 1995 läuft die Befragung unter 130 nach dem Zufallsprinzip ausgesuchten Jugendlichen. Unterstützt werden wir durch zehn InterviewerInnen, die eigens für diese Aufgabe vorbereitet werden. Im Frühjahr 1996 wird ausgewertet.

4.3.3 Perspektiven

Im Blick auf den ersten Teil des Projektes werden im nächsten Jahr „Orientierungstage" an der Gesamtschule Wadgassen mit der 8. Klasse stattfinden. Dies ist eine weitere Möglichkeit, den Kontakt zu einzelnen bzw. zu verschiedenen Cliquen aufrechtzuerhalten oder sogar zu vertiefen. Daneben sind eine Reihe von Punkkonzerten im Jugend treff geplant, die u.a. auch dazu beitragen, sich nicht aus den Augen zu verlieren.

Wie sich die Jugendarbeit in den nächsten Monaten in Wadgassen entwickeln wird, hängt entscheidend von den Ergebnissen der Befragung ab. Dabei wird es von zentraler Bedeutung sein, wie wir den von uns favorisierten cliquenakzeptierenden Ansatz vor den Ordnungs- und Befriedungsinteressen der Öffentlichkeit schützen können. Gleichzeitig ist es wichtig, Bündnispartner für eine qualitativ andere Jugendarbeit zu finden, von denen neben der ideellen auch eine finanzielle Unterstützung erwartet werden muß. Es wäre sehr erfreulich – Träumen sei für die Länge eines Satzes erlaubt –, den Sozialraum Gemein-

de Wadgassen als Kommunikationsraum und als Prozeß sozialer Integration für Kinder und Jugendliche zu gestalten. Im Blick auf unsere Cliquen, mit denen teilweise eine Art „Feindbild“ verbunden ist, könnte dies bedeuten, nach Möglichkeiten einer gleichberechtigten Partizipation am sozialräumlichen Kommunikationsprozeß (etwa durch Entwicklung von Jugendforen, BürgerInnenversammlungen etc.) zu suchen und damit Prozesse einer voranschreitenden sozialen Ausgrenzung zu verhindern. Dabei geht es darum, die Probleme dort anzugehen und auszutragen, wo sie entstanden sind, nämlich im sozialräumlichen Kontext, in Begegnung, Auseinandersetzung und auch Streit um die zentralen Fragen: wem die Plätze gehören, wem welche Räume zur Verfügung stehen etc.
Das ganze Projekt ist zeitintensiv. Das bedeutet, daß ich meine Stellenbeschreibung so umschreiben muß, daß ich z.B. für zehn Stunden pro Woche diese Arbeit machen kann. Das wiederum heißt, der Konferenz der hauptamtlichen MitarbeiterInnen im Pfarrverband Wadgassen und dem Bistum Trier gegenüber plausibel zu machen, daß diese Form der Jugendarbeit durchaus kirchliche Jugendarbeit ist. Hier beginnt eine spannungsreiche theologische Begründungsarbeit, die sozialpastorales Handeln in einem theologischen Kontext reflektiert.

4.3.4 Abschließende Bewertung

Der pädagogische Ansatz, der Wechsel zu neuen pädagogischen Einsichten bzw. die Ergänzung alter pädagogischer Orientierungen und die daraus resultierende Praxis ist beschrieben worden. Im folgenden möchte ich die sozialpastorale Relevanz des hier vorgestellten Projektes deutlich machen. Dabei wird klar, und das ist das Besondere, daß es für mich als Theologen und Pastoralreferenten ständige Grenzüberschreitungen bedeutet hat und noch bedeutet, in bezug auf meine pädagogische wie pastoraltheologische Arbeit.
Die kirchliche Praxis in meinem Arbeitsumfeld ist von einer „Mitgliedschafts“-Pastoral gekennzeichnet. Von ihr setzt sich die Sozialpastoral entscheidend ab, weil sie von der „Option für die Ausgegrenzten“ ausgeht und diese die Grundlage bildet für die daraus resultierenden pastoralen Grundorientierungen und Handlungsimpulse, d.h. die Blickverschiebung vom binnenkirchlichen Jugendarbeitsbetrieb zu jenen, die in Cliquen „an den Hecken und Zäunen“ stehen, stellt eine solche Umorientierung dar. Im Projekt wird anfanghaft der

Versuch unternommen sich von einer „Mitgliedschafts"-Kirche zu einer „Kirche für andere", von einer „Vereinskirche" zu einer „Kirche für die Welt" zu bewegen.[11]

Im Blick auf die beiden Bestandteile des Begriffs „Sozial-Pastoral" möchte ich die soziale Qualität und das pastorale Verständnis der Sozialpastoral im Kontext des Jugendprojektes skizzieren.

In der Praxis der lateinamerikanischen Sozialpastoral lassen sich zwei Bedeutungen dessen unterscheiden, was als ihre soziale Qualität bezeichnet wird: Es ist dies die schon erwähnte Ausrichtung kirchlicher Aktivitäten auf die soziale und gesellschaftliche Realität und die Unterstützung und Befähigung Betroffener, sich zu solidarisieren. Vom volkskirchlichen Milieu und der von ihr geprägten Jugendarbeit her betrachtet, werden die Adressaten unseres Jugendprojektes als die „Anderen" bezeichnet, weil sie als bedrohlich, unangepaßt und gefährlich in die Techno- und Drogenszene verwickelt gelten. Diese Szenen sind mehr als sich abschottende Jugendkulturen für Insider. Indem sie zielsicher mit dem Finger auf Zustände weisen, die in unserer Gesellschaft im argen liegen, halten sie der Erwachsenenkultur und somit auch den Pfarreiverantwortlichen den Spiegel vor. Das schreckt ab und motiviert zur Ab- und Ausgrenzung dieser Jugendlichen. Unsere Initiative nimmt die Situation ernst und geht in sie hinein. Was die Befähigung Betroffener, sich zu solidarisieren, angeht, so verfolgt das Grundmuster cliquenorientierter Jugendarbeit eben die Unterstützung selbstorganisiert angegangener Suche nach Wegen gelingender Lebensbewältigung in der von den Erwachsenen dominierten Gesellschaft.

Die wesentliche pastorale „Intervention" als Pastoralreferent in dieser Form der Jugendarbeit zielt nicht auf Rückführung ins kirchliche Milieu, sondern auf Anstiftung und Befähigung zu solidarischem Handeln oder – anders gesagt – zu gemeinsam gestalteten Versuchen der Lebensbewältigung. Dies hat, wie oben bereits beschrieben, eine eher beziehungsorientierte statt aktivitätenorientierte Jugendarbeit zur Folge. Das heißt, daß der Professionelle auch als Person in die Arbeit eingeht, was ein authentisches Umgehen miteinander voraussetzt. Immer zentraler wird damit die im kommunikativen Umgehen miteinander aufzugreifende Frage, wie Menschen dasjenige verarbeiten, was alles an Eindrücken und Erlebnissen in ihrem Lebensalltag auf sie ein-

[11] Vgl. H. Steinkamp, Sozialpastoral, Freiburg/Br. 1991, 11ff.

strömt, wie sie also ihre Erfahrungen „produzieren", um daraus Orientierungen für die eigene Lebensbewältigung zu gewinnen.

4.4 Offener Treff für Kinder und Jugendliche in der Fenner Straße

4.4.1 Zur Entstehungssituation des Projektes

Der Saarbrücker Stadtteil Burbach, als Arbeiterstadtteil von der Eisen- und Stahlerzeugung und deren Weiterverarbeitung abhängig, war in der Vergangenheit wie kein anderer Stadtteil von dieser Erwerbsgrundlage beeinflußt. Im Winter 1982 auf dem Höhepunkt der Stahlkrise wurde der Name Burbach, lange vor Rheinhausen, zum Inbegriff für Krise und Arbeitslosigkeit. Viele Werke wurden geschlossen oder reduzierten ihr Personal. Das, was über 100 Jahre die materielle Lebensgrundlage sicherte und das „Arbeiterdorf" Burbach prägte, wurde abgebaut – mit weitreichenden Folgen bis heute.
Ende 1994 lebten in Burbach 15.843 Personen, die vor allem in den Altersgruppen 0–5 Jahre und 9–15 Jahre im Vergleich zu anderen Stadtteilen überdurchschnittlich vertreten sind. Burbach darf aus diesem Grunde zu Recht als „junger Stadtteil" bezeichnet werden. Hier liegt jedoch der Sozialhilfeanteil mit 18,74% (Ende 94) und auch die Arbeitslosenquote mit 20% (Mai 95) noch weit über den für das Saarland genannten Zahlen. Fast jedes dritte Kind im Alter zwischen 0–17 Jahren lebt von Sozialhilfe, und fast jede dritte SozialhilfeempfängerIn in Burbach ist ein Kind. Auch die bildungsstatistischen Informationen weisen eindeutig auf eine auch gegenwärtig noch fortbestehende problematische Bildungssituation hin. Hinter diesen Zahlen versteckt sich eine Entwicklung Burbachs von einem früher sozial intakten und vitalen Arbeiterstadtteil hin zu einem sozialen Brennpunkt. Dies geht einher mit dem Aufbrechen traditioneller Milieus wie Nachbarschaften, Vereine und Kirchengemeinden.
Die drei katholischen Kirchengemeinden Burbachs erreichen Kinder und Jugendliche über die Kommunion- bzw. Firmvorbereitung. Nur ein sehr geringer Anteil dieser Kinder und Jugendlichen schließt sich anschließend den Angeboten der traditionellen kirchlichen Jugend- und Jugendverbandsarbeit an. Diese Angebote werden überwiegend von GesamtschülerInnen, RealschülerInnen und GymnasiastInnen wahrgenommen. HauptschülerInnen sind unterrepräsentiert, SonderschülerInnen fehlen ganz. Bereits an diesem leicht überprüfbaren und eindeutigen Kriterium wird offensichtlich, daß es die kirchliche Ju-

gendarbeit mit ausgewählten Jugendlichen zu tun hat. Sozial benachteiligte Kinder und Jugendliche werden kaum erreicht.

4.4.2 Projektskizze

4.4.2.1 Projektansatz

Die Diskrepanz zwischen der sozialen Realität im Stadtteil und großen Teilen der herkömmlichen Jugendarbeit haben wir in der Konferenz der hauptamtlichen SeelsorgerInnen des Pfarrverbandes (Pfarrverbandskonferenz) mehrmals thematisiert. Vor allem unter der Fragestellung, für wen Kirche in dieser Situation wie da zu sein hat, begann ein Prozeß theologischer Standortfindung. Die Konferenz stimmte einem sozialpastoralen Ansatz zu, der zunächst die soziale und ökonomische Situation ernst nimmt und gerade die sozial Benachteiligten zum Ausgangspunkt pastoralen Handelns macht. Das hatte auch damit zu tun, daß unsere KollegInnen ebenfalls vor der Herausforderung stehen, in einer Situation von zunehmender Armut pastorale Antworten finden zu müssen. In Gesprächen mit KollegInnen, SozialarbeiterInnen und anderen an Jugendarbeit Interessierten wurde unsere Analyse differenzierter, und erste Gedanken und Ideen zur weiteren Vorgehensweise mit dem Ziel, Kinder und Jugendliche vom Rand der Gesellschaft zu erreichen, entwickelten sich. Diese konnten in den Diskussionsprozeß der Pfarrverbandskonferenz einfließen.

Als Ergebnis wurde vereinbart, daß wir (die beiden PastoralreferentInnen) modellhaft ein Projekt der Pfarrverbandskonferenz im sozialen Brennpunkt beginnen. Die Konferenz befürwortete für die personelle Ausstattung des Projektes jeweils zehn Wochenstunden der beiden im Pfarrverband tätigen PastoralreferentInnen. Die im Projektverlauf gemachten Erfahrungen sollten gemeinsam reflektiert werden, um daraus für die eigene Praxis zu lernen. Verbunden war dies mit der Bereitschaft einiger Seelsorger, das Projekt wenn nötig auch finanziell zu unterstützen.

Nach diesem Prozeß entschlossen wir uns, einen offenen Treff für Kinder und Jugendliche in der Fenner Straße im Stadtteil Burbach einzurichten. Gerade dieser Straße haftet schon von alters her der Makel eines sozialen Brennpunktes an. Sie erstreckt sich über eine Länge von ungefähr 800 m und wird bewohnt von 973 EinwohnerInnen. Im vorderen Teil gibt es Eigentumswohnungen, die nach etwa 200 m von Sozialwohnungen abgelöst werden. Der weitaus größte Bevölkerungsanteil wohnt somit in Sozialwohnungen mit einer Wohnfläche von 30–100 m^2. In einem Mehrfamilienhaus wohnen bis zu sechs Mietparteien. Die meisten der kinderreichen Familien, Alleinerziehenden und allein lebenden älteren Menschen leben hier entweder von Arbeitslosenunterstützung, Sozialhilfe oder einer kleinen Rente. So ist es den meisten Familien aufgrund der angespannten finanziellen Situation gar nicht möglich, besser ausgestattete und größere Wohnungen zu bekommen. Darüber hinaus wollen die meisten „Fennersträßler“ ihre Straße nicht verlassen, weil sie und ihre Familien schon immer hier gewohnt haben und sie sich in dieser vertrauten Umgebung wohl fühlen.

Zusammenfassend ist zu sagen, daß die für den Stadtteil Burbach beschriebene Problemsituation sich in der Fenner Straße noch verstärkt beobachten läßt.

Für diesen Standort des Projektes sprachen zudem zwei gewichtige Gründe: die überdurchschnittliche Zahl der Kinder und Jugendlichen in der Altersgruppe zwischen 6–14 Jahren, denen nach Angaben der zuständigen Mitarbeiterin des Sozialen Dienstes kein Raum zum Treffen zur Verfügung stand, sowie eine gut funktionierende Gemeinwesenarbeit, die unser Vorhaben positiv sieht, die Lebenssituation in der Straße kennt und uns mit ihren Kompetenzen im Rahmen monatlich stattfindender Reflexionsgespräche und bei gemeinsamen Aktionen unterstützt.

Inzwischen hatte eine Gruppe, bestehend aus MitarbeiterInnen der Pfarrverbandskonferenz, einen Raum für den Treff in der Fenner Straße gefunden. Im September 1994 wurde ein ehemaliger Friseursalon angemietet. Parallel dazu nahmen wir, die schon bestehenden Bezüge des Gemeinwesenprojektes nutzend, Kontakt zu Kindern und Eltern in der Straße auf. In mehreren Spielaktionen machten wir uns den Kindern bekannt und lernten die Kinder kennen. Die Renovierung des Raumes dauerte ein halbes Jahr, so daß nach einem Prozeß von eineinhalb Jahren der Treff zum ersten Mal geöffnet werden konnte.

4.4.2.2 Das Projekt

Aufgrund der Lebenslage der Kinder und Jugendlichen in diesem sozialen Brennpunkt versucht das Projekt einen sozialräumlichen und beziehungsorientierten Ansatz.[12] Ziel unseres Konzeptes ist es, Raum in unterschiedlicher Bedeutung zu schaffen:

[12] Vgl. F.J. Krafeld, Lebenslagen im Wandel: Konsequenzen für die Jugendarbeit, in: Sozialmagazin Heft 2/ 18. Jahrgang, März 1993.

– Raum, in dem Kinder und Jugendliche unter sich sein können. Der Treffraum bietet hier eine Alternative zu den beengten Wohnverhältnissen, die es kaum zulassen, daß sich mehrere Kinder zu gemeinsamen Aktivitäten treffen können.
– Raum, der in der unmittelbaren Lebenswelt der Kinder und Jugendlichen liegt. Der Treffraum im Wohnviertel hat neben der reduzierten Schwellenangst den Vorteil, Alltagsthemen und -probleme, die hier entstehen, aufzugreifen und mit vorhandenen Ressourcen zu bewältigen. Die Aktivitäten sind dabei nicht nur auf die Räumlichkeiten des Offenen Treffs reduziert. Die vorhandenen Möglichkeiten der Straße wie Spielplätze und Sportplatz werden vielmehr mitbenutzt und damit auch aufgewertet.
– Raum, ohne Mitmach-, Lern-, Teilnahme- und Konsumzwang. Das offene Angebot kann auch ohne größere Verpflichtungen, Aufnahmebedingungen und Auflagen punktuell genutzt werden.
– Raum, in dem jemand da ist und sich einläßt (beziehungsorientiert). In einer Atmosphäre der Zuwendung wird durch Beziehungsarbeit versucht, das geringe Selbstvertrauen der Kinder zu stärken. Durch das Anleiten zu alternativen Verhaltensweisen in akzeptierender Beziehung und Kommunikation sind auch im kreativen und spielerischen Bereich Entwicklungen möglich.
– Raum, der es ermöglicht, neben und durch die konkrete Arbeit mit Kindern und Jugendlichen die Situation der gesamten Straße in den Blick zu nehmen, auch in Verbindung zum Stadtteil.

In diesem beschriebenen Rahmen ist das Projekt ein Versuch, als Theologe bzw. Theologin, rückgebunden an die pastoralen Arbeitsstrukturen, Sozialpastoral in dem Bereich der Kinder- und Jugendarbeit durchzubuchstabieren:

– Kirche versucht nicht, sozial benachteiligte Kinder und Jugendliche durch bestimmte Angebote in ihre „Räume“ zu bewegen, sondern begibt sich in die Lebenswirklichkeit eines sozialen Brennpunktes hinein.
– Kirche will nicht durch ihr Engagement neue Mitglieder rekrutieren, sondern bietet Raum, solidarisches Handeln einzuüben und zu ermöglichen.
– Kirche versucht durch Zuwendung und Vermittlung des Gefühls, angenommen zu sein, Gotteserfahrung zu ermöglichen.

Der offene Treff ist zweimal pro Woche jeweils zweieinhalb Stunden für 6–14 Jährige geöffnet und wird begleitet von uns PastoralreferentInnen. Die BesucherInnenzahl ist unterschiedlich, aber ein „Stamm“ von 20–25 Kindern kommt zu jedem Treffen. Sowohl der offene Bereich, wie Basteln, Malen, Spielen, als auch geplante Aktivitäten, wie Schwimmen, Ballspiele etc., werden miteinander vereinbart und bisher gut angenommen. Wir machen dabei die Beobachtung, daß der Großteil der BesucherInnen eher aus der näheren Umgebung des Treffs kommt. Zudem scheint es unsichtbare Grenzen zu geben, teilweise zwischen linker und rechter Straßenseite, dem vorderen und hinteren Teil der Straße und auch zwischen verschiedenen Familien. Dies wird deutlich an Aussagen von Kindern wie etwa: „Wenn der kommt, komme ich nicht!“

Deshalb versuchten wir mit einer Ferienfreizeit den Jugendlichen die Möglichkeit zu bieten, wenigstens für ein paar Tage dieses starre System verlassen zu können.

Auffällig ist ferner, daß sowohl Mädchen wie Jungen ein klassisch-rigides Rollenmuster zeigen: Jungen dominieren durch aggressives Verhalten und Machtausübung, Mädchen zeigen sich integrativer und kooperativer.

Die Treffen laufen atmosphärisch recht unterschiedlich ab, je nach den Alltagserfahrungen der Kinder. Die Bereitschaft von Eltern, bei der Gestaltung des Treffs mitzuarbeiten ist relativ hoch, wenn ihr Engagement auf punktuelle Mitarbeit beschränkt bleibt. Aufgrund des engen Kontakts zum ansässigen Gemeinwesenprojekt werden die Räumlichkeiten mittlerweile auch von einem Frauentreff und der BürgerInnenversammlung der Straße genutzt.

Politische Interessenvertretung im Sinne der BewohnerInnen der Fenner Straße können wir im AK Burbacher Soziale Einrichtungen wahrnehmen.

Da das Projekt ein Projekt der Pfarrverbandskonferenz ist, wird es hier regelmäßig zum Thema gemacht. Wir berichten, wie das Projekt läuft, und suchen darüber hinaus – und das ist uns genauso wichtig – die theologische Auseinandersetzung über pastorale Ansätze in unserem Pfarrverband.

4.4.3 Perspektiven

Der offene Treff wird weiterhin ein Ort für Kinder und Jugendliche sein, wo sie sich treffen und ungestört ihre Freizeit verbringen können. Hier können Themen aufgegriffen werden, die sich im alltäglichen

Verhalten zeigen (wie z.B. Aggression, Mädchenrollen – Jungenrollen) und darüber hinaus ihr Repertoire an Verhaltensweisen erweitern helfen. Maßnahmen und Aktionen werden angeboten, die einfach Spaß machen und die Möglichkeit bieten, sich und andere zu erleben.
Die Elternarbeit, die ansatzweise begonnen wurde, soll fortgeführt werden. Dies soll in einem ungezwungenen Rahmen geschehen, der Raum bietet, um eigene Ideen und Erwartungen in die Gestaltung des Treffs einzubringen.
Angesichts der Fülle der Aufgaben und der begrenzten personellen Ressourcen (zehn Wochenstunden pro PastoralreferentIn) sind wir gezwungen, uns immer wieder abzugrenzen, um keine Erwartungen zu wecken, die später enttäuscht werden müssen. Langfristig ist beabsichtigt, den offenen Treff immer mehr zu einer Einrichtung werden zu lassen, in der BewohnerInnen mitarbeiten und Verantwortung übernehmen.
Diese Art kirchlicher Jugendarbeit soll auf Zukunft hin strukturell abgesichert werden, indem sie bei der anstehenden Überarbeitung der Stellenbeschreibungen Berücksichtigung findet.

4.4.4 Abschließende Bewertung

Unser Projekt stellt unter dem Aspekt eines offenen Angebots in einem sozialen Brennpunkt keine Besonderheit dar. Daß wir dieses Angebot aber als pastorales Angebot betrachten, das wir als TheologInnen betreiben, hat schon einen anderen Stellenwert. Es bedeutet einen kirchlichen Perspektivenwechsel, der die gesellschaftliche Realität in Solidarität mit sozial Benachteiligten wahrnimmt, bewertet und zum Handeln kommt.
Dieser Perspektivwechsel funktioniert in der kirchlichen Arbeitsstruktur mit KollegInnen, die mehr Fragen als Antworten zur pastoralen Praxis haben, bereit sind, gemeinsam zu suchen, und motiviert sind, neue Wege auszuprobieren.
Die Zusammenarbeit mit anderen sozialen Institutionen gestaltet sich gut, unsere Arbeit interessiert, wird geschätzt und unterstützt.
In der fachlichen Zusammenarbeit mit SozialarbeiterInnen ist das gegenseitige Ernstnehmen und Profitieren von den Kompetenzen der anderen wichtig. Dies kann zu einer sehr fruchtbaren Ergänzung von pastoraler und sozialer Arbeit führen.

5. Schluß

Bei der Entwicklung bzw. Durchführung der beschriebenen Projekte wurden wir immer wieder mit der Frage konfrontiert, was dieses sozialpastorale Handeln eigentlich noch mit Pastoral und Kirche zu tun hat und wo es sich von sozialarbeiterischem Handeln unterscheidet.
In der Tat sind für weite Felder sozialpastoralen Handelns in erster Linie sozialarbeiterische und -pädagogische Kompetenzen erforderlich. Auch gibt es zu Recht keine Vorbehalte gegen eine Kooperation mit Projekten, die auf eine integrale menschliche Befreiung und Entwicklung abzielen. Dennoch muß sogleich daran erinnert werden, daß die der Sozialpastoral wesentliche Option für die Armen, die sich in den beschriebenen Projekten zu einer Option für Ausgegrenzte und Benachteiligte entwickelt hat, keine nur säkularhumanistische Verpflichtung ist. Sie entspringt vielmehr der Mitte christlichen Glaubens, insofern den biblischen Zeugnissen zufolge die Armen und Ausgegrenzten vor Gott den privilegierten Platz einnehmen.[13]
Pastoral hat die zentrale Aufgabe, den Menschen die sich frei verschenkende Liebe Gottes nahe zu bringen und die damit verbundene Erlösung von der Sünde und Vollendung des Lebens anzusagen. Soll diese Botschaft nicht spiritualistisch verkürzt sein, so gilt es, die soziale und politische Wirklichkeit nicht auszublenden, sondern sie umso engagierter im Licht der Verheißungen des Evangeliums wahrzunehmen und umzugestalten. Damit wird die soziale Dimension, ohne sie absolut setzen zu wollen, zu einem alles pastorale Handeln durchziehenden Aspekt. Ein Lern- und Umkehrprozeß könnte sich hieraus anbahnen.
Dies unterstreicht aber nochmals, daß sozialpastorales Handeln nicht von Kirche und Pastoral wegführt, sondern im Gegenteil ins Zentrum allen theologischen Fragens führt.

[13] Vgl. N. Mette, Sozialpastoral, in: P.Eicher/ders. (Hg.), Auf der Seite der Unterdrückten? Theologie der Befreiung im Kontext Europas, Düsseldorf 1989, 251ff.

Leo Jansen/Hildegard Wustmans

Für das Leben lernen und politische Eingriffe wagen

Reflexionen zur politischen Praxis im Kontext des Oswald-von-Nell-Breuning-Hauses

Infolge der Dominanz transnationaler ökonomisch-technischer Zwänge, mit Blick auf das Aufleben neuer Nationalismen und angesichts der Krisen in Großorganisationen und Parteien sowie in Anbetracht zunehmender Pluralisierungs- und Individualisierungstendenzen wird die gesellschaftliche Situation, in der wir leben, immer komplexer und schwieriger. Unverkennbar sind die Tendenzen zur sozialen Spaltung, die für viele Menschen bedeutet, daß sie in dieser halsbrecherischen Dynamik der gesellschaftlichen Umbrüche in eine aussichtslose und ausgegrenzte Lage geraten. Damit jedoch nicht Hoffnungslosigkeit und Resignation die Oberhand erhalten, ist es notwendig, die konkreten Lebenslagen der Menschen in den Blick zu nehmen, damit sie Mut und Energie finden, um ihre Lebenswirklichkeit zu gestalten. Der Maßstab politischen Lernens und sozialen Handelns ist das Recht der Menschen, ihre Menschenwürde einzuklagen und ihre Humanität zu verteidigen.
Vor diesem Hintergrund präsentiert und reflektiert dieser Beitrag die politische Praxis des Oswald-von-Nell-Breuning-Hauses in Herzogenrath, gelegen am westlichsten Rande Deutschlands, aber mitten im sich vereinenden Europa und mitten in den Konflikten der Gegenwart. Wie unerhörte Lebenslagen von Menschen in gesellschaftlichen Lebenszusammenhängen wahrgenommen und gestaltet werden können, soll an Praxisbeispielen aufgezeigt werden. Dabei kommen konzeptionelle Aspekte unserer Arbeit anhand von Erfahrungen mit „befreienden Lernorten“ zur Sprache.

1. Lebenslagen von Menschen fordern heraus

„Ich zog mich mehr und mehr zurück, verbrachte sehr viel Zeit allein und fühlte mich sehr einsam ... Ich verlor von Tag zu Tag mehr Orientierungspunkte: Beziehungen, feste Zeiten im Ablauf der Woche und der einzelnen Tage, meine finanzielle Situation.“

„Als Sozialhilfeempfänger ist man irgendwie in die Ecke gedrückt. So empfinde ich das, irgendwie am Rand zu leben.“

„Du brauchst überall Geld für ... Man wird ausgeschlossen, weil man es sich finanziell nicht leisten kann ... Weil man eben auch nicht mit Leuten zusammenkommt, bin ich schon mal traurig, weil ich vieles meinen Kindern nicht geben kann ... Ja, ich möchte eine anständige Arbeit bekommen. Das ist meine Hoffnung, das ist meine Sehnsucht. Mein Bedürfnis ist, von der Sozialhilfe loszukommen, um meinen Kindern etwas besseres bieten zu können.“

„Bei uns werden Europäer fürstlich aufgenommen. Aber wir machen hier von Anfang an andere Erfahrungen. Wir spüren von Tag zu Tag, daß wir unerwünscht sind ... Als Asylbewerber bist du nichts. Du störst, du bist ein Schmarotzer, ein Dieb.“

„Es müssen Gewinne gemacht werden, ohne ‚Wenn und Aber‘. Auf Kosten der Mitarbeiter in den Mittelstufen, vor allem aber im unteren Bereich müssen in Zukunft Löhne und Gehälter eingespart werden. Arbeitsplatzabbau wird auf Umwegen ... versteckt durchgesetzt.“

„Nach dem Zivildienst gehe ich in meinen erlernten Beruf zurück. Ich habe dann vor, mich über betriebseigene Schulungen weiterzubilden. Aber mein nächstes großes Ziel ist es, eine eigene Wohnung zu beziehen, wenn ich wieder arbeite. Obwohl ich mich mit meinen Eltern gut verstehe, will ich endlich meine eigene Welt aufbauen und nicht mehr die ‚Pflichten‘ erfüllen, die man so hat, wenn man bei den Eltern wohnt.“

Diese Aussagen eines Erwerbsarbeitslosen, zweier alleinerziehender Frauen, eines Asylbewerbers aus Zaire, eines Arbeiters und eines Jugendlichen – gesammelt im Rahmen des Konsultationsprozesses im Bistum Aachen[1] – beschreiben skizzenartig ihre Alltagserfahrungen, ihre Nöte und Sorgen, vereinzelt ihre Wünsche und Hoffnungen. Sie beschreiben (teilweise) Erfahrungen verweigerter, verletzter und be-

[1] Vgl. Projektgruppe „Kirche und Arbeiterschaft“ (Hg.), Hautnah. Ein-Blick von unten. Lebensbilder von Arm-Gemachten (Reihe Arbeit & Menschenwürde, Bd.3) Bornheim 1995.

drohter Menschenwürde. Hinter all diesen Aussagen verbergen sich Geschichten. Geschichten, die leidvoll sind und von enttäuschten Hoffnungen erzählen. Und diese Geschichten sind keine Einzelfälle. Im Oktober 1995 waren in der Bundesrepublik offiziell 3.525.842 Menschen ohne Erwerbsarbeit. In der Bundesrepublik leben derzeit etwa 1,5 Millionen Einelternfamilien mit Kindern unter 18 Jahren, und davon sind 87 % alleinerziehende Frauen.[2] Durch Flexibilisierung und Deregulierung sind immer mehr Erwerbsarbeitsplätze gefährdet, Menschen von Erwerbsarbeitslosigkeit bedroht. Und dies trifft im besonderen Jugendliche und ältere ArbeitnehmerInnen.
Die Situation von ArbeiterInnen, Erwerbsarbeitslosen, alleinerziehenden Frauen, SozialhilfeempfängerInnen, Jugendlichen und Fremden in unserem Land stellt eine Herausforderung für unsere Gesellschaft und die Kirchen dar. Entmündigung, Abhängigkeit, Verzweiflung und Verhinderung von Chancen in der Lebensgestaltung markieren diese Herausforderungen. Sie stellen die demokratischen Fundamente unserer Gesellschaft auf den Prüfstand, und zugleich stellen sie an die Kirchen und kirchliche Bildungsarbeit die Frage nach ihrem Bekenntnis und ihren Optionen. Es gilt sowohl für den gesellschaftlichen wie auch kirchlichen Bereich, in Solidarität mit den Betroffenen nach Widerstandsformen in der Gegenwart und nach Gestaltungsmöglichkeiten für die Zukunft zu suchen. Dabei ist von den konkreten Erfahrungen der Menschen, ihren Leiden und Schmerzen sowie ihren Hoffnungen und Sehnsüchten auszugehen.

2. Lebenszusammenhänge und die Parteinahme für Arbeit und Menschenwürde

Die Zitate zu Beginn des Textes bringen die Lebenssituation von Menschen zum Ausdruck, deren Erfahrungen im allgemeinen untergehen, nicht gehört werden. In ihnen kommen die Armen bei uns zu Wort. Ihre Situation ist durch Ausbeutung in der Erwerbsarbeit, Erwerbsarbeitslosigkeit, Stigmatisierung und Mißachtung der Menschenwürde gekennzeichnet. Ihr täglich erfahrenes Leid ist Ausdruck struktureller Gewalt. Zugleich kommen damit jene Frauen und Männer zu

[2] Vgl. Familien und Familienpolitik im geeinten Deutschland – Zukunft des Humanvermögens, Fünfter Familienbericht der Bundesregierung, Bonn 1994.

Wort, mit denen wir in unseren Veranstaltungen und Seminaren arbeiten. Wir versuchen, ihnen eine Stimme zu geben. Mit ihnen bringen wir Unerhörtes zur Sprache und stellen dabei immer wieder fest, daß dadurch Strukturen und Positionen ins Wanken geraten.
Bevor dies geschieht, muß jedoch mit den meisten von ihnen ein Prozeß zur Wiedergewinnung der eigenen Sprache zurückgelegt werden. Und dies versuchen wir in gezielten Bildungsangeboten zu realisieren. Bildung ist ein wichtiges Mittel, um den Benachteiligungen von Menschen zu begegnen.[3] Mit Hilfe von Bildung wird es ihnen möglich, sich aktiv in Gesellschaft, Politik und Wirtschaft einzumischen, die eigene Situation und Position zur Sprache zu bringen und damit zugleich Wirklichkeit zu gestalten. Damit dies geschehen kann, ist es unverzichtbar, sich an den Lebensrealitäten der Frauen, der Erwerbsarbeitslosen, der ArbeiterInnen, der Fremden und Jugendlichen zu orientieren. Bezüglich der Bildungsinhalte gilt, daß diese sich aus den konkreten Erfahrungen der Menschen ergeben und sie von diesen Realitäten aus „alphabetisiert" werden. Die Perspektive der Betroffenen ist der Ausgangspunkt, dem HERRschaftswissen wird der Boden entzogen. Ein so definierter Bildungsbegriff beinhaltet das Ziel, durch Aneignung von Wissen die eigene Situation und die gesellschaftliche Realität in einem Prozeß des „Sich-selbst-bewußt-Werdens" zu gestalten. Somit geht es in diesen Lernprozessen nicht um Bildung um der Bildung willen, sondern um die Befähigung von Menschen, sich für ihre Belange sowie für eine humane und gerechte Gesellschaft einzusetzen. In diesem Sinne ist Bildung immer auch ein Teil politischer Praxis, die sich nicht an den Gegebenheiten des Status quo orientiert, sondern widerständig ist.[4] Bildung umfaßt auch das Lernen, Verantwortung zu übernehmen und Visionen zu formulieren für eine Gesellschaft, in der Menschwerdung möglich ist, in der Humanität und Gerechtigkeit keine Worthülsen mehr sind, sondern eine Realität für alle. Zu dem Zweck muß sich Bildungsarbeit nicht (ausschließlich) um die Abhandlung von Themen bemühen, sondern sie wird Erlebnisse und Konflikterfahrungen in privaten wie gesellschaftlichen Bereichen be- und verarbeiten. Dazu ist es unerläßlich, Räume bereitzustellen, in

[3] Vgl. M. Hartmann, Neues gestalten: Aufgaben der Bildungsarbeit in der KAB, in: Westdeutscher Verband der KAB und Oswald-von-Nell-Breuning-Haus (Hg.), Zukunft: fordern – wagen – gestalten, Bornheim 1995, 35–45.

[4] Vgl. M. Grönefeld, Arbeiterbildung als politische Praxis. Ein Beitrag zu ihrer Konzeption innerhalb der Katholischen Arbeitnehmerbewegung, Köln 1989.

denen sich die Betroffenen im wahrsten Sinne des Wortes versammeln können, wo lebens- und handlungsorientiertes Lernen möglich wird. Damit kann ein Dreifaches geleistet werden:

1. Der Vereinzelung und Privatisierung der Probleme wird entgegengewirkt;
2. der Blick auf gesellschaftliche Zusammenhänge kann gefördert werden;
3. Hilfestellungen für die Umsetzung der erworbenen Wissens- und Handlungskompetenzen können bereitgestellt werden.

Dieser Bildungsprozeß ist mit der Vision verbunden, aus den Strukturen der Blindheit und Unterdrückung zu befreien. Wenn Bildung eine lebensgeschichtliche Bedeutung haben soll, muß bei den Menschen angesetzt werden. „Widerstandslernen beginnt im Alltag, dort, wo Menschen anfangen, sich kritisch mit dem eigenen Leben und mit gesellschaftlichen Entwicklungen auseinanderzusetzen."[5] Ein Bildungsbegriff auf dieser Basis rüttelt dann in der Tat an den gegebenen Strukturen und gibt den Schwachen Macht. Zentraler Inhalt unserer Bildungsarbeit ist der Zusammenhang von Arbeit und Menschenwürde. Arbeit ist mehr als ein Mittel zur Befriedigung von Bedürfnissen, sie ist auch der Ort, in dem die Würde des Menschen zum Ausdruck gebracht werden soll. Arbeit ist konstitutiv für die Menschwerdung. Diese Funktion geht dann verloren, wenn Arbeit ein Mittel der Ausbeutung und Entfremdung wird und wenn Menschen die Teilhabe an Arbeit verweigert wird. Besonders in den gegenwärtigen Umbrüchen und Krisen in der Arbeitsgesellschaft ist die Perspektive von Arbeit und Menschenwürde aufrechtzuerhalten, und dies im Sinne: für und mit den Betroffenen.

3. Lebenswirklichkeiten und befreiende Lernorte – Beispiele aus der Praxis

Im folgenden möchten wir an ausgewählten Beispielen die Zusammenhänge von Lebenswirklichkeiten und befreienden Lernorten darstellen. Zugleich verdeutlichen wir so Profil und Praxis des Oswald-

[5] M. Grönefeld, Einführung, in: dies. (Hg.), Arbeiterbildung als Praxis der Parteilichkeit. Festschrift der Bildungs- und Begegnungsstätte der KAB und CAJ in der Diözese Aachen, Köln 1989, 15.

von-Nell-Breuning-Hauses in Zeiten gesellschaftlicher Umbrüche, die uns institutionell und konzeptionell herausfordern.

3.1 Politisch und streitbar

Daß politische Bildung etwas mit Politik zu tun hat, liegt anscheinend auf der Hand. Doch ob sie in der Lage ist, das politische Handeln in unserer Gesellschaft zu prägen, da werden bereits von vielen Zweifel angeführt. Im gesamten Spektrum der organisierten Bildungsarbeit spielt die politische Bildung nur eine Nebenrolle.[6] Und diese Tatsache gilt auch für Schulen und dabei im besonderen für die Berufsschulen. Neue Formen selbstorganisierten politischen Lernens, die ein kreatives Zusammenspiel zwischen politischem Lernen und politischem Handeln suchen, sind kaum Thema in einer bildungspolitischen Diskussion, die das Nachdenken über Bildung über weite Strecken auf eine Qualifizierungsdebatte reduziert hat.

Politik in einer Mediengesellschaft ist das Eine: Sie wird von Politprofis in Parteien, in Parlamenten, bei Fernsehauftritten, bei Kongressen von Gewerkschaften, Verbänden oder in kleinen Zirkeln von Mächtigen aus Wirtschaft, Verwaltung, Medien, Parteien und Verbänden hinter verschlossenen Türen usw. gemacht. Politische Bildung ist das Andere: Sie findet landläufig statt in Tagungsräumen von Bildungsstätten, in einigen Kursangeboten der Volkshochschulen, über wissenschaftliche Traktate in Fachzeitschriften etc. Politik sucht mehr und mehr die symbolischen Auftritte in den Medien und stellt sich häufig bedeutsamer und mächtiger dar, als die Ergebnisse sind, die wirklich erzielt werden.[7] Politische Bildung führt dagegen eher ein Schattendasein. Gemeinsam ist aber beiden, daß besonders die kleinen Leute, die sozial Ausgegrenzten und Ohnmächtigen weder zur verfaßten Politik noch zur organisierten politischen Bildung einen Zugang haben.

Wie und wohin es mit der Politik und der politischen Bildung angesichts dieser Diagnose gehen soll, ist besonders seit der Wiederherstellung der deutschen Einheit, mit all ihren ökonomischen, kulturellen und politischen Schwierigkeiten (nicht nur in den neuen Bundesländern), zunehmend bedenkenswert und diskussionswürdig geworden.

[6] Vgl. K.-P. Hufer, Herausforderungen für die politische Erwachsenenbildung. Konsequenzen nach der Einigung, Schwalbach/Ts. 1991.

[7] Vgl. I. Ramonet, Die neuen Herren der Welt. Formen der Macht am Ende des 20. Jahrhunderts, in: Le Monde Diplomatique, Beilage zur TAZ, Mai 1995, 19.

Vor diesem Hintergrund wendet sich unsere Praxis gegen eine demokratische Erstarrung, in der die einen die Macher und die anderen die Zuschauer sind, in der die einen als politisch Gebildete mitreden können und die anderen meinen: „Davon versteh' ich nichts, und das bringt doch nichts, sich damit zu befassen." Wie läßt sich politisch mitmischen und öffentliche Resonanz erzielen in den Fragen, die besonders arbeitende und arbeitslose Menschen bedrücken?
Der große politische Streit um Arbeit in seinen verschiedenen Facetten (z.B. Bekämpfung der Massenarbeitslosigkeit, Wirtschaftsstandort Deutschland, angeblich zu hohe Lohnkosten, Zweiter Arbeitsmarkt, Ladenschlußzeiten, Sonntagsarbeit u.v.m.) muß mehr ein Ort politischen Lernens werden. Eine Reihe von Erfahrungen zeigt uns, daß dies möglich ist. Mit unserem Schwerpunkt „Arbeitslosenbildung" sind wir nicht nur in die Vernetzung von Arbeitslosen- und Beschäftigungsinitiativen verwickelt, sondern auch in den politischen Streit um den sogenannten „Zweiten Arbeitsmarkt". Mit öffentlichen, regional und bundesweit ausgerichteten Debatten haben wir hier versucht, Öffentlichkeit mitzuprägen sowie die Streitkultur im Interesse der massenhaft von Erwerbsarbeit ausgegrenzten Menschen anzuregen.
Die Gründung von Beschäftigungsgesellschaften im Kreis Aachen und Düren war z.B. Anlaß zu einer ersten öffentlichen Informationsveranstaltung in Kooperation mit dem regionalen „Forum der Arbeit" zu den Vorhaben der Kommunen. Nach über zehn Jahren intensiver und kreativer Bemühungen von Arbeitslosenprojekten, Erwerbsarbeitslosigkeit konkret zu bekämpfen, wurden sehr kritische Anfragen dazu laut, wie nun kommunale Verwaltungen vorrangig unter dem Druck leerer Kassen[8] beginnen, etwas „für" Erwerbsarbeitslose zu unternehmen. So intervenierten in einer öffentlichen Veranstaltung über einhundert Aktive aus Arbeitslosenprojekten, Gewerkschaften und kirchlichen Gruppen. Sie klagten die Einhaltung von tariflichen Standards ein. Sie forderten, Sozialhilfeempfänger nicht möglicherweise mit „2-DM-Anerkennungsgeldern" abzuspeisen. Statt dessen wurden die aktive Unterstützung bestehender Projekte sowie die Integration von umfassenden Qualifizierungsangeboten in die Konzepte der kommunalen Beschäftigungsgesellschaften angemahnt. Bekämpfung von Erwerbsar-

[8] Die finanzielle Krise der Kommunen ist zu einem großen Anteil dem extremen Anstieg der Sozialhilfeausgaben geschuldet, der wiederum auf die lang anhaltende Massenarbeitslosigkeit zurückzuführen ist.

beitslosigkeit – so der Tenor der Auseinandersetzung – darf nicht als Sozialstaatsabbau zur Bekämpfung der Erwerbsarbeitslosen und Sozialhilfeabhängigen verkommen. Die Veranstaltung zeigte in der Folge Wirkung in den Beratungen und Entscheidungen der zuständigen kommunalen Stellen. Erstmals hatten viele Aktive der Arbeitslosenprojekte und der regionalen Gewerkschaften sich gemeinsam eingemischt. Dies war u.a. auch deshalb möglich, weil unsere Bildungspraxis seit Jahren bemüht ist, Querverbindungen zwischen Gewerkschaften, Arbeitslosenprojekten, Kirchen und sozialen Initiativen herzustellen.
Ein weiteres Beispiel verdeutlicht, wie eine konkrete Krise in einem internationalen Betrieb vor Ort mit Fragen der großen Politik verknüpft werden kann. Als der Standort einer Textilglasfabrik mit ca. 1000 Beschäftigten von der französischen Konzernzentrale zur Disposition gestellt wurde, fruchtete die jahrelange Zusammenarbeit mit dem Betriebsrat und dem gewerkschaftlichen Vertrauensleutekörper des Unternehmens. Informationen wurden laufend in der Krisensituation ausgetauscht. Die KollegInnen im Betrieb wußten, daß sie notfalls jenseits der Werkstore auf Unterstützung rechnen konnten. Eine kirchliche Initiative, die sich an die Adresse der Konzernzentrale in Paris richtete, wurde gestartet. Nachdem sich die Situation entschärft hatte und der Standort unter Opfern der ArbeiterInnen[9] erhalten werden konnte, kam es zu einer gemeinsamen politischen Einmischung von Betriebsrat, Geschäftsleitung und dem Oswald-von-Nell-Breuning-Haus in den Bundestagswahlkampf. Die selbst aus der Sicht der hiesigen Geschäftsleitung kontraproduktive Politik der Bundesregierung hinsichtlich des Abbaus von sozialstaatlichen Standards (z.B. Arbeitslosengeld und Arbeitslosenhilfe) sollte öffentlich thematisiert werden. Unter der Überschrift „Solidarität oder Sozialabbau am Standort Deutschland" kam es zu einer öffentlichen Auseinandersetzung mit den im Bundestag vertretenen Parteien. Die daraus erwachsenen weiteren Kontroversen und Kontakte schlagen sich bis heute in neuen Dialoggesprächen zwischen Betrieb, Bildungshaus und Parteien nieder. Die öffentliche Parteinahme für die Nöte der ArbeiterInnen schafft wechselseitiges Vertrauen, wichtige innerbetriebliche Veränderungen als gemeinsame Lernorte zwischen christlicher ArbeiterInnenbildung einerseits und Betriebsrat und Gewerkschaft andererseits zu gestalten.

[9] Ein massiver Personalabbau und drei Jahre Lohn-Nullrunden mußten in Kauf genommen werden.

Bildung hat in einer widersprüchlichen gesellschaftlichen Situation die Aufgabe, Opposition und Widerstand gegenüber den bestehenden Verhältnissen zu fördern. Dazu ist es zunächst notwendig, die Orte und Konflikte aufzusuchen, wo sich oft nur ohnmächtiger und verhaltener Protest gegen die Verletzung von Lebensansprüchen regt. Menschen gerade in kirchlichen Bildungseinrichtungen müssen daher Zeit und Sensibilität aufbringen und an den Konflikten Anteil nehmen, die sich in ihrem Umfeld ereignen. Das Mittragen von Protest sowie das Mitfühlen von Ohnmacht können dann Ausgangspunkte einer politischen Bildungsarbeit sein, die nicht nur Widerstand fördert und qualifiziert, sondern außerdem dazu beiträgt, die im Widerstand aufscheinende soziale Kreativität von Menschen freizusetzen. Unsere über mehrere Jahre entwickelten Kontakte und Aktivitäten im Kontext des Arbeitskampfes um die letzte Steinkohlezeche der Region belegen, daß Widerstandskultur und soziale Phantasie gelernt werden können.
Über drei Jahre dauerte der harte und wechselvolle Arbeitskampf um die Arbeitsplätze der Zeche Sophia Jacoba in Hückelhoven. Mit dramatischen Streik- und Protestaktionen endete er im Herbst 1991 mit dem offiziellen Beschluß zum „Aus" der Zeche 1997. Dieser Arbeitskampf hatte insbesondere durch die Fraueninitiative Sophia Jacoba eine kreative und nachhaltige Dynamik erhalten. Die Frauen der Bergleute und die Frauen in der Region Heinsberg, die sich engagiert in diese politischen Kämpfe hineinbegaben, waren und fühlten sich betroffen. Sie waren als Frauen betroffen, die Angst hatten um die Arbeitsplätze ihrer Männer, um die Zukunft ihrer Kinder und die Zukunft der Lebenschancen in der Heimat. Die hier beispielhaft ausgedrückte Frauenbetroffenheit führte im Arbeitskampf zu einem Frauenwiderstand mit eigenem Charakter. Denn sowohl spektakuläre Aktionen mit viel Zivilcourage in Hückelhoven, Düsseldorf und Bonn als auch eine ausdauernde, hartnäckige und provozierende Solidarität im Kleinen kennzeichneten das jahrelange Engagement der Frauen. Der sich über Jahre hinziehende Arbeitskampf wurde zum Widerstandslernen. Die Frauen trieben den Kampf oft voran und damit zugleich sich selbst. Frauenbetroffenheit und Frauenwiderstand mündeten für viele engagierte Kämpferinnen in einen Lernprozeß, der besonders Fraueninteressen ans Tageslicht förderte. *„Durch den Arbeitskampf hat sich alles verändert"*, so eine Frau, die erzählt: *„Viele von uns arbei-*

ten heute. Ich kann mir nicht vorstellen, einfach wieder Hausfrau zu sein – dafür habe ich mich zu sehr verändert.“[10]

Widerstandserfahrungen stellen besondere individuelle und kollektive Lernprozesse dar. Sie können um so mehr an Bedeutung gewinnen, je intensiver sie reflektiert und fortgeschrieben werden. Das, was im Arbeitskampf besonders ausgeprägt für die Frauen galt, kann ähnlich auch für andere Beteiligte an den Auseinandersetzungen festgestellt werden. Die enge Verbindung unserer Arbeit zur Katholischen Arbeitnehmerbewegung (KAB) sowie zu vielen Gewerkschaftern, die in diesem Kampf sehr engagiert waren, eröffnete uns als Bildungshaus viele Kontakte in der heißen Phase des Konfliktes. So konnten wir unsere Mithilfe anbieten, indem wir Familien, die im Arbeitskampf standen, zu Familienseminaren einluden. Wir vermittelten Gespräche und Kontakte zwischen unterschiedlichen Regionen, zwischen kirchlichen und gewerkschaftlichen Gruppen, um auf diese Weise das Spektrum der Solidarität und Kreativität in dem Konflikt zu erweitern. In vielen Seminaren mit anderen Zielgruppen wurden Hintergründe und aktuelle Entwicklungen des Konfliktes thematisiert. Nach dem Arbeitskampf luden wir die unterschiedlichen Gruppen, die über mehrere Jahre oft nur mühsam gelernt hatten, gemeinsam zu kämpfen, zu einer Auswertung der Erfahrungen in einem sozialethischen Hearing ein. Der Kampf für die Zeche, der zu Ende war, sollte umgewandelt werden in einen Kampf für die Zukunft der Region und für die eigenen, im Widerstand entdeckten Fähigkeiten, Wertvorstellungen und Lebensperspektiven. Es gelang eine nachdenkliche und menschlich beeindruckende Reflexion. Das Bewußtwerden der eigenen Widerstandsleistung schuf die Grundlage für eine bislang nicht gekannte Fähigkeit, soziale Phantasie zu entfalten: nämlich die eigene Zukunft wie die der Heimatregion neu zu denken. Mit den Frauen entwickelte die Wissenschaftliche Arbeitsstelle unseres Hauses ein handlungsorientiertes Projekt „Beschäftigungsperspektiven für Frauen im Kreis Heinsberg“[11]. Aus dieser Studie und einer Befragung von 2000 Frauen

[10] Wissenschaftliche Arbeitsstelle Oswald-von-Nell-Breuning-Haus und Forum der Arbeit (Hg.), Was bleibt? Dokumentation eines Hearings zum Arbeitskampf um die Zeche Sophia Jacoba in Hückelhoven, Herzogenrath 1993, 28.

[11] Vgl. Arbeitskreis „Frau und Arbeit“ im Kreis Heinsberg, Verlauf des Projektes „Beschäftigungsperspektiven für Frauen im Kreis Heinsberg“. Hintergründe – Erfahrungen – Ausblick, Herzogenrath 1994; Prognos Endbericht „Beschäftigungsperspektiven für Frauen im Kreis Heinsberg“, Köln 1994.

im Kreisgebiet erwuchs innerhalb eines Jahres ein Netzwerk „Frau und Arbeit“, das nun Fraueninteressen offensiv in der Öffentlichkeit vertritt und sich für neue Arbeitsplätze und Bildungsmöglichkeiten für Frauen einsetzt. Mit diesem Netzwerk ist unsere Arbeit durch verschiedene einzelne Bildungsmaßnahmen immer wieder neu verbunden.

3.3 Religiös und unerhört

Religion ist ein Mittel, unerhörtes Leben zur Sprache zu bringen, und eine Voraussetzung für Befreiung und Menschwerdung. Dadurch, daß Religion unerhörtes Leben zur Sprache bringt, sprengt sie Rahmen und Strukturen, die Humanität verweigern. Die Botschaft des Christentums ist widerständig. Religion ist die Wegbereiterin für die Realisierung der Existenz von Menschen. Und religiöse Ausdrucksformen geben dem Ringen um die Existenz von Menschen, ihrem Glauben, ihrer Hoffnung und der Liebe Gestalt.
Dieses Verständnis von Religion/christlichem Glauben versuchen wir, in religiösen Angeboten transparent zu machen. Dabei taucht immer wieder die Schwierigkeit auf, daß die Einheit von Glauben und Leben nur noch von wenigen Menschen erfahren und praktiziert wird. Parallel besteht das Problem, daß viele intuitiv spüren, daß das „Alte“ nicht mehr paßt, daß „Neues“ jedoch kaum erfahren und erprobt wird. Von der exemplarischen Erfahrung einer feministischen Liturgie zu einem Begegnungstag ausgehend, soll der Versuch aufgezeigt werden, das „Neue“ zu gestalten.
„Für bessere Zeiten streiten“ – so lautete das Motto des Begegnungstages der KAB in der Diözese Aachen. Dieser Tag wurde von Frauen inhaltlich vorbereitet und gestaltet und begann mit einer feministischen Liturgie. Im Mittelpunkt der Liturgie stand eine namenlose Frau, die mit ihrer Handlung auf Widerstand stieß, die sich ihre Handlung im wahrsten Sinne des Wortes etwas kosten ließ. Sie tat, was sie tun mußte, und so wurde sie zur Prophetin, derer man sich erinnert, wo immer das Evangelium verkündet wird. Gemeint ist die Frau, die Jesus in Betanien salbte (Mk 14,3–9). Die namenlose Frau aus Betanien ist Prophetin, sie ist Verkünderin des Reiches Gottes.
Während der Liturgie erinnerten sich die Anwesenden an diese Frau. Sie spürten gemeinsam Prophetinnen auf und entdeckten gleichsam die verborgene und unbekannte Prophetin in sich selbst.

Praxisbeispiele mit prophetischer Bedeutung waren für die Anwesenden unter anderem:

- die Durchsetzung des Frauenförderplans in den Verbandsstrukturen der KAB;
- die Entstehung von Frauengruppen und des verbandlichen Frauenteams in der KAB;
- ein Frauenprojekt in der Region Heinsberg, das im Rahmen des Arbeitskampfes um die Zeche Sophia Jacoba entstand.

Die genannten Punkte zeigen, daß Frauen Widerstand gegen eine Politik leisten, die nur nach Sachzwängen und eingespielten (Männer-)Gewohnheiten argumentiert und agiert. Die Beispiele zeigen darüber hinaus, daß Frauen Verkünderinnen einer anderen Gesellschaft und Prophetinnen sind, die dem patriarchalischen Status quo in der Gesellschaft und in der Kirche Widerstand leisten, die Visionen haben und an deren Umsetzung arbeiten.
Mit den Worten „Tu, was Du vermagst“ salbten sich die Anwesenden gegenseitig, in Erinnerung an die namenlose Frau in Betanien, in Erinnerung an die vielen namenlosen Prophetinnen in der Gesellschaft, im Aufspüren der eigenen prophetischen Gaben. Diese Ausdrucksform feministischer Spiritualiät war für viele der Anwesenden neu und unerwartet. Selten waren die Reaktionen auf eine Liturgie so spontan und zustimmend. So manche Frau hat Lust bekommen, sich auf die Suche nach ihrer Spiritualität mit anderen Frauen zu begeben.[12]

3.4 Feministisch und entschieden

In der feministischen Bildungsarbeit stehen Mädchen und Frauen im Zentrum des Interesses; Erfahrungen von Unterdrückung, Marginalisierung, Verschwiegenwerden, aber auch von Befreiung und realisierter Menschwerdung kommen in ihr zur Geltung. Feministische Bildungsarbeit ist kontextuelle Bildungsarbeit. Sie hat ihren Ausgangspunkt im Leben der Mädchen und Frauen und verfolgt das Ziel, das Patriarchat in der Gesellschaft und im privaten Zusammenleben zu erkennen, zu benennen und zu überwinden. Feministi-

[12] Vgl. Bundesleitung der Katholischen Jungen Gemeinde (Hg.), Frauen voll Macht. Wege zu einer feministischen Spiritualität, Düsseldorf 1994; R. Radford Ruether, Unsere Wunden heilen, unsere Befreiung feiern. Rituale in der Frauenkirche, Stuttgart 1988.

sche Bildungsarbeit ist somit Kritik am Bestehenden und Neuentwurf.[13]

Ein Beispiel aus der Bildungspraxis mit Frauen ist das Seminar „Spurensuche“[14] für Frauen im sogenannten dritten Lebensabschnitt. In diesem Jahr haben an der „Spurensuche“ über einen Zeitrahmen von drei Tagen zwölf Frauen, davon vier Frauen im Rollstuhl, teilgenommen. In den verschiedenen Phasen des Seminars ging es darum, die eigene Biographie zu reflektieren, alleine und im Austausch mit den anderen Teilnehmerinnen. Das gegenseitige Vorstellen von Lebenslinien und Begebenheiten war sehr intensiv und stellenweise auch sehr tränenreich. Dabei ist aufgefallen, daß die Frauen offenbar vorher noch nie so intensiv über sich und ihr Leben nachgedacht hatten. Und zum anderen war es für einige unter ihnen eine neue Erfahrung, daß ihnen aufmerksam, uneingeschränkt und lange zugehört wurde, obgleich sie „nur“ von sich erzählten. Darüber hinaus wurde deutlich, daß sich die Frauen fast ausschließlich über andere definierten (Ehemann, Kinder, Enkelkinder …) und daß ein Wegbrechen dieser Beziehungen oftmals auch als Wegbrechen der eigenen Identität erfahren wurde/wird. Für viele ist der Zugang zur eigenen Persönlichkeit, zu den eigenen Wünschen, Träumen und zur eigenen Lust verschüttet. Dies wurde anhand einer Phantasiereise besonders deutlich, wo die Teilnehmerinnen einen Trödelladen aufsuchen sollten, um sich dort etwas auszusuchen, sich einen Wunsch zu erfüllen. Während dieser Phantasiereise verliefen sich Frauen in der imaginären Stadt, andere erreichten zwar das Geschäft, konnten aber die Tür nicht öffnen.

Diese Erfahrungen schockieren. Zugleich wird daran deutlich, daß es hier nicht einzig um die subjektive Erfahrung einzelner Frauen geht, sondern daß diese Erfahrungen eine objektive Größe sind. Hinter ihnen verbergen sich die Strukturen des Patriarchates, das auch heute noch in der Regel den Platz der Frau an der Seite eines Mannes fordert. Männer scheinen als das Maß der Dinge, und Frauen haben das (bislang) internalisiert. Dies äußert sich im Leben vieler Frauen in totaler Abhängigkeit von Männern und im stillen Ertragen der Situa-

[13] Vgl. E. Gössmann u.a. (Hg.), Wörterbuch der Feministischen Theologie, Gütersloh 1991, 98–101; H. Faulstich-Wieland u.a. (Hg.), Literatur- und Forschungsreport Weiterbildung, Nr. 34, Thema: Frauen(forschung) in der Erwachsenenbildung, Frankfurt a.M. 1994.

[14] An dieser Stelle bedanken wir uns bei Hedi Simons für die Informationen und Reflexionen zum Seminar „Spurensuche“.

tion. Aus diesem Grund darf in einem Seminar wie „Spurensuche“ auch die Bearbeitung der strukturellen Zusammenhänge nicht fehlen, denn darin zeigt sich gerade die politische Bedeutung der Erfahrungen.
Die Reflexion im Rahmen eines Seminars wie „Spurensuche“ fordert ihren Preis. Reflexion kann weh tun. Denn oftmals folgt ja gerade aus der Aufgabe von Geborgenheiten, von scheinbaren Sicherheiten, die die alten Strukturen geben, der Zusammenbruch eines langjährigen Selbstverständnisses. Damit wächst das Bangen um die eigene Identität.[15] Der Prozeß der Reflexion kann zu einem „bösen Erwachen“ führen: für die Frauen, weil ihnen ihre Fehlentscheidungen und ihr Sich-Einfügen in den Lauf der Dinge bewußt werden. Aber das Erwachen der Frauen kann auch „böse“ für die Männer und die patriarchalische Gesellschaft werden, weil erwachte Frauen veränderte und starke Frauen sind. Sie werden zu unruhigen und ungeduldigen Geistern, die sich politisch organisieren und zu Wort melden.
Der Prozeß der „Spurensuche“, der Schmerzen und Tränen fordert, kann zu einem guten Ziel führen. Frauen machen sich dabei gegenseitig Mut, das Selbst zu entdecken, sie helfen einander bei dem Vorgang, „der das Eis der Seele spaltet“[16]. Die Frauen waren nach anstrengenden drei Tagen aufgerüttelt und haben den Wunsch geäußert, auf jeden Fall mit der „Spurensuche“ weiterzumachen.

3.5 International und multikulturell

Wir leben in einer sehr widersprüchlichen Zeit. Angesichts der modernen Kommunikationsmittel rückt die Welt immer näher zueinander, Grenzen werden spielend überwunden. Globalisierung ist das Stichwort. Angesichts der Chancen eben dieser globalen Kommunikation entsteht eine internationale Gemeinschaft, in der weder Individuen noch Nationen isoliert werden überleben können. Parallel ist ein Erstarken nationaler und fundamentalistischer Strömungen weltweit zu beobachten. Und niemals zuvor waren so viele Menschen auf der Flucht wie heute. Gründe dafür sind Krieg, Naturkatastrophen, Hun-

[15] Vgl. H. Wustmans, Wenn Gott zur Freundin wird ... Freundinnenschaft – der Weg zum neuen Himmel und zur neuen Erde (Würzburger Studien zur Fundamentaltheologie, Bd. 14), Frankfurt a.M. 1993, 61.

[16] D. Sölle, Das Eis der Seele zu spalten. Theologie und Literatur auf der Suche nach einer neuen Sprache, in: Jahrbuch für Religionspädagogik 4 (1978) 119.

ger und Elend. Es zeigt sich wahrlich ein paradoxes Bild: Auf der einen Seite fallen Grenzen, und gleichzeitig errichten Menschen neue Barrieren und schotten sich gegen die Fremden ab, die ihnen eine scheinbare Bedrohung sind. Dabei sind die Flüchtlinge gezwungen, ihre Heimat zu verlassen, und sie machen sich auf den mühsamen und oftmals von Demütigungen, Bedrohungen und Mißhandlungen gekennzeichneten Weg – auch bis zu uns in die Bundesrepublik.

In jedem Jahr finden bei uns multikulturelle Bildungsfreizeiten statt.[17] Im Jahr 1993 führten wir eine solche Bildungsfreizeit in Zusammenarbeit mit dem Düsseldorfer Psychosozialen Zentrum für ausländische Flüchtlinge unter dem Motto „Miteinander statt gegeneinander" durch. Während dieser Bildungsfreizeit versammelten sich Menschen aus elf verschiedenen Nationen unter einem Dach, und dies beinhaltete die Begegnung verschiedener Kulturkreise, verschiedener religiöser und politischer Hintergründe und verschiedener Mentalitäten als Flüchtlinge, Zuwanderer und Einheimische, in jeweils unterschiedlichen und teilweise sehr bedrückenden Lebenssituationen.

Herausforderung und Ziel solcher multikultureller Bildungsfreizeiten ist das Kennenlernen, der Austausch von Erfahrungen, die (punktuelle) Überwindung von Vorurteilen und Angst gegenüber den Fremden, die Aufklärung über internationale Zusammenhänge und die Diskussion über deutsche Ausländerpolitik.[18]

Während der Wochen des Austausches kamen bei einigen TeilnehmerInnen die Erinnerungen an Heimat, Folter und Flucht auf, was für diese, wie auch für die Gruppe, eine große psychische Belastung war. Im gemeinsamen Gespräch, beim gemeinsamen Musizieren, Tanzen und Feiern wurden diese schmerzlichen Erinnerungen (wenn auch für einige nur für eine kurze Zeit) durchbrochen, und Lebenslust und Ausgelassenheit brachen sich Bahn. In den zwei Wochen miteinander wurde allen deutlich, daß die Überwindung von Fremdheit und Angst gegenüber der/dem Fremden ein wichtiges gesellschaftspolitisches Ziel ist. Die dazu notwendigen Erfahrungen und Fähigkeiten müssen in konkreten Begegnungen erworben werden, und vor allem braucht dies Zeit, Räume und Menschen, die diese Prozesse multikultureller Begegnung begleiten. Darin sehen wir unter anderem unsere Aufgabe.

[17] Vgl. Einsichten 1993. Jahresbericht des Oswald-von-Nell-Breuning-Hauses, Herzogenrath 1994, 50f.

[18] Vgl. Schneider-Wohlfart u.a. (Hg.), Fremdheit überwinden. Theorie und Praxis des interkulturellen Lernens in der Erwachsenenbildung, Opladen 1990.

Die angeführten Beispiele verdeutlichen, daß Bildungsarbeit im Kontext des Nell-Breuning-Hauses *Beziehungsarbeit* ist. Vielfach sind es die abgebrochenen Beziehungen, Lebensbrüche oder Bedrohungen bestehender Lebenszusammenhänge in der Arbeit, in Familien, in Wohnvierteln, in Sozialverbänden, die zu Ausgangspunkten des Lernens werden. Die im allgemeinen Verständnis oft als die „privaten Probleme" eingeordneten Lebensfragen gilt es zunächst, in einem Begegnungs- und Gesprächsprozeß aus der gesellschaftlich bedingten Isolierung herauszuholen. Die politische Qualität der einzelnen, privatisierten Konflikt- und Lebenslagen ist freizulegen, damit die Menschen neu unterscheiden lernen zwischen dem, was nun ihre private Sache ist, und demjenigen, was sie nicht alleine zu verantworten haben und bewältigen können. Eine solche am Leben ansetzende Bildungspraxis als Beziehungsarbeit zielt auf das Herstellen von sozialen und politischen Verbindungen. Damit sind wir hinsichtlich konkreter Situationen und faktischer Personen- und Sachprobleme herausgefordert, Zusammenhänge herzustellen, die entweder verlorengegangen, nicht durchschaubar oder gesellschaftlich zerrissen sind.[19]

Auf unterschiedlichen Ebenen der Abstraktion, also des Sich-Lösens vom Einzelphänomen und Einzelfall, sind die wichtigen allgemeinen Zusammenhänge herauszuarbeiten bzw. neu herzustellen, die dem einzelnen Menschen wiederum helfen, Probleme mit anderen gemeinsam zum Besseren zu wenden. Auf diese Weise verstehen wir Lernprozesse als politische Prozesse, die Menschen zusammenführen und zum gemeinsamen Handeln befähigen.

Der Zusammenhang zwischen Arbeitsbedingungen und -konflikten in Betrieben einerseits und Lebensbedingungen in Lebensgemeinschaften, Wohnvierteln und Regionen andererseits ist in unserer Praxis wichtig geworden, da im Zuge der zunehmenden sozialen Spaltung in der Arbeitsgesellschaft hier immer mehr Brüche, gespaltene Wahrnehmung und zusammenhanglose Politik um sich greifen. So kämpfen Betriebsräte und GewerkschafterInnen für und mit ihren Belegschaften um Rechte und Interessen – in der Regel ohne Beziehungen zu Stadt-

[19] Vgl. F. Hengsbach u.a., Jenseits katholischer Soziallehre. Neue Entwürfe christlicher Gesellschaftsethik, Düsseldorf 1993, 215–291; ders., Abschied von der Konkurrenzgesellschaft. Für eine neue Ethik in Politik, Wirtschaft und Gesellschaft, München 1995.

teilinitiativen, zu Aktionsgruppen gegen Armut, zu Frauengruppen, zu kirchlichen Umwelt- oder Flüchtlingsinitiativen, zu Arbeitslosenprojekten usw. Ebenso beobachten wir viel Beziehungslosigkeit zwischen PolitikerInnen in Kommunen und den Aktiven in Betrieben und sozialen Initiativen, zwischen Kirchen und Gewerkschaften, zwischen WissenschaftlerInnen in den Hochschulen und den sozialen PraktikerInnen unterschiedlichster Bereiche, zwischen LehrerInnen in den Schulen und den pädagogischen MultiplikatorInnen in der Jugend- und Erwachsenenbildung, zwischen der politischen Arbeit von Sozialverbänden und der Sozialarbeit in den vielen Einrichtungen der Wohlfahrtsverbände, zwischen den alten verbandlichen Organisationen und den jüngeren Projekten und Zusammenschlüssen aus dem Bereich der neuen sozialen Bewegungen, zwischen den Konfessionen der christlichen Kirchen und erst recht zwischen verschiedenen religiösen Gruppen in unserer mehr und mehr multikulturellen Umwelt. Die Aufzählung der Nicht-Zusammenhänge ließe sich fortsetzen. Und sie korrespondiert auch mit den Schwierigkeiten, verschiedene Sachprobleme und Kompetenzen aufeinander zu beziehen. Es ist schwierig geworden, Zusammenhänge aufzuzeigen und herzustellen. Erst recht lassen sich nur mühsam die verbindenden politischen Beurteilungen zur sozialen Lage und zu den gesellschaftlichen Prioritäten benennen. Die Gesellschaft fällt nicht nur faktisch mehr und mehr auseinander, sondern auch die Ziele und Wertorientierungen laufen in verschiedene Richtungen.

Vor diesem Hintergrund muß eine Bildungsarbeit, die sich selbst als politische Praxis begreift, folgende Aspekte zu einem neuen Profil politischen Lernens zusammenführen:

– Zunächst gilt es, lebensstiftende Netzwerke menschlichen Zusammenlebens aus konkreten Lebenslagen heraus zu fördern, zu stabilisieren und zu initiieren. Bildungsarbeit zielt deshalb darauf, über verschüttete Zusammenhänge aufzuklären, Vernetzungen anzustoßen und solidarischen Zusammenhalt anzuregen. Mit dem 1987 aus einer regionalen Struktur- und Arbeitsmarktkrise entstandenen „Forum der Arbeit“ konnte das Oswald-von-Nell-Breuning-Haus helfen, eine neue Form der Vernetzung zwischen verschiedensten gesellschaftlichen Gruppen in der Region Aachen zu entwickeln, die exemplarisch für die Versuche steht, neue Bündnisse der Solidarität aufzubauen.[20]

[20] R. Mempel: Demokratische und soziale Gestaltung des Strukturwandels. Das Forum der Arbeit als innovatives Beispiel in der regionalen Arbeits- und Strukturpolitik und die Rolle der Gewerkschaften, in: Zur Diskussion gestellt (Nr. 8), Herzogenrath 1995.

– Politische Bildung, die um ein Bildungszentrum wie das Oswald-von-Nell-Breuning-Haus organisiert wird, muß sich als eine „Sozialwerkstatt" begreifen, die sich um das *Mit*-einander in der Gesellschaft bemüht. Das Philosophieren über wichtige Lebensfragen und politische Probleme reicht nicht aus. In den gegenwärtigen Umbrüchen und Brüchen der Gesellschaft brauchen wir Werkstätten, die Menschen befähigen, sich selbst zu bilden, sich selbst einzuschalten in gesellschaftspolitische Entscheidungsprozesse, sich selbst und die Nächsten nah und fern zu achten. Daher muß eine solche Bildungsarbeit sich als Teil von verbandlichen und kooperativen Zusammenhängen verschiedener Gruppen verstehen.

– Allerdings müssen die verschiedenen wahrgenommenen Lebenslagen und politischen Herausforderungen fokussiert werden, damit die verschiedenen Kooperationen und Netzwerke sich nicht in der unübersichtlichen Gemengelage der Gesellschaft verlieren. Politische Bildung, wie in den Praxisbeispielen als Vernetzungsarbeit und kritische Öffentlichkeitsarbeit aufgezeigt, braucht nicht zuletzt den historischen, sozialethischen und religiösen/spirituellen Zusammenhang. Aus der Geschichte der ArbeiterInnenbewegung wie aus den Quellen des Christentums ergeben sich für unsere Arbeit Linienführungen: Das Emanzipationsstreben von Arbeiterinnen und Arbeitern in der Arbeiterbewegung ist Impuls wie Anspruch unserer Bildungskonzepte; und politische Bildung ist für uns als Teil der *Menschwerdung* und Mitarbeit am *Aufbau des Reiches Gottes* zu verstehen und zu praktizieren. Daraus ergibt sich für uns die Perspektive, „von unten", aus der Sicht der Armen, wie es die Befreiungstheologie ausdrückt, zu analysieren und zu handeln. Besonders die Kompetenz, zwischen Recht und Unrecht zu unterscheiden, ist politischer wie pädagogischer Anspruch des Aufklärens der uns umgebenden Verhältnisse. Dabei markiert der oben umrissene Zusammenhang von Arbeit und Menschenwürde sowohl einen inhaltlichen wie ethischen Zusammenhang unserer Praxis.

– Der vierte Aspekt knüpft unmittelbar an die religiöse und spirituelle Dimension unserer Arbeit an. Die geistige Haltung, das Bild vom Menschen, das uns vor Augen steht, ist nicht gesellschaftliche Wirklichkeit, sondern eine Blickrichtung, die unser Gefühl und Handeln bewegt. Wir erfahren mit vielen anderen Menschen, mit denen wir gemeinsam lernen, daß sich ohne ein solches Gespür und Gefühl eines sinnvollen und menschenwürdigen Lebens politisch nichts bewegen läßt. Sicherlich ist dieses Fühlen im Sinne des Wortes nur ein tastender und vorsichtiger Vorgang, wenn Menschen sich als Lernende erleben. Aber ohne ihn ist politische Bildung und Praxis tot, denn: Zum Aufklären über und zum Herstellen von Zusammenhängen, zum Organisieren von Netzwerken und zum Vermitteln von Sachkompetenz müssen der Wille und der Antrieb kommen, Wirklichkeiten zu verändern und zu gestalten. Daher schließt unser pädagogisches Konzept die Frage ein, wie politische Durchsetzungsmacht entfaltet werden kann. Dazu sind wiederum Strategien und Formen politischen Handelns zu ergründen und zu erproben, die Menschen und Gruppen ermutigen und in die Lage versetzen, die Gesellschaft nicht nur zu begreifen, sondern auch in ihr Eingriffe zu organisieren. Dies ist unvermeidlich konfliktreich, aber unverzichtbar und zugleich für uns an die Achtung vor dem Mitmenschen gebunden, zur Realisierung von Arbeit und Menschenwürde.

Mechthild Hartmann/Michael Schäfers

„Aufeinander zu – miteinander weiter …"

Sozialkatholizismus im Wandel – aufgezeigt an der Bildungsarbeit mit Frauen und Männern in einer gespaltenen Gesellschaft

1. Vorbemerkungen

Die folgenden Ausführungen sind in erster Linie durch unsere praktischen Erfahrungen in der Bildungsarbeit mit Frauen und Männern innerhalb der „Katholischen Arbeitnehmer-Bewegung" (KAB) geprägt. Diese Erfahrungen belegen, daß die gesellschaftliche Umbruchphase mit ihren Veränderungen Frauen und Männer in gleicher Weise betrifft, aber Verarbeitungsmuster und die Strategien der Bewältigung aufgrund verschiedener Faktoren geschlechtsspezifisch differieren. Von daher ist es u.E. um so notwendiger, nicht allein die Unterschiede und damit das Trennende zwischen Frauen und Männern zu betonen, sondern Bildungsarbeit heute hat die Aufgabe, trotz aller geschlechtsspezifischen Unterschiede gemeinsame Bedingungen und Möglichkeiten befreienden Handelns für beide zu entwickeln. Frauen und Männer können und müssen voneinander lernen. Beide Geschlechter sind auf gemeinsame Lernprozesse angewiesen, wobei nicht übersehen werden darf, daß zukunftsträchtige Veränderungspotentiale eher in der Frauenbildungsarbeit zu finden sind.

Der folgende Beitrag untergliedert sich in drei Schritte: Zunächst werden die Veränderungen in der Bildungsarbeit mit Frauen und Männern vor dem Hintergrund einer sich wandelnden Gesellschaft skizziert; in einem zweiten Schritt werden anhand eines konkreten Beispiels Optionen und Dimensionen eines veränderten Bildungsverständnisses und dessen Praxis herausgearbeitet; abschließend verdeutlicht ein Beispiel aus der verbandlichen Bildungspraxis bereits gelungene Umsetzungsmöglichkeiten in der Frauenbildungsarbeit.

2. Veränderungen in der Bildungsarbeit

Von jeher gehörte es zum Kennzeichen des Sozialkatholizismus, den besonderen Stellenwert der Bildung für die „Standwerdung“ der Arbeiterinnen und Arbeiter zu betonen – wie es noch bis in die 60er Jahre dieses Jahrhunderts hinein in offiziellen Programmen hieß. In dieser Tradition und von ihrem Selbstverständnis her versteht sich die KAB bis heute maßgeblich als „Bildungsbewegung“ von Frauen und Männern. In den letzten beiden Jahrzehnten haben sich allerdings in der Bildungsarbeit mit in Lohnabhängigkeit Beschäftigten erhebliche Veränderungen ergeben, die zum einen das theoretische Selbstverständnis der Bildungsarbeit und zum anderen die Umsetzung in Praxisformen „bildnerischer Tätigkeiten“ (P. Freire) betreffen. Einige dieser Veränderungen seien an dieser Stelle konstatiert:

- Die katholische Arbeiter- und Arbeiterinnenbildung wurde von Beginn an als ein wichtiges Mittel betrachtet, um den Benachteiligungen entgegenzuwirken, um Arbeiterinnen und Arbeitern zu mehr Partizipation in Wirtschaft, Politik und Gesellschaft zu verhelfen. Bildung also als ein Mittel zur sozialen Bewußtseinsbildung; Bildung, um Arbeiterinnen und Arbeiter zu befähigen, sich aus dem Geist der katholischen Soziallehre für ihre Interessen und Belange, aber auch für eine sozial gerechte Welt für alle Menschen einzusetzen. Gleichwohl darf nicht verschwiegen werden, daß der Bildungsansatz von einer „Defizitunterstellung“ ausging, die besagte, daß es nicht zuletzt auch dem „Bildungsrückstand“ der Arbeiterinnen und Arbeiter zuzuschreiben sei, daß sie nicht als gleichberechtigte und vollwertige Mitglieder der Gesellschaft anerkannt würden. Entsprechend dieser Auffassung wurde mehrheitlich eine moralisch-kompensatorische und paternalistische Bildungsarbeit praktiziert. Nicht verschwiegen werden darf auch, daß die Bildungsarbeit oftmals einseitig funktionalisiert wurde, indem ihr hauptsächlicher Zweck darin lag, ideologische Vorgaben der Kirche und Verbände in einem hierarchischen Kommunikationsmuster von „oben nach unten“ zu transportieren.

  Demgegenüber setzt die Bildungsarbeit heute zwar weiterhin an den individuell-persönlichen Voraussetzungen, an den aktuellen Erfahrungen und an der Biographie der Menschen an, versteht diese aber nicht mehr als „defizitär“, sondern als „qualitative Ausgangspunkte“ der Bildungsarbeit. Als ein genauso wichtiger, ja ursächlicher Faktor werden in der Bildungsarbeit – quasi als Folie für individuelle und politische Deutungsprozesse – die gesellschaftlichen Widersprüche einbezogen, die das Leben von Frauen und Männern heute in einem hohen Maße präjudizieren. Lebensgeschichten sind in einem hohen Maße von strukturellen Voraussetzungen abhängig, die in einer „klassenlosen Klassengesellschaft“ (J. Schasching) immer weniger durchschaubar sind und aufgrund dieser Tatsache immer weniger Solidaritätspotentiale befördern bzw. politische Bewegungen provozieren. In der Widersprüchlichkeit zwischen erhofften, erträumten und ersehnten Möglichkeiten der eigenen Lebensgestaltung in Freiheit und den systemischen Vorgaben von Gesellschaft, Wirtschaft und Politik wird der angestrebte „aufrechte Gang“ (H. Gollwitzer) von Frauen und Männern in ihrem Leben aufgerieben. Diese Widersprüchlichkeit ist heute verstärkt der Ausgangspunkt für die Bildungsarbeit mit Frauen und Männern in der KAB. Das Bearbeiten dieser Widersprüchlichkeit des Lebens verweist unmittelbar auf eine politische, biographische und befreiungstheologische Dimension jedweden Bildungsprozesses.

– Von ihrer klassischen organisatorischen Struktur und ihren Praxisformen her war die Bildungsarbeit mit in Lohnabhängigkeit Beschäftigten in erster Linie auf die Männer zugeschnitten. Dies hat vielschichtige historische Gründe, die an dieser Stelle nicht näherhin erläutert werden können. Auf einen Grund muß an dieser Stelle aber hingewiesen werden, da er zu fatalen Konsequenzen geführt hat und bisher nicht beseitigt werden konnte: Ein entscheidender Grund liegt bis heute in einer durch männliche Verhaltensmuster geprägten und durch eine männliche „Priesterkaste“ dominierten katholischen Kirche, die zwar den Frauen die Hauptlast für die Tradierung des christlichen Glaubens und die Erziehungsprozesse aufbürdet, ansonsten aber von weiblichen „Interessenlagen“ weitgehend unberührt bleibt. Diese nach dem Evangelium unzulässige „Verkürzung“ eines umfassenden und ganzheitlichen Verständnisses der Geschlechter wirkt bis heute in der Bildungsarbeit mit in Lohnabhängigkeit Gehaltenen fort. Dennoch haben sich gerade in der KAB in den letzten Jahren in der Bildungsarbeit erhebliche Veränderungen ergeben. Oftmals gegen den „subtilen“ Widerstand der Männer haben Frauen eigenständige Formen der Bildungsarbeit entwickelt, praktiziert und verbandspolitisch durchgesetzt, so daß gesagt werden kann, daß – wie eine Studie der KAB deutlich belegt – heute die wichtigsten Impulse für ein zukunftsweisendes Profil

verbandlicher Arbeit von Frauen ausgehen. Veränderungen in der Bildungsarbeit von Frauen und Männern wurden durch eine veränderte Frauenbildungsarbeit initiiert. Die Auswirkungen dieser „feministischen“ Dimension verbandlicher Bildungsarbeit dürfte erst in den nächsten Jahren voll zum Tragen kommen.
Die klassische Bildungsarbeit mit Arbeiterinnen und Arbeitern stand bis zum Zweiten Vatikanischen Konzil fast ausschließlich unter einer kirchlichen „Vormundschaft“. Ein deutlicher Ausdruck dieser Vormundschaft war die Dominanz von Priestern in der Bildungsarbeit. Nicht selten waren gerade sie es, die die Inhalte und Methoden der Bildungsarbeit – gestützt auf offizielle kirchliche Verlautbarungen und Vorgaben – konzipierten und überwachten. Demgegenüber ist heute eine deutliche „Entkirchlichung“ der Bildungsarbeit mit Frauen und Männern zu konstatieren. „Entkirchlichung“ heißt in diesem Zusammenhang nicht, daß der christliche Glaube und die kirchliche Tradition in der Bildungsarbeit keine Rolle mehr spielen, aber an die Stelle kirchlicher Vormundschaft ist ein eigenes Selbstbewußtsein der Teilnehmenden getreten, das kirchliche Interessenlagen und Vorgaben mehrheitlich nicht mehr als mit den eigenen persönlichen Wünschen, Überzeugungen und Lebensvorstellungen identisch setzt. Der eigentliche Grund für die „Entkirchlichung“ liegt aber darin begründet, daß sich Menschen in ihrem Leiden an den Widersprüchen der Wirklichkeit immer weniger von der Kirche verstanden fühlen und kaum noch wirkliche „Lebenshilfe“ von der Kirche einfordern, höchstens noch eine „Beratung“ durch kirchliche Institutionen und Verbände in besonderen Lebenslagen. Diese Feststellung trifft sicherlich nicht nur für die katholische Kirche zu, sondern für die beiden Großkirchen insgesamt. Für beide gilt: In dem Maße, wie sich die Kirchen weiterhin eine bürgerliche Religion zueigen machen und damit ihr Bild als mittelständisch orientierte, bürgerliche Kirchen verfestigen, in dem Maße, wie sich die Kirchen aus den Widersprüchen der Wirklichkeit als „befreiende Stimme“ verabschieden, schreitet die „Entkirchlichung“ fort. Dabei sind es oftmals gerade Frauen, die sich und ihr Leben in einer männlich geprägten Kirche nicht wiederfinden. Der von offizieller Kirchenseite viel beklagte Prozeß der „Entkirchlichung“ ist Ausdruck und Folge einer Verkürzung der biblischen Botschaft um das Eigentliche: um das alltägliche Leben von Frauen und Männern.

– Veränderungen in der Bildungsarbeit mit in Lohnabhängigkeit Arbeitenden haben sich darüber hinaus durch die Individualisierungs- und Pluralisierungsschübe der letzten beiden Jahrzehnte ergeben. Konnten vormals solche historischen Umbruchphasen durch das Milieu der Arbeiterbewegung und der Kirchen abgefedert und überdauert werden, greifen gerade die wirtschaftlichen Veränderungen und der politisch gewollte Verlust sozialer Sicherheit unmittelbar und schonungslos in das alltägliche Leben von Frauen und Männern ein. Die Bildungsarbeit der KAB ist davon in einem erheblichen Maße betroffen. Diese Veränderungen haben insofern auch in der verbandlichen Bildungsarbeit eine „Umkehr" bewirkt: Unter dem Vorzeichen eines prosperierenden Wohlfahrts- und Wachstumsstaates der 1960er und 1970er Jahre war das Problem- und Konfliktpotential geringer, während unter den nun vorherrschenden Bedingungen anhaltender Massenarbeitslosigkeit – trotz recht unterschiedlicher Verarbeitung - bei Frauen und Männern die Angst um die eigene Zukunft und die der Kinder erheblich gewachsen ist. Die gespaltene Gesellschaft durchdringt nun stärker als bisher unmittelbar das alltägliche Leben von Frauen und Männern – und dies auf dem Hintergrund einer seit Beginn der 1980er Jahre vorherrschenden neoliberalen Wirtschaftspolitik, die zu einer schrittweisen Aushöhlung sozialer Sicherheit geführt hat und durch politisch initiierte Kampagnen begleitet wird, die den Betroffenen selbst die „Schuld" für ihre Lage zuzuweisen versuchen.

Dies sind einige Veränderungen, die nicht nur die Bildungsarbeit der KAB betreffen. Gesellschaftliche Veränderungen finden ihren Niederschlag in den Lebensgeschichten der Menschen, die – wie beschrieben – ein „qualitativer Ausgangspunkt" heutiger Bildungsarbeit sind. Unter den Bedingungen einer „reflexiven Moderne" und eines zunehmenden Versagens kollektiver Gestaltungsinstanzen (Staat, Politik, Institutionen etc.) werden gesellschaftliche Problemlagen verstärkt privatisiert, politisch „ausgebeutet" und in der Folge von den Betroffenen als persönliches Scheitern interpretiert.

Diesen Sachverhalt möchten wir anhand eines „individuellen" Beispieles verdeutlichen, das aber in vieler Hinsicht typisch ist für die Ausgangssituation in der Bildungsarbeit mit Frauen und Männern, wie wir sie erleben. Ausgehend von diesem Beispiel lassen sich Optionen und Dimensionen für eine an der gesellschaftlichen Realität orientierte Bildungsarbeit mit Frauen und Männern ableiten.

3. Ein konkretes Beispiel

Frau S. ist 42 Jahre alt und seit über zwanzig Jahren verheiratet. Herr S. ist 48 Jahre alt. Sie haben zwei Töchter. Das eine Kind ist zehn Jahre, das andere 16 Jahre alt. Beide Kinder besuchen das Gymnasium. Bei dem Schulwechsel des zehnjährigen Kindes haben Frau und Herr S. überlegt, „ob das mit dem Geld überhaupt noch geht". Herr S. ist seit zwölf Jahren in einem mittelständischen Betrieb mit 120 Mitarbeiterinnen und Mitarbeitern beschäftigt. Sein Verdienst als Maschinenschlosser ist „nicht schlecht". Dennoch war da schon „so eine Unsicherheit" – wie beide sagen. „Irgendwie wußten wir: Das kann ja alles nicht so weitergehen. Dauernd steht ja in der Zeitung: Der macht dicht, da wird verkauft, da schmeißen se welche raus." Frau S. putzt neben der Familienarbeit – verteilt über die Woche – in zwei Haushalten. Die beiden Arbeiten sind ohne soziale Absicherung.
Über Prämiensparverträge haben sie es „geschafft", sich „auch mal ein vernünftiges Auto zu kaufen". Zu schaffen macht Familie S. vor allem der Anstieg der Lebenshaltungskosten. Die Wohnungsmiete ist zwar nur leicht angehoben worden, aber die jährlichen Kosten für Abwasser und Müllabfuhr sind „ja auch nicht ohne". Hinzu kommen die Ausgaben für die Lebensmittel. „Da geht was weg bei vier Leuten." Zudem wachsen die Kinder, so daß „Anziehsachen" laufend fällig werden. Mit Freunden und Nachbarn, die ebenfalls Kinder haben, hat Frau S. einen regen Tauschhandel entwickelt. Frau und Herr S. sind aber insgesamt mit „ihrem Leben ganz zufrieden. Was wollen wir denn mehr?" Gerne würden sie allerdings den Vermieter darauf hinweisen, daß die Wohnung unbedingt renoviert werden müßte. Die Fenster schließen seit einiger Zeit nicht mehr richtig, und auf dem Balkon steht nach einem Regenguß immer das Wasser. Auch die Warmwasserversorgung müßte erneuert werden. Aus Angst davor, daß die Miete erhöht werden könnte, nehmen sie jedoch notwendige Reparaturarbeiten notdürftig selbst vor.
Zudem müßten für das Auto eigentlich Winterreifen gekauft werden. „Der Wagen soll mindestens zehn Jahre halten. Schließlich haben wir uns fast 20 Jahre für das Auto beholfen. Da lohnen sich Winterreifen." Aber die ältere Tochter hat gerade im letzten Monat erst einen Computer bekommen. Der Computer ist gleichzeitig das Weihnachts- und Geburtstagsgeschenk. „Und sie braucht ihn ja auch für die Schule. Und die anderen Kinder haben ja auch alle einen zu Hause." Frau S.

nutzt das Auto, um zu ihren Arbeitsstellen zu kommen. „Aber das geht auch ohne Winterreifen. Wenn richtig Schnee liegt, sind die Straßen sowieso alle voll. Dann fahre ich mit der Bahn."

Ein paar Wochen später schließt eine renommierte Düsseldorfer Unternehmensberatungsfirma ihre Untersuchung im Betrieb von Herrn S. ab. Schon im Vorfeld kursieren Gerüchte über eine Schließung des Betriebs. Schließlich gibt es ein weiteres Tochterunternehmen innerhalb des Konzerns in Holland, das die gleiche Produktpalette herstellt – zudem noch angeblich viel günstiger, wie es heißt. Dem Betriebsrat des Unternehmens wird mitgeteilt, daß der Betrieb an ein französisches Unternehmen verkauft werden soll, falls das Kartellamt zustimmt. Mehr Informationen sind vorerst im Betrieb nicht zu bekommen. Angst und Unsicherheit machen sich breit. Zu Hause berichtet Herr S. nur auf Nachfragen seiner Frau und dann auch nur sehr zögernd über die Situation im Betrieb. Abwarten ist seine Devise. Die Stimmung in der Familie schwankt zwischen Angst und Hoffnung. Nach und nach sickern weitere Informationen durch: 42 Mitarbeiter sollen in der Schlosserei entlassen werden. Herr S. schläft mittlerweile schlechter als früher. Er führt das auf den Herbst zurück: „Da brauche ich nicht soviel Schlaf." Zu Hause redet Herr S. immer noch wenig über seine Arbeitsplatzsituation. Sein Schweigen verunsichert Frau S. stark und macht ihr Angst, weil sie nicht weiß, „was eigentlich los ist". Erst bei einer Familienfeier mit seinen Brüdern und den Schwägerinnen redet Herr S. zu später Stunde ausführlich über die Situation im Betrieb. Frau S. hat mittlerweile mit den beiden Kindern gesprochen und ihnen erklärt, „wie die Lage ist. Du kannst die Kinder da nicht raushalten. Die fangen an zu fragen: Was ist los? Warum ist Papa so still? Die kriegen das mit."

Die Stimmung schwankt zwischen Angst, Hoffnung, Wut und Resignation. „Mein Mann ist auch viel zu gutmütig, andere setzen ihre Ellenbogen ein." Unterschiedliche Wege werden überlegt. Aber es gibt gute Gründe, warum Herr S. nicht zu den Entlassenen gehören könnte: die ganzen Jahre immer pünktlich; nicht „gemosert", wenn es mal das eine oder andere außerhalb der Reihe zu erledigen gab; den Meister vertreten, als der zu einer längeren Schulung mußte; bewiesen, daß man den „Laden mit mir aufrecht halten kann"; wenig Fehltage; selbst mit dem geschwollenen Fuß gearbeitet, nachdem der Betriebsarzt des Konzerns „mal diskret darauf hingewiesen hatte, daß ja da so eine Unternehmensberatungsfirma kommt, die sich auch die

Krankenstände mal anschaut. Aber ich hätte sowieso gearbeitet." Und schließlich hat doch die Familie auch Opfer für den Betrieb gebracht: „Als das mit dem Fuß war, hat meine Frau sich nachts das Gewimmer anhören müssen und mich morgens zur Arbeit gefahren und abends wieder abgeholt." Frau S. ist der Meinung, daß der Betrieb das alles nicht danken wird. „Die merken doch gar nicht, was sie machen. Da kommen diese Krawattenheinis von irgend so einem Beratungsinstitut, und die wollen auf einmal wissen, wie das in so einem Betrieb abläuft, besser als die, die da arbeiten. Dabei krieg' ich einen Hau. Rennen da ein paar Monate durch den Betrieb und wissen anschließend: Der ist überflüssig, der zuviel. Also ich würde da nicht mehr hingehen. Ich würde denen die Brocken vor die Füße schmeißen. Schluß. Aus. Ich verstehe gar nicht, daß die Männer da alle so ruhig bleiben! Die sollten sich wehren, endlich mal den Mund aufmachen."

Weitergehende Perspektiven entwickelt vor allem Frau S.: „Ich hab' zu meinem Mann gesagt, ruft doch mal bei deinem alten Betrieb an, wo du früher warst. Aber das ist natürlich auch Mist. Da hat er aufgehört, weil er da immer auf Montage mußte. Mit 48 wieder auf Montage. Was das heißt, weiß nur einer, der das mal gemacht hat. Aber irgendwie werden wir das schon hinkriegen!" Notfalls müsse eben das Arbeitslosengeld reichen. „Dann muß ich halt wieder in die Vollen. Was soll's!"

Frau S. interessiert sich „ansonsten nicht für Politik, aber wo ich das jetzt mit der Kürzung der Arbeitslosenhilfe gehört habe, da hab' ich doch zuviel gekriegt. Die wissen doch gar nicht, was los ist. Die sitzen da auf ihren dicken Gehältern, und unsereins weiß nicht, wie es weitergeht."

Im Freundes- und Familienkreis hat die möglicherweise bevorstehende Entlassung von Herrn S. unterschiedliche Reaktionen hervorgerufen. „Die sagen einfach: könnt ja euer Auto erstmal verkaufen und dies und das. Das sind alles Sachen, da haben wir unser ganzes Leben lang für gearbeitet. Das bricht mir dann das Herz. Die haben alle gut reden. Als wenn wir nicht immer geschuftet hätten. Dann auf einmal soll das alles weg sein. Nee ..."

4. Schlußfolgerungen: Optionen und Dimensionen von Bildungsprozessen

Das hier aufgezeigte Beispiel könnte aus unserer Sicht durch viele andere ergänzt werden, die uns im Alltag unserer Bildungsarbeit begegnen. Immer wieder geht es um grundlegende Variablen, die als Ausgangspunkte für gelingende Praxisformem mit Frauen und Männern in der Erwachsenenbildung unbedingt in den Blick genommen werden müssen:

a) Gesellschaftliche, wirtschaftliche und politische Entwicklungen verlängern sich unmittelbar in die Lebensgeschichte hinein, wobei allerdings dieser „Hintergrund“ in der Lebensgeschichte von Frauen und Männern oftmals erst dann für sie ersichtlich wird, wenn systemische Zusammenhänge in den alltäglichen Lebenszusammenhang eindringen. Die „Kolonialisierung der Lebenswelt“ und die sich dadurch ergebende Abhängigkeit wird oftmals erst in Konfliktsituationen durchschaubar. Aufgabe einer an den Widersprüchen zwischen individuellen Lebensentwürfen und systemischen Zwangsvorgaben ausgerichteten Bildungsarbeit mit Frauen und Männern ist deshalb die Aufdeckung wirtschaftlicher, politischer und gesellschaftlicher Zusammenhänge, die Freiheit und Befreiung verunmöglichen bzw. diesen entgegenstehen. Nur so ist die vielfach festzustellende „zweite Unmündigkeit“ zu durchbrechen.

b) Frauen und Männer reagieren unterschiedlich auf auftretende Verunsicherungen des eigenen Lebensentwurfes. Begründet u.a. durch die geschlechtsspezifische Sozialisation und durch immer noch vorherrschende gesellschaftliche Rollenmuster, wählen Männer Muster der Verdrängung, des Eskapismus und der Überkompensation, um den eigenen Lebensentwurf nicht in Frage stellen zu müssen, die gesellschaftlich propagierte und positiv verstärkte Rolle der männlichen Stärke beibehalten und durch Anpassungsprozesse das Konfliktpotential niedrig halten zu können. Eine „Bewahrungsperspektive“ und ein auf Harmonie ausgerichtetes Lösungsmuster bleiben so dominant. Demgegenüber lassen sich Frauen eher auf eine „Veränderungsperspektive“ ein. Konflikten wird nicht ausgewichen. Frauen sind eher auf Kommunikation ausgerichtet und entwickeln Überlegungen, wie die systemischen Gegebenheiten verändert bzw. überwunden werden können. Vorrangig werden dabei von den Frauen praktische Handlungsschritte in den Blick genommen. Sowohl hinter der Bewahrungs-

als auch der Veränderungsperspektive steht aber der Versuch von Frauen und Männern, die gemeinsam entwickelten Vorstellungen von einem „guten Leben“ durchzuhalten und zu realisieren. Auch belegt unser Beispiel, daß es in der Bildungsarbeit mit Frauen und Männern außerordentlich wichtig ist, diese geschlechtsspezifischen Rollenmuster kritisch zu reflektieren, in ihrer Unterschiedlichkeit herauszuarbeiten und auf ihre Relevanz für eine veränderte Lebensperspektive und Möglichkeiten gesellschaftlicher, politischer und wirtschaftlicher Veränderungen zu befragen. Ziel ist dabei, daß beide – Frauen und Männer – voneinander lernen.

c) Die unmittelbaren Orte, in denen sich das menschliche, alltägliche Zusammenleben abspielt, garantieren für Frauen und Männer, wie ebenfalls an dem Beispiel deutlich wird, nicht automatisch Lernorte „befreiender Kommunikation“. Gerade angesichts der gesellschaftlichen Umbrüche erscheint es heute dringender denn je, „Schutzräume“ zu schaffen, um befreiende Kommunikation, herrschaftsfreies Lernen und solidarisches Handeln zu initiieren. Die Bildungsarbeit mit Frauen und Männern hat die Aufgabe, solche Lernorte zu schaffen. Die Schaffung solcher Lernorte griffe allerdings zu kurz, wenn sie quasi abseits der Lebensrealitäten, bestehender Herrschaftsstrukturen und politischer Gegebenheiten als Surrogate konstituiert würden. Vielmehr sind diese Lernorte mit den Lebensorten so zu verknüpfen, daß von der Lebensrealität und den wirklichen Lebensproblemen von Frauen und Männern ausgegangen wird (*thematisch-inhaltliche Dimension*) und die in der Bildungsarbeit gefundenen Lösungswege auch an den Lebensorten greifen (*translozierende Dimension*). Die an den Lernorten angewandten Methoden sind darüber hinaus so zu wählen, daß die Selbsthilfe der an dem Bildungsprozeß beteiligten Frauen und Männer und selbstreflektiertes Handeln ermöglicht bzw. gestärkt werden (*methodische Dimension*). Gleichzeitig müssen die in der Bildungsarbeit angewandten Methoden das Ziel verfolgen, eine *generelle* Handlungskompetenz für die Bearbeitung von Problemlagen zu erwerben (*transformatorische Dimension*). Lernorte der Bildungsarbeit stehen in der Gefahr, „künstliche Gemeinschaften“ auf Zeit zu schaffen. Der Erwerb von Handlungskompetenz an Lernorten muß sich deshalb auch darauf beziehen, Muster von Gemeinschaft und Solidarität aufzuzeigen und zu erproben, die an den alltäglichen Lebensorten mit anderen Frauen und Männern initiiert und durchgehalten werden können (*gemeinschafts- und solidaritätsstiftende Dimension*).

d) Unser Beispiel zeigt zudem, daß das Denken und Handeln der von einem einschneidenden Lebensproblem betroffenen Menschen so absorbiert werden können, daß neue Optionen und über die unmittelbare Problemlage hinausführende Handlungsschritte und Lösungsansätze aus dem Blick geraten. Statt rechtzeitig Veränderungsstrategien zu entwerfen, wird möglichst lange das noch Bestehende zu bewahren und zu retten versucht. Wenn dieser „Entwurf" und die Intensität des Wunsches nach Veränderung bzw. Bewahrung auch nach Frauen und Männern divergieren (s.o.), so bleiben Frauen und Männer doch gleichermaßen darauf angewiesen, daß in Bildungsprozessen sowohl die Lösung konkreter Probleme durch eine entsprechende Hilfestellung (*systemimmanente Dimension*) angegangen als auch eine über die unmittelbare Problemlage hinausgehende „*systemtranszendente*" Dimension zur Geltung gebracht werden. Beide Dimensionen pädagogischen Handelns sind unserer Erfahrung nach unmittelbar aufeinander verwiesen. Denn: Eine rein systemimmanente Lösung des anstehenden Problems würde zwar die „alte Situation" wiederherstellen, bliebe aber einer Wiederherstellungs- und Bewahrungsperspektive verhaftet, die bereits beim Eintreten der nächsten Problem- und Konfliktlage wieder in Frage gestellt werden müßte, da sie nicht grundsätzlich, sondern nur für den Augenblick trägt. Auf unser Beispiel der Familie S. angewandt, würde dies bedeuten, daß als systemimmanente Maßnahmen z.B. eine arbeitsrechtliche Beratung, Aufbau solidarisierender Maßnahmen der betroffenen Betriebsangehörigen untereinander, Verbesserung der Kommunikation innerhalb der Familie, ein reflexiver Umgang mit den anstehenden Problemen bis hin zu unmittelbaren Hilfestellungen bei der Suche nach einem adäquaten neuen Arbeitsplatz zum Tragen kommen müßten. Gerade ein von einem ganzheitlichen Lebenslagenkonzept ausgehendes Bildungsverständnis, das den oben genannten Dimensionen gerecht werden will, wird diese systemimmanenten Maßnahmen und die entsprechenden Hilfestellungen – unter Berücksichtigung einer Aufgabendifferenzierung zwischen Bildung und Beratung – miteinbeziehen müssen.
Gleichwohl bleiben hierdurch noch die Fragen unberührt, die auf Grundsätzlicheres verweisen, wie die Fragen nach dem „Sinn des ganzen Tuns", nach der Bedeutung von Arbeit für das menschliche Leben, nach der Sinngebung für das Eingetretene. Unsere Beobachtung in der Bildungsarbeit ist, daß selbst bei systemimmanenten Maßnahmen, die die unmittelbare Problemlage beseitigen, die Frage nach dem

„tieferen Sinn" aufbricht und offen bleibt. Diese Frage spiegelt sich dann etwa in folgenden Aussagen von KursteilnehmerInnen wider: „Wir sind da damals zwar ganz gut durchgekommen, aber noch heute frage ich mich, wofür das alles gut sein sollte" – oder – „Wir haben auch das geschafft. Aber warum das erst soweit kommen mußte und ausgerechnet uns getroffen hat, kann ich bis heute nicht verstehen."
Diese Aussagen verdeutlichen, daß wirtschaftliche, historische und soziologische Begründungen oder das Aufzeigen von Kausalzusammenhängen als Erklärungsmuster auf die Fragen, warum es „ausgerechnet uns getroffen hat" und „wofür das alles gut sein sollte", nicht als ausreichend erachtet werden. Angefragt ist eine systemtranszendente Erklärungsdimension. Neben die unmittelbare Problemlösung müssen sinnstiftende Erklärungsmuster treten. Der christliche Glaube kann dabei als ein sinnstiftendes Erklärungsmuster ins Spiel gebracht werden. Dabei ist allerdings nach unserer Erfahrung mit der Schwierigkeit zu rechnen, daß die befreiende Dimension des christlichen Glaubens – oftmals gegen die rudimentären Restbestände einer kindlichen Sozialisation durch Familie, Schule und kirchliche Institutionen – bei erwachsenen Frauen und Männern erst freigelegt werden muß. Vorrangige Aufgabe ist dabei die Elementarisierung des Glaubens in den lebensgeschichtlichen Kontext hinein, da nur so ersichtlich wird, daß der christliche Glaube mit den unmittelbaren Problemen des alltäglichen Lebens und der eigenen Lebensgeschichte zu tun hat, das eigene Leben also wirklich „betrifft".
Erst das Zusammenbringen von Glaube und Alltag, von Mystik und Politik befreit zudem den christlichen Glauben selbst aus seiner „Überbaufunktion", den er oftmals auch in Bildungsprozessen einnimmt. Unserer Erfahrung nach gelingt die „Elementarisierung des Glaubens" in das Leben von Menschen hinein gerade da, wo nicht bewußt auf dieses Ziel hingearbeitet wird, sondern die Sinn- und Antwortsuche von beteiligten Frauen und Männern selbst ins Spiel gebracht wird. Es ist in diesem Zusammenhang äußerst interessant, einen Blick auf das in den Evangelien bezeugte Handeln Jesu zu werfen. Jesus selbst scheint offensichtlich das Neue seines Glaubens erst dann ins Spiel gebracht zu haben, wenn er durch die Fragen der Menschen dazu herausgefordert wurde. Das Dilemma weiter Teile der institutionalisierten „religiösen Bildung" und der Kirchen scheint heute mehr denn je gerade darin zu liegen, daß sie Antworten auf Fragen geben wollen, die niemand ernsthaft gestellt hat.

5. Aktionstag „Geringfügige Beschäftigungen“

Es wäre anmaßend zu behaupten, daß die bisher angesprochenen Dimensionen eines gelungenen Bildungsprozesses generell in unserer Praxis umfassend eingelöst werden können. Auffallend ist jedoch, daß gerade die Bildungsarbeit mit Frauen viele der bereits angesprochenen Optionen und Dimensionen umgesetzt hat. Insofern sind die Frauen (auch hier) den Männern voraus. Die Männer sind aufgerufen, von den Frauen zu lernen. Frauen arbeiten in (Lern-)Gruppen zu verschiedenen Themen miteinander und setzen dann die dort gemachten Erfahrungen in ihre Lebenszusammenhänge um. Neben persönlichen Problemlösungen des Alltags findet eine Übertragung auch statt, wenn es um gesellschaftlich wichtige Fragestellungen und Probleme geht. Dabei greift die Bildungsarbeit mit Frauen vielfältige Themen aus den Erfahrungszusammenhängen der Frauen auf. Beispielhaft genannt seien an dieser Stelle: Proteste gegen den Abbau von Arbeitsplätzen im Kohle- und Stahlbereich, Unterschriftenaktionen gegen diskriminierende Darstellungen der Frau in den Medien, Aufbau eines Treffpunktes für Frauen im sozialen Brennpunkt, Teilnahme an Fraueninformationsbörsen in Städten und Gemeinden, Organisation einer stundenweisen Kinderbetreuung. Die aufgeführten Aktionen, die sich weiter ergänzen ließen[1], zeigen deutlich auf, wie Bildungsprozesse in gesellschaftliche Beteiligung und Veränderung münden können.

Ein abschließendes Beispiel aus der Frauenbildungsarbeit soll deutlich machen, wie solche Bildungsprozesse initiiert werden können: Ausgangspunkt waren zwei Frauenseminare zum Thema „Geringfügige Beschäftigungsverhältnisse“, also zu den sogenannten „590 DM-Jobs“ ohne Sozialversicherungsbeiträge, in denen mehrheitlich Frauen arbeiten, mit oftmals gravierenden Folgen für die Alterssicherung. Die Teilnehmerinnen erkannten im Seminarverlauf, daß es sich nicht um ein individuelles Problem einzelner Frauen handelt, sondern um ein strukturelles, für das politische Lösungen weiterhin ausstehen. Den Frauen wurde auch deutlich, daß anderen Frauen Informationen über die Konsequenzen dieser Beschäftigungsverhältnisse fehlen. Daraufhin wandten sie sich an den KAB-Landesausschuß, der sich inhaltlich mit dem Thema auseinandersetzte und gemeinsam mit den Frauen

[1] Vgl. Westdeutscher Verband der KAB/Oswald-von-Nell-Breuning-Haus (Hg.), Zukunft. Fordern – Wagen – Gestalten, Bornheim 1995.

eine Stellungnahme erarbeitete, die sie als Anfrage an Parteien und Gewerkschaften weiterleiteten. Darüber hinaus bereiteten sie zeitgleich einen Aktionstag „Geringfügige Beschäftigungen“ vor, um die inhaltliche Diskussion zu diesem Thema auch über die KAB hinaus weiterzuführen und um über die Problematik solcher Beschäftigungsverhältnisse zu informieren. Mit einem Informationsstand und vorbereiteten Spielszenen konnten die Frauen an einem Samstag in einer Fußgängerzone eine breite Öffentlichkeit ansprechen. Die Thematik wurde anschließend im regionalen Frauenausschuß der KAB weiter verfolgt: Gespräche mit anderen KAB-Gruppen, mit Betriebsräten und Kommunalpolitikern folgten, und ein weiteres Seminar zum Thema „Armut von Frauen“ wurde durchgeführt.

Die Erfahrung zeigt, daß es bei der Bildungsarbeit mit Frauen, wie dieses Beispiel verdeutlicht, nicht vorrangig um Wissensvermittlung geht, vielmehr dient die Bildungsarbeit zur Orientierung des eigenen persönlichen, sozialen und politischen Handelns. Kompetenzen und Selbstbewußtsein der Frauen werden gestärkt. Frauen und Männer werden sich weiterentwickeln, wenn sie „aufeinander zu-“ und „miteinander weiter“-gehen, um so ihr Leben und Gesellschaft zu gestalten.

Peter Gördes/Manfred Nicolaus

Dienst an der Schülerschaft

Religionsunterricht und Schulseelsorge an der Robert-Bosch-Kollegschule

Das im folgenden dargestellte Konzept Religionsunterricht (RU)[1] entstand in den Schuljahren 94/95 und 95/96 und gibt den derzeitigen Stand unserer Überlegungen wieder. Da es nicht auf die stringente praktische Umsetzung eines oder mehrerer religionspädagogischer Ansätze zurückzuführen ist, sollen zunächst seine Entstehung und die Grundlagen skizziert werden, um zuletzt ausgewählte Konkretionen grob zu umreißen.

Entstehung und Entwicklung des Konzeptes sind eine Reaktion auf die besonderen Bedingungen der Robert-Bosch-Kollegschule. Als gewerblich-technische Kollegschule in Duisburg-Hamborn prägen die Lebens- und Arbeitsbedingungen der Bevölkerung des Duisburger Nordens gleich in mehrfacher Hinsicht das Unterrichtsgeschehen:

Bedingt durch das Übergewicht der Montanindustrie in der Vergangenheit, wird die Mehrzahl der derzeit ca. 2200 SchülerInnen in den typischen Berufen der Stahlindustrie ausgebildet. Der mit dem Strukturwandel einhergehende Arbeits- und Ausbildungsplatzabbau läßt seit einigen Jahren die Zahl der SchülerInnen, die im Bereich „Schüler ohne Berufsausbildungsvertrag" (SOB) unterrichtet werden, deutlich ansteigen. Besonders trifft diese Entwicklung ausländische SchülerInnen. Während im Schuldurchschnitt ca. 30% der SchülerInnen aus ca. 15 Nationen stammen, erreicht ihr Anteil im SOB-Bereich mehr als 70%.

Diese besonderen Bedingungen führten in der Vergangenheit bei uns ReligionslehrerInnen beider Konfessionen immer öfter zu Unzufrie-

[1] Das Konzept Religionsunterricht an der Robert-Bosch-Kollegschule liegt als Text im Umfang von knapp 100 Seiten vor. Daher können wir hier nur ausgewählte Grundgedanken umreißen.

[2] Einmal abgesehen von dem Umstand, daß wir bedingt durch den Lehrermangel im Regelfall die Teilzeitklassen nur mit einer Wochenstunde über ein Schuljahr und die Vollzeitklassen mit zwei Wochenstunden über den gesamten Verlauf ihres Bildungsganges im Fach Religionslehre unterrichten, sind die in Curricula und Lehrplänen

denheit über die Richtlinien[2], da sich unser Erleben der alltäglichen Schulpraxis sehr deutlich von der in den Richtlinien vorausgesetzten Wirklichkeit unterschied.
Zunehmend wurde uns deutlich, daß unseren Schulalltag mehr Faktoren bestimmen, als in der Ausbildung (der LehrerInnen, PfarrerInnen), in den Handreichungen und in den Unterrichtsmaterialien berücksichtigt werden.
Als Konsequenz beschlossen wir zu formulieren, welcher Religionsunterricht unter den Bedingungen unserer Schule unseren SchülerInnen angemessen ist. Dazu tauschten wir zunächst unsere Ziele, Wünsche, Modelle und Erfahrungen mit geglücktem und weniger geglücktem Religionsunterricht aus.
Anschließend arbeiteten wir die Determinanten heraus, die auf den Unterrichtsprozeß eingewirkt hatten und in ihm berücksichtigt worden waren, damit er den SchülerInnen Hilfe bei der Identitätsfindung war. Aus dieser Phase des kommunikativen Austausches erwuchs das Bedürfnis, diese Determinanten, jenseits der Konfessionen und Lehrpläne, zu einer ausschließlich von uns, den die Fächer katholische und evangelische Religionslehre Unterrichtenden, bestimmten „Grundlage" zu formulieren, die die unseren schulischen Alltag tatsächlich bestimmenden Faktoren aus einem gemeinsamen Blickwinkel umreißt.
Diese Grundlage gewährleistet einerseits, daß das besondere Interesse der jeweiligen Fächer gemeinsam erfaßt wird, und bietet andererseits den einzelnen KollegInnen die Möglichkeit der individuellen Entfaltung. Der Maßstab zur Überprüfung unserer Überlegungen sind dabei neben den SchülerInnen und deren Resonanz auf unsere pädagogischen Bemühungen die KollegInnen und deren Kritik.

Grundlage der gemeinsamen Arbeit

Naturgemäß ist es ein schwieriges Unterfangen, sich mit mehreren KollegInnen in einer so komplexen Struktur wie der Institution Schule über Gemeinsamkeiten zu verständigen. Darum wählten wir der Einfachheit halber einen strukturalistischen Ansatz, der zunächst die

impliziert vorausgesetzten Sozialisationserfahrungen für unsere SchülerInnen irrelevant.

wesentlichen Determinanten des schulischen Alltags getrennt voneinander beschreibt.[3]
Übereinstimmend stellen wir fest:
Aus der regionalen Einbettung der RBKS müssen wir berücksichtigen, daß wir in einem Stadtteil unterrichten, der im Armutsbericht der Europäischen Union erwähnt wird und dessen Menschen die schlechtesten Bildungsabschlüsse im Bereich der Europäischen Union besitzen. Bedingt durch den Strukturwandel, beträgt die erfaßte prozentuale Arbeitslosigkeit ca. 20%, so daß sich nur sehr wenigen unserer SchülerInnen eine sinnvolle Lebensperspektive erschließt.
Wir erleben unsere SchülerInnen als „Kinder dieser Region", die im wesentlichen über keine nennenswerte religiöse Sozialisation verfügen. Sie leben in einer pluralen Gesellschaft, in der christliche Werte und Verhaltensnormen ein Angebot unter vielen darstellen, und wachsen in einer medialen Wirklichkeit auf, die den Unterricht massiv beeinflußt. Dennoch respektieren wir ihre Andersartigkeit und betrachten sie nicht als defizitäre Menschen, denen nur wir mit unseren Unterrichtsinhalten zum wahren Menschsein verhelfen können. Vielmehr bemühen wir uns darum, sie wahrzunehmen, ernst zu nehmen und bei der Suche nach Identität zu unterstützen.
Wir verstehen unsere Schule als Ort gesteuerter Interaktion und erleben, daß schulisches Leben immer größeren Belastungen ausgesetzt ist, weil zunehmend äußere Faktoren wie z.B. multikulturelle Gesellschaft, Region, Kooperationen, Tempo der Inhaltsveränderungen und Umgewichtung der Sozialisationsinstanzen diesen Interaktionsprozeß beeinflussen. Gleichzeitig wachsen die Anforderungen an die Schule, quantitativ immer mehr Inhalte und qualitativ immer komplexere Inhalte zu vermitteln und neue Aufgaben zu übernehmen.
Als ReligionslehrerInnen bemühen wir uns, genuin christliche Inhalte des Faches zu leben, indem wir die Fächer basisdemokratisch organisieren, Solidarität praktizieren und eine generelle Gesprächsbereitschaft voraussetzen. Im Miteinander mit den SchülerInnen erleben wir, daß die Inhalte des Unterrichts an unserer Authentizität gemessen werden. Dieser Anspruch kann nur vor dem Hintergrund der begrenzten individuellen Leistungsfähigkeit aufrechterhalten werden.

[3] Diese arbeitstechnisch begründete Trennung ist im Unterrichtsgeschehen wegen der Interdependenz der Determinanten aufgehoben.

Robert-Bosch-Kollegschule

Regionale Einbettung

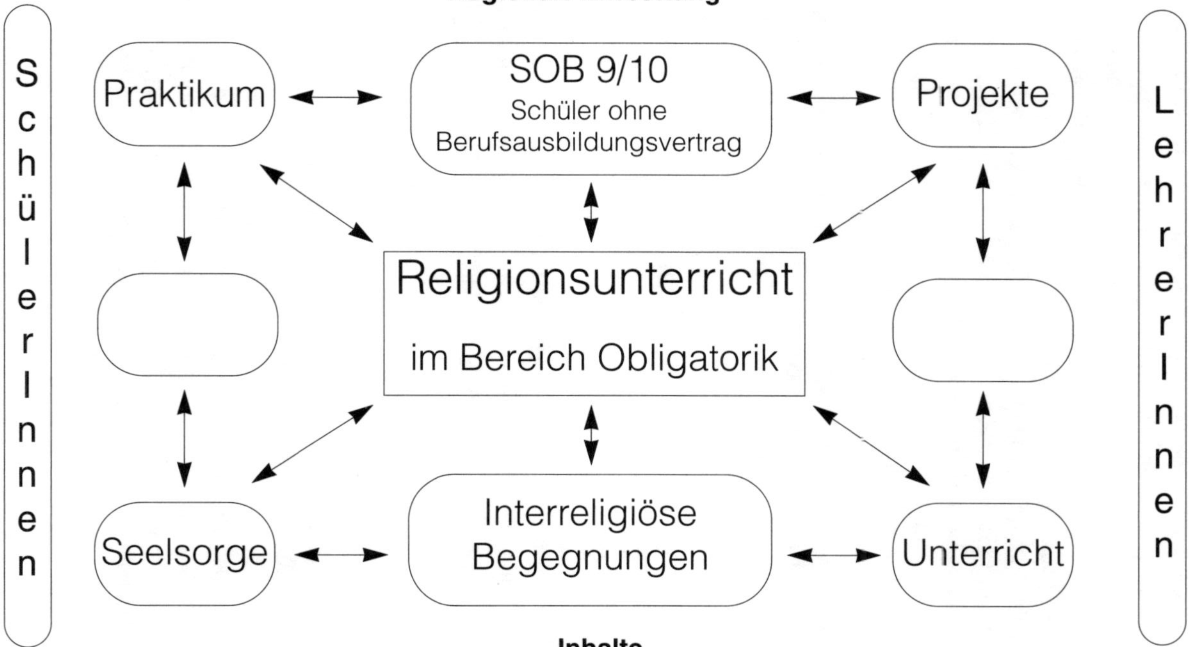

Inhalte

Bei der Bestimmung der Inhalte hat die konkrete Lebenssituation unserer SchülerInnen den gleichen Stellenwert wie die Vorgaben durch die Curricula und Lehrpläne. Die Auswahl der Inhalte orientiert sich daher am Korrelationsprinzip.
Die oben beschriebenen Determinanten werden in der schematischen Übersicht auf S. 135 visualisiert. Sie soll verdeutlichen, wie aus der Berücksichtigung der sich gegenseitig beeinflussenden Determinanten unterschiedliche Formen des Religionsunterrichts an der Robert-Bosch-Kollegschule erwachsen. Während sich die Entwicklung religiöser Projekte noch im Planungsstadium befindet, sollen die Leerfelder unsere grundsätzliche Offenheit für weitere Formen versinnbildlichen.

Das religiöse Praktikum

Das religiöse Praktikum führten wir erstmals im Schuljahr 1994/95 durch, nachdem wir immer wieder feststellten, daß sinnvoller Religionsunterricht in den Vollzeitformen durch folgendes Spannungsverhältnis erschwert wird:
Einerseits sind unsere SchülerInnen als Auswählende einer Angebotsgesellschaft durch die Vielfalt neuer Medien selbst über die entlegensten menschlichen Grenzsituationen und Lebensbereiche bestinformiert. Andererseits schwinden ihnen zunehmend Erfahrungen mit menschlichen Grundbefindlichkeiten (und der Raum, um sich selbst zu erproben, wird stetig kleiner). Einerseits können sie die Bedeutung von Religion für ihr Leben nicht nachvollziehen und behaupten, daß sie auch gut ohne den christlichen Glauben an Gott sinnvoll leben können. Andererseits ist in ihrem Interesse an Grenzgebieten ein Bedürfnis nach Transzendenz und Spiritualität spürbar. Einerseits begründen sie ihre ablehnende Distanz zu Kirche und anderen gesellschaftlichen Institutionen mit deren Diskrepanz von Wort und Tat. Andererseits schätzen sie authentische Initiativen etablierter Institutionen. Einerseits vorverurteilen sie Religionsunterricht als irrelevant für ihr Leben, andererseits gestalten sie ihn engagiert mit, wenn sie sich persönlich angesprochen fühlen.
Dieses Spannungsverhältnis versuchten wir aufzulösen, indem wir Anknüpfungspunkte auf seiten der SchülerInnen mit den Stärken des schulischen Vermittlungsprozesses, dem personalen Lernen und dem individuellen Tempo bzw. der Flexibilität, unterschiedlichste Lernwe-

ge zu beschreiten, verbanden. Als Resultat dieser Vorüberlegungen entwickelten wir das Religiöse Praktikum. Es sollte jedem Schüler ermöglichen, über einen längeren Zeitraum hinweg eine authentische religiöse Erfahrung zu sammeln und sich mit ihr aus wechselnden Positionen auseinanderzusetzen. Auf dieser handlungsorientiert vermittelten Grundlage sollte er am Ende des Zeitraumes die erlebte Wirklichkeit von Religion, Christentum und Kirche begründet beurteilen.
Da zur Erleichterung des Zugangs die religiöse Erfahrung am Alltagserleben der SchülerInnen anknüpfen sollte, wählten wir das Thema „Gerechtigkeit“. Gleichzeitig konnten wir die Praktikumsplätze so einem gemeinsamen Bezugspunkt zuordnen.[4]
In der organisatorischen Umsetzung blockten wir zur Durchführung des Praktikums alle Unterrichtsstunden eines Schuljahres auf den Zeitraum Dezember bis März und legten sie zum Teil in den Nachmittag (Freizeit der SchülerInnen). Zur freiwilligen Teilnahme konnten wir eine Lerngruppe aus katholischen, evangelischen und muslimischen SchülerInnen gewinnen, die durch Negativauswahl (an welchem Ort möchte ich überhaupt nicht arbeiten?) den Praktikumsplatz mitbestimmten.
Den Verlauf des religiösen Praktikums gliederten wir in drei Abschnitte:
In der Vorbereitungsphase thematisierten wir zunächst im Team-Teaching mit den SchülerInnen Grundlagen, ihre derzeitigen Einstellungen zur Gerechtigkeit und Formen von Gerechtigkeit in der Gesellschaft. Anschließend machten wir sie mit ihren MentorInnen (BetreuerInnen am Praktikumsort) und dem von uns konzipierten Unterrichtsmaterial, der Praktikumsmappe, vertraut.
Ihr schloß sich die Praktikumsphase an, in der die SchülerInnen über den Zeitraum von fünf Wochen jeweils an zwei Nachmittagen im Umfang von drei Stunden an ihrem Praktikumsort mitarbeiteten. Strukturiert wurde diese Phase durch die Praktikumsmappe, die die SchülerInnen dazu anregte, den Praktikumsort aus fünf Blickwinkeln genauer zu untersuchen und die Ergebnisse festzuhalten.[5] Diese Er-

[4] Als Praktikumsorte wählten wir die Grünen Damen des Ev. Christopheruswerkes, die Bahnhofsmission, den Runden Tisch für Asylanten, den Eine-Welt-Laden St. Michael, das Otto-Vetter-Haus für geistig behinderte junge Menschen, die Ev. Gefängnisseelsorge und die Greenpeace-Gruppe Essen aus.

[5] In der Praktikumsmappe wird jeder Praktikumswoche ein Beobachtungsschwerpunkt zugeordnet: 1. Woche: Der Praktikumsort, 2. Woche: Motivation des Mentors/der Mentorin, 3. Woche: Die Klienten, 4. Woche: Der Praktikant, 5. Woche:

gebnisse sowie Belastungen, Erfahrungen oder Probleme boten uns in dem parallel zu dieser Phase erteilten Unterricht (zwei Unterrichtsstunden pro Woche) Ansatzpunkte, die jeweiligen Eindrücke zu thematisieren und zu reflektieren bzw. Probleme zu lösen. Mit Besuchen am Praktikumsort wollten wir den SchülerInnen die Gemeinsamkeit der Lernorte verdeutlichen.

Nachdem die SchülerInnen zunächst ihre Voreinstellungen zum Thema Gerechtigkeit thematisiert hatten und neue Erfahrungen mit dem Engagement für Gerechtigkeit gewinnen konnten, sollten sie in der Auswertungsphase ihre Voreinstellungen an Hand der neuen Erfahrungen überprüfen. Um dieses Urteil auch anderen zugänglich zu machen, filterten die SchülerInnen mit Hifle ihrer Praktikumsmappe ein zentrales Erlebnis aus ihrer Praktikumszeit heraus. Dieses Erlebnis, das symbolisch für das gewonnene Urteil stand, bearbeiteten sie kreativ (Spielszenen, Installationen, literarische Texte etc.) und stellten es auf einer Präsentationsveranstaltung interessierten LehrerInnen, MentorInnen, VertreterInnen der Kirche und der Schulaufsicht zur Diskussion vor.

Akzentuierend stellen wir im Rückblick fest, daß das Praktikum bei allen Beteiligten (LehrerInnen, SchülerInnen, MentorInnen) einen nachhaltigen Eindruck hinterlassen hat:

Nachdem sie erst einmal anfängliche Schwierigkeiten (Schwellenängste) überwunden hatten, besuchten die SchülerInnen selbst nach dem Ende der Praktikumszeit noch ihre Praktikumsorte.

Die MentorInnen konnten ihr Engagement mit zunächst Unbeteiligten kritisch diskutieren und erhielten einen guten Eindruck vom Engagement der „heutigen Jugend".

Wir LehrerInnen waren insbesondere von der Mühe und Sorgfalt, mit der die Praktikumsmappen geführt wurden, überrascht. Im Hinblick auf die speziellen Interessen des Faches Religion hatten wir analog zu den fünf Beobachtungsschwerpunkten fünf Gleichnisse in die Praktikumsmappe integriert, die die SchülerInnen zur Reflexion des christlichen Verständnisses der Gerechtigkeit veranlassen sollten. Überrascht

Gesellschaftliche Bedeutung der Institution. In der jeweiligen Praktikumswoche sind die SchülerInnen angehalten, ihre Beobachtungen, Erfahrungen und Eindrücke in einem schematisierten Beobachtungsraster festzuhalten. Dieses Beobachtungsraster, das auf dem Obligatorikkonzept der Kollegschule fußt, umfaßt eine künstlerisch-kreative, eine literarische, eine soziale, eine religiöse und eine freie Dimension, um die zentralen Erfahrungen der SchülerInnen zu verarbeiten und zu bearbeiten.

mußten wir feststellen, daß die SchülerInnen kaum in der Lage waren, diese Textform zu verstehen, bzw. Bedeutungsinhalte zu erschließen. Andererseits konnten sie ohne biblische Bezüge, aufgrund ihrer Erfahrungen, zentrale christliche Aussagen zum Thema „Gerechtigkeit“ formulieren.

Die Sonderklasse SOB 10

Jeder Schule im berufsbildenden Bereich werden auch Jugendliche zugewiesen, die ihre Vollzeitschulpflicht erfüllt haben, aber noch nicht volljährig sind, und die weder einen Ausbildungsplatz fanden, noch an einem vollzeitschulischen Bildungsgang der berufsbildenden Schulen bzw. Kollegschulen (BVK/BGJ) oder einer Maßnahme bei Trägern von Fördermaßnahmen teilnehmen wollen. Durch die Androhung eines Bußgeldes (Schulpflichtgesetz) bei Versäumen der Schulpflicht werden sie zum Schulbesuch genötigt.
Grundlegendes Charakteristikum dieser Schülergruppe ist die hohe Fluktuation, die mit einer hochgradigen Heterogenität hinsichtlich der Eingangsqualifikationen[6], des Leistungsvermögens, der Motivation und des Sozialverhaltens einhergeht.
Entgegen der von vielen Schulen geübten Praxis, diese SchülerInnen auf Klassen vollzeitschulischer Bildungsgänge zu verteilen und sie dann beim Mahnverfahren zu „vergessen“, fassen wir sie an der Robert-Bosch-Kollegschule zu einer eigenen Klasse, der Klasse SOB 10[7], zusammen und entwickelten im Schuljahr 1991/92 ein auf die Besonderheiten dieser SchülerInnen eingehendes Konzept. Dieses Konzept beruht auf folgenden Leitgedanken:
Da sich das Gros der SchülerInnen bereits über mehrere Jahre hinweg erfolgreich der Institution Schule verweigert hat (Zeugnisse, Fehlzeiten), verzichteten wir darauf, ihnen die schulische Weiterqualifikation prinzipiell nahezulegen. Die fehlenden Möglichkeiten der Institution Schule, ihre Belastungen durch eine Vielzahl an individuellen, familiären, sozialen und intellektuellen Problemen aufzufangen, bemühten wir uns durch die Öffnung der Schule, das Gewinnen von Kooper-

[6] Die Spannbreite der Abschlüsse reicht vom Abgangszeugnis der Sonderschule Klasse 5 bis zum qualifizierten SEK I.

[7] Diese Klasse umfaßt ca. 120 Schüler, die einmal pro Woche im Umfang von fünf Unterrichtsstunden betreut werden.

tionspartnern, zu kompensieren. Da das Gros der SchülerInnen im wesentlichen einen Arbeitsplatz sucht, „um Geld zu verdienen", war unser Hauptziel, die SchülerInnen, nachdem sie gesellschaftliche Regeln zu akzeptieren gelernt hatten, an Orte ihrer Wahl und Möglichkeiten (Maßnahme, Lernwerkstatt, Ausbildung) weiterzuvermitteln.

Unterricht

Um die o.g. Ziele zu erreichen, begrenzten wir die Lerngruppe durch gestaffelte Mahnverfahren auf maximal 20 SchülerInnen und betreuten sie durch zwei Kollegen im Team-Teaching. Das starre Unterrichtsschema mit 45-Minuten-Einheiten und Fächertrennung veränderten wir zugunsten von flexiblen Unterrichtseinheiten, die sich an der Motivation und dem Leistungsvermögen der Schüler orientierten. Unser unterrichtliches Handeln orientierten wir an den drei Prinzipien „Annahme", „Konfrontation mit der Realebene" und „Ichstabilisierung".
Die auf unserem christlichen Selbstverständnis basierende „Annahme" konkretisiert sich darin, daß wir jeden Schüler, ohne Berücksichtigung seiner Vergangenheit, Vorstrafen, Verfehlungen etc. in die Gruppe aufnehmen und ihm bei der Suche nach dem zu ihm passenden Ort der Fortsetzung seines Lebensweges behilflich sind. Gleichzeitig ist es unerläßlich, die Schüler mit der gesellschaftlichen Wirklichkeit (u.a. Arbeitsplatz- und Ausbildungsmangel), der Realebene, zu konfrontieren. Wir analysieren mit ihnen ihre individuelle Situation und stellen ihren Wünschen und Lebensvorstellungen die Realitäten der Arbeitswelt (oder Gesellschaft?) gegenüber. In diesem Spannungsverhältnis helfen wir den SchülerInnen, realistische Perspektiven und Teilziele zur Fortsetzung ihres Lebensweges abzustecken und ein festes, an die gesellschaftlichen Rahmenbedingungen angelehntes Regelwerk akzeptieren zu lernen. Ergänzend zielen wir mit dem Prinzip der „Ich-Stabilisierung" darauf ab, den Blickwinkel, aus dem gerade diese leistungsschwachen SchülerInnen bewertet wurden, zu erweitern. Während diesen SchülerInnen durch die Institution Schule bislang nur ihre Defizite attestiert wurden, versuchen wir ihnen mit Hilfe von ca. sechswöchigen handlungsorientierten Unterrichtsmodulen (z.B. Renovierung ihres Klassenraumes) individuelle Fähigkeiten und Fertigkeiten aufzuzeigen. Daher findet der Unterricht einmal wöchentlich in den gemütlich eingerichteten Religionsräumen statt. Er beginnt mit einem gemeinsa-

men, von den SchülerInnen verantworteten Frühstück, währenddessen jeder einzelne Schüler über seine Anstrengungen zur Fortsetzung des beruflichen Lebensweges berichtet. In dieser Zeit fällt den restlichen SchülerInnen sowie uns LehrerInnen die Aufgabe zu, diese Anstrengungen von der Warte der gesellschaftlichen Realitäten zu kommentieren. Dem Frühstück schließt sich die handwerkliche Praxis der SchülerInnen an, in der wir die einzelnen anleiten und motivieren. Sie bietet uns gleichzeitig Anknüpfungspunkte, die SchülerInnen für verschiedene Angebote der regionalen Maßnahmeträger zu interessieren. Zur Wahrnehmung dieser Angebote, aber auch zur gründlichen Reflexion und Planung des weiteren Lebensweges können die SchülerInnen die parallel zum Unterricht im Nebenraum angebotene Beratung und Begleitung durch eine Sozialpädagogin der RAA[8] in Anspruch nehmen.

Kooperationen

Das oben beschriebene Konzept macht die Begrenztheit der schulischen Arbeit deutlich. Beispielsweise können wir ohne umfassende Informationen über Voraussetzungen, Ziele und Perspektiven der jeweiligen Angebote der Maßnahmenträger in dieser Lerngruppe nicht unterrichten. Genauso wichtig ist, daß wir durch persönliche Kontakte gelegentlich unbürokratisch Informationen austauschen, um z.B. mit Hilfe des Arbeitsamtes SchülerInnen kurzfristig in eine Maßnahme zu vermitteln. Grundlegend ist ebenfalls die Erweiterung und Ergänzung der Beratung und Begleitung der SchülerInnen durch die sozialpädagogische Betreuung. Denn nur durch die sich gegenseitig ergänzenden Arbeitsweisen von Schule und Beratungsinstitution können wir solide und erfolgversprechend mit den SchülerInnen arbeiten.
Die an dieses Konzept häufig gerichtete Anfrage nach der Grenze zwischen sozialpädagogischer Arbeit und Religionsunterricht stellt sich für uns Unterrichtende nicht, da in Anbetracht der Vielzahl arbeitsloser Jugendlicher die Hilfe und Unterstützung derselben oberste Priorität hat.

8 Regionale Arbeitsstelle zur Förderung ausländischer Kinder und Jugendlicher in Duisburg.

Schulseelsorge

Gerade an einer technischen Berufsschule drohen der Mensch, seine Befindlichkeiten und Bedürfnisse schon allein durch die Technikkonzentration des Unterrichtes traditionell eher in den Hintergrund zu geraten. Demgegenüber bemühen wir uns mit der Schulseelsorge, den einzelnen Menschen in den Mittelpunkt des schulischen Miteinanders zu stellen, indem wir das Naheliegende tun und denjenigen, die Hilfe benötigen, helfen wollen.

Wir stehen daher für alle, die bei uns um Hilfe nachsuchen, bereit und gehen auf diejenigen zu, von denen wir den Eindruck haben, daß sie Hilfe benötigen. Dabei entstehen erste Kontakte meistenteils im Unterricht, wo wir uns bemühen, authentisch zu sein, sensibel auf die Zwischentöne zu hören und die SchülerInnen als junge Erwachsene ernst zu nehmen. Durch dieses Interesse an den Befindlichkeiten der SchülerInnen wurden im Laufe der Jahre unsere Religionsräume zur „Anlaufstation“, wo SchülerInnen mit ihren individuellen Problemen und Konflikten gerade in uns ReligionslehrerInnen den Ansprechpartner suchen, der ihnen weiterhelfen „muß“. Je nach Anliegen der SchülerInnen ereignet sich unsere seelsorgerliche Tätigkeit dann in der konkreten Lebenshilfe und Beratung, in Gesprächen über Lebens- und Sinnfragen, oder in Beiträgen zu einer menschlichen Struktur von Unterricht und Schule.

Erfahrungsgemäß sind wir in folgenden Hauptfeldern tätig:

Im Bereich der konkreten Hilfe bieten wir beispielsweise SchülerInnen unsere Unterstützung beim Schreiben ihrer Bewerbungen an, unterstützen sie bei Telefonaten mit Ämtern und helfen, erste Rechtsauskünfte über staatliche Unterhaltsleistungen zu erhalten. Im Bereich der Beratung und Krisenintervention suchen uns SchülerInnen auf, die beispielsweise vor dem Problem ungewollter Elternschaft stehen, die Rat suchen für den Umgang mit einem alkoholabhängigen Elternteil, oder die eine Bleibe suchen, weil sie zu Hause nicht mehr wohnen können. Hierzu zählen wir auch unsere Bestrebungen, die Folgen körperlicher Gewalt im Sinne des Täter-Opfer-Ausgleichs zu deeskalieren.

Im Bereich der Gespräche über Lebens-, Glaubens- und Sinnfragen vermitteln wir bespielsweise zwischen religiös sozialisierten SchülerInnen bei Konflikten aufgrund verschiedener Glaubenspositionen. Es

suchen SchülerInnen den Diskurs mit uns als dem christlichen Glauben verpflichteten Erwachsenen oder gehen uns um Rat und Hilfe bei Entscheidungen über die Fortsetzung ihres Lebensweges an.
Im Bereich der Prozeßinitiierung wollen wir beispielsweise durch Fahrten, Gottesdienste, Einrichtung eines Gebetsraumes und Beiträge zu anderen Unterrichtskonzepten den jeweiligen SchülerInnen neue Selbsterfahrungen ermöglichen.
Im Bereich der Begegnung mit Eltern suchen wir beipielsweise den Kontakt zum Elternhaus, stehen ihnen als Gesprächspartner bei Erziehungsschwierigkeiten zur Verfügung oder helfen konkret durch Vermittlung an entsprechende Einrichtungen.
Darüber hinaus werden wir von manchen KollegInnen als Ansprechpartner, Vertrauensperson oder als religiöser Beistand in Lebenskrisen aufgesucht.
Auch wenn manches Handlungsfeld zunächst eher sozialarbeiterischer Tätigkeit zugeordnet wird, bezeichnen wir diese Bemühungen als Schulseelsorge, weil erfahrungsgemäß ausgehend vom konkreten Hilfeersuchen die mit ihm eng verknüpften seelischen Empfindungen (z.B. Zukunftsängste und Zweifel am Selbstwert bei Bewerbungen, Identitätsprobleme bei Gewalttätigkeit) angesprochen werden. Christliche Seelsorge sind diese Bemühungen insofern, als wir selbst im Christentum Verwurzelte mit ihnen biblische Grundaussagen wie z.B. die vorbehaltlose Annahme jedes Menschen, Umkehr und den Wert des Menschen zeichenhaft verdeutlichen. Auf diese Weise zielen all unsere seelsorgerlichen Bemühungen darauf ab, daß die mit uns in der Schule lebenden Menschen einen Raum und Ort kennenlernen, in dem sich Wertigkeiten, Miteinander und Verhalten im Sinne christlicher Weltdeutung wohltuend vom Diktat des gesellschaftlichen Ausleseprozesses unterscheiden, so daß sich unsere Mitmenschen vor dem Hintergrund des christlichen Menschenbildes frei entfalten können.
Im Sinne eines Konzeptes beschrieben, sind unabdingbare Voraussetzung dieser Verdeutlichung gelebten Christentums, daß unsere Bemühungen ihren Ausgang im Unterricht nehmen, sie sich durch konkrete Angebote an den Bedürfnissen unserer SchülerInnen ausrichten, uns der Informationsaustausch im Team kritisches Korrektiv ist, unsere Tür unterschiedlichsten Anfragen offen steht, wir uns aber auch der eigenen Grenzen bewußt sind und sie aufzeigen.
Zum Wahrnehmen der eigenen Grenzen gehört für uns auch, daß wir um Unterstützung nachsuchten, als gerade in den letzten Jahren der

Bedarf an Seelsorge an der Robert-Bosch-Kollegschule stetig anwuchs, so daß wir ihm außerunterrichtlich nicht mehr gerecht werden konnten. Erste Unterstützung erhielten wir vom Bistum Essen, das einen Referenten für Schulseelsorge mit zehnstündiger Unterrichtsverpflichtung an unsere Schule entsandte. Seitdem können wir unseren Beitrag zum schulischen Leben wirkungsvoller einbringen. Demselben Anliegen verpflichtete sich später die Evangelische Kirche im Rheinland durch die Einrichtung einer Beschäftigungsstelle für einen Pastor im Sonderdienst an der Robert-Bosch-Kollegschule.

Franz B. Schulte

Die Offene Tür – eine Option für die Anderen

Lern- und Lebensort für eine Kultur des Miteinander

„Es sollen einmal andere besser und glücklicher leben dürfen, weil wir gestorben sind." (Alfred Delp SJ)

Einleitung

Die Überlegungen zu einer Option für die Anderen im Haus der Offenen Tür (= OT) sind – um den vorgegebenen Rahmen nicht zu überschreiten – als Skizze angelegt, die auf langjähriger OT-Erfahrung im Alfred-Delp-Haus Brilon basiert und eine Einladung zum weiterführenden Gespräch sein will. Der Begriff „die Anderen" steht hier besonders für Jugendliche aus anderer Religion, im sozialen Abseits oder in Distanz zur Kirche.

Alfred Delp ist nicht nur Namensgeber für unser Haus, sondern sein Zeugnis ist ein bindendes Vermächtnis für unsere Aufgabenstellung. Sein Wort: „Ihr müßt das Evangelium neu in euch gestalten, daß es euch erlöse vom Fluch dieser Tage, und ihr müßt es dann hinaustragen und auch den anderen das Leben bringen" (I/82) weist auf unser Leitmotiv hin: Die OT als Option für die Anderen, als Lern- und Lebensort für eine Kultur des Miteinander.

Konzeptionen und Leitideen für Häuser der Offenen Tür

Offene kirchliche Jugendarbeit hat ihre Geschichte und ist nicht ein neuer pädagogischer Weg.[1] Dennoch wird der OT-Auftrag, der ihn von anderen pastoral-pädagogischen Feldern unterscheidet, sehr unterschiedlich begründet.[2] Für die einen ist die OT unverzichtbar, für andere zählt sie nur, solange Zuschüsse fließen. Kirchliche Träger fragen oft, was das „Kuckucksei" für ihre Jugendarbeit bedeutet, und

[1] Erinnert sei z.B. an Don Bosco und die offenen Jugendeinrichtungen der Salesianer.

[2] Es gibt die OT als Freizeit- oder Aktions-Treffpunkt, als sozio-kulturelles Zentrum, zur Jugendpflege oder für Problemjugendliche, als Ort politischer Diakonie usw.

möchten bald wieder „Herr im eigenen Hause" sein. Die Summe unterschiedlichster Funktionsmöglichkeiten führt zum Überdruck an Erwartungen. Insgesamt ist es ein komplexes Aufgabenbild, ein Provisorium permanenter Veränderung mit dem Nachteil, überfordert oder ignoriert zu werden und sich immer wieder neu legitimieren zu müssen, und dem Vorteil, solange nicht etabliert und in den Aufgaben festgeschrieben, in seiner Vielseitigkeit kreativ, aktuell und flexibel jungen Menschen gemäße Chancen zu eröffnen.
Unsere Frage: Gibt es eine gültige Leitidee für Häuser der OT, in der sich Bedürfnisse Jugendlicher, Motivationen der Mitarbeiter, die Erwartungen von kirchlichem Träger, Gesellschaft und Zuschußgebern überzeugend ohne Nivellierung der je eigenen Interessen unter Wahrung des Multifunktionalitätsprinzips wiederfinden können?
Der Landesjugendplan NRW[3] bezeichnete die OT als eine „eigenständige Einrichtung für die nichtorganisierte Jugend, offen für Kinder und Jugendliche ohne Unterschied der Konfession". Die Kriterien „organisiert oder nichtorganisiert" haben heute nicht mehr die frühere Relevanz. Aber der Begriff „Nichtorganisierte" kann eine identitätsstiftende Spur zeigen. Nichtorganisierte – das sind einzelne, Asoziale, Gefährdete, Verwahrloste, Kontaktarme, Arbeitslose, Asylsuchende, Ausländer, Ausgegrenzte, Jugendliche aus Subkultur oder Unterschicht, Scheidungswaisen, Behinderte im Sozialverhalten, Kirchenferne, Andersgläubige, aber auch Engagierte, Nonkonformisten, Andersdenkende, Individualisten usw.[4] Der Auftrag für die Nichtorganisierten eröffnet uns eine Chance für die Anderen, eine Chance zum Abbau von Selektionsmechanismen, die in manchen Verbandsstrukturen viele „draußen" ließen, eine Chance zum Aufbrechen von gemeindlichen Verkrustungen, die ausgrenzend wirkten.

Die Option für die Anderen

Im Jahresbericht des Alfred-Delp-Hauses, das zunächst als TOT vorwiegend von BDKJ-Verbänden bestimmt war, ist 1962 u.a. zu lesen: „Wichtig war, daß die Gruppen offen blieben für die Aufgaben, die außerhalb ihres eigenen Bereiches lagen … Vom gleichen Verantwor-

[3] Landesjugendplan vom 30. 4. 1963.
[4] Vgl. Konzeption „Zielgruppen des Alfred-Delp-Hauses" 1974.

tungsbewußtsein für die ‚anderen' waren die Bemühungen um Gastarbeiter und ausländische Studenten des benachbarten Goethe-Institutes getragen."[5] Durch A. Delp ermutigt („Katholische Aktion muß hinauswachsen über die Enge und Einseitigkeit der Gruppierungen, Kreise, Verbände oder Bünde." [I/88]), wuchs die Offenheit für alle zum motivationsstarken Leitmotiv, so daß wir 1964 Ganz-Offene-Tür wurden. Sie trug uns auch in Zeiten der Anfeindungen, als man für die OT Chaos und Unkirchlichkeit befürchtete. Wir entdeckten in der Option für die Anderen eine aktuelle Aufgabe, mit der wir als OT in biblischer, urkirchlicher Tradition der Zuwendung zum Fremden und Ausgegrenzten stehen.

Biblische und kirchliche Offenheit für die Anderen

Das Alte Testament verlangt: „Einerlei Recht soll für euch gelten, für den Fremden wie für den Eingeborenen" (Lev 24,22), denn Gott „liebt die Fremden und gibt ihnen Brot und Kleidung; auch ihr sollt den Fremden lieben." (Dtn 10,18–19) – Das gleiche Recht für alle, für die „eigenen" und die „fremden" Jugendlichen, so ist es in den OT-Richtlinien festgeschrieben. Jeder Jugendliche hat einen Rechtsanspruch, am Leben der OT teilzunehmen. Für uns als kirchliche OT kommt die unterscheidende Aufgabe hinzu, die fremden Jugendlichen nicht nur (wegen der Subventionen) zu dulden, sondern sie zu lieben, wie „Gott die Fremden" liebt.
Die Praxis Jesu auf der Seite von Randgruppen zeigt uns den Weg, in der OT das Evangelium konkret zu leben, wissend, daß wir weit hinter dessen Anspruch zurückbleiben. Das Leben mit den Anderen in der OT finden wir bestätigt im Evangelium: von dem Mann aus Samaria (Lk 10,25–37) und der Frau am Brunnen (Joh 4,1–26); von der Ehebrecherin (Joh 7,53–8.11) und dem Aussätzigen (Mk 1,40–45); vom verlorenen Schaf (Lk 15,1–7) und dem Sohn, der sich selbst ausgrenzte, asozial und wieder angenommen wurde (Lk 15,11–32), oder im Philemonbrief, in dem die sozialen Schranken zu dem Sklaven Onesimus fallen und dieser zum geliebten Bruder in Christus wird. Die biblische Legitimation der Option für Andere gibt uns das Wort: „Und wenn ihr nur eure Brüder grüßt, was tut ihr damit Besonderes? Tun

[5] F.B. Schulte, Jahresbericht des Alfred-Delp-Hauses 1959 bis 1962.

das nicht auch die Heiden?" (Mt 5,47) Jesu Rede: „Denn ich war hungrig, ... ich war fremd" (Mt 25,31–40) ist Auftrag, unser Haus zu öffnen für die politische Diakonie, die Eine-Welt-Arbeit. Wir verstehen unsere OT als Ort der Gastfreundschaft: „Vergeßt die Gastfreundschaft nicht, denn durch sie haben einige, ohne es zu ahnen, Engel beherbergt." (Hebr 13,2) Die vom Evangelium geforderte Durchbrechung der Schranken zu den anderen ist eindeutige OT-Aufgabe.
In der Alten Kirche galt die Aufnahme der Fremden als „das" Beispiel christlicher Lebensführung. Fremdenaufnahme diente nicht nur der Versorgung, sondern vor allem dazu, das Verhältnis der Menschen zu verändern.[6] Die Lebensbeschreibung des hl. Chrysostomus nennt die Gemeindeeinrichtungen für die Fremden: Fremdenherberge, Waisen- und Altersheim, Armen- und Krankenhaus. Ich bin überzeugt: Hätte es damals die soziologische Phase des Jugendalters in der heutigen zeitlichen Ausdehnung mit den vielfältig bedrohten Prozessen der Persönlichkeitsentfaltung gegeben, würde auch die OT in der Liste der Gemeindeinstitutionen des hl. Chrysostomus gestanden haben. Es galt als wesentliches Merkmal des Christseins, daß die ganze Gemeinde, aber auch jeder einzelne sich persönlich der Fremden annahm; nicht nur aus Pflichtgefühl, sondern aus der Gesinnung Christi. Dabei gab selbst der Mangel an sittlicher oder religiöser Haltung des Fremden kein Recht, ihn auszuschließen. Weil wir als OT diejenigen mit einem „Mangel an sittlicher oder religiöser Haltung" nicht ausschließen, werden wir selbst oft mit ihnen identifiziert und heftigst kritisiert.
Dem Diakon als Symbol der Kirche kam besonders der Dienst an den Fremden zu; es trug dafür Sorge, daß Gottesdienst und Diakonie eine untrennbare Einheit bildeten. Die heutige Kluft zwischen Gottesdienst und Sozialarbeit läßt den Gottesdienst verkümmern und isoliert die Diakonie. Erst in der Diakonie findet der Gottesdienst seinen „Sitz im Leben", und die Diakonie erhält durch den Gottesdienst ihre heilende Kraft. Für uns als OT bedeutet das: Ohne Gottesdienst in der OT und die Hineinnahme der Anliegen ihrer Jugendlichen in den Gottesdienst wäre die Option für Andere wie ein „Boot mit nur einem Ruder".
Ein klassisches Beispiel für diese Option finden wir beim hl. Benedikt: „Alle ankommenden Gäste sollen wie Christus aufgenommen

[6] Vgl. M. Puzicha, „Ich war fremd, und ihr habt mich aufgenommen." Zur Aufnahme der Fremden in der Alten Kirche, in: O. Fuchs (Hg.), Die Fremden, Düsseldorf 1988, 167–182.

werden."[7] Es drängt sich die Frage auf: Wo kommen wir hin, wenn Christen tatsächlich die Jugendlichen der OT, auch die Scheidungswaisen, Verhaltensgestörten, Drogengefährdeten, Muslime und Türken wie Christus aufnehmen würden? Oder: Wo blieben wir, in welches Getto gingen wir als Kirche, wenn wir es nicht täten? Die OT, die Jugendliche „wie Christus aufnimmt", ist legitimiert durch die Praxis biblischer, urchristlicher Gastfreundschaft als Kriterium des Gottesglaubens. M. Görg sagt: „Ein ‚Christentum', das den Fremden in seinen Reihen nicht ‚Atem holen' läßt, aus welchem Lande, welcher Kultur und Religion er auch kommen mag, verdient nicht die Erbschaft Israels. Das Ja zum anderen ist konstitutiver Bestandteil des Glaubens eines Menschen."[8] Unsere Offenheit für alle ist nicht ein Kompromiß wegen staatlicher Zuschüsse, sie ist unser ureigenstes Anliegen, sie gehört zur Glaubenssubstanz.
In der heutigen Kirchensituation ist die Option für Andere besonders aktuell. Wie leben wir als Christen nach dem Ende der Volkskirche? Der Rückzug in den Binnenraum wäre ein Weg ins Getto und entspricht nicht unserer Weltverantwortung. Das Konzil sagt: „Achtung und Liebe sind auch denen zu gewähren, die in gesellschaftlichen, politischen oder auch religiösen Fragen anders denken oder handeln als wir. Je mehr wir in Menschlichkeit und Liebe inneres Verständnis für ihr Denken aufbringen, desto leichter wird es für uns, mit ihnen ins Gespräch zu kommen." Dieser Dialog „schließt niemanden aus, weder jene, die Güter der Humanität pflegen, … noch jene, die Gegner der Kirche sind", denn der „Vater will, daß wir in allen Menschen Christus als Bruder sehen"[9]. Dieses Konzilswort ist ein Auftrag für OTen, in dem ihnen möglichen Rahmen den Dialog mit den Anderen aufzunehmen. Unsere OT entstand in der Zeit des konziliaren Aufbruches. Das „Aggiornamento" von Papst Johannes XXIII., Türen und Fenster der Kirche weit aufzumachen, hat uns geprägt und gab uns die Chance, Jugendliche zu befähigen, mit Menschen, die einen anderen Standort haben, an einer Aufgabe, die gut ist, zusammenzuarbeiten.[10]

[7] CPSB – 53. Kap. „Von der Aufnahme der Gäste".
[8] M. Görg, Fremdsein in Israel, in: O. Fuchs (Hg.), Die Fremden, aaO, 194–214.
[9] Pastoralkonstitution „Die Kirche in der Welt von heute" (*Gaudium et spes*).
[10] F.B. Schulte, Impulse zur OT-Arbeit, Brilon 1975.

Die Offene Tür der Kirche

Ich habe die OT als konziliaren Ernstfall im Alltag erfahren: OT als Kirche mitten in der Welt, die die Welt in ihre Mitte einlädt. In ihr geschieht gültiges Gemeindeleben. Die OT der Gemeinde darf nicht auf sozialen Service mit der allenfalls dünnen Nabelschnur juristischer Verwaltungsträgerschaft reduziert werden. Die Option für Andere gehört zum Wesen der Gemeinde und ist nicht in ihre beliebige Wahl gestellt. Die OT ist nicht die breite Masse der Volkskirche, des mitgliederstarken Verbandes, auch nicht der Weg ins Getto. Zwischen Volkskirche und kleiner Herde weist sie einen dritten Weg als neue und doch urchristlich begründete Sozialgestalt von Kirche zur Erneuerung der Kirche im Dienst an jungen Menschen.

Einwände gab es genug: Wohin führt die OT? – Nivellierung des kirchlichen Anspruches? Gefahr für Werte und Normen? Identitätsverlust durch Angleichung?

Ängste vor der Konfrontation mit anderen? Es kam ganz anders: Je konsequenter wir uns für die Anderen öffneten, desto mehr waren wir gezwungen, uns auf Taufe und Firmung zu besinnen, um so entschiedener fanden wir Orientierung im Evangelium und Kraft in gemeinsamen Gebetszeiten. Es wäre eine eigene Geschichte zu schreiben: in der ständigen Auseinandersetzung mit den Anderen den inneren Dialog mit Gott und in der ungeschützten Offenheit die Kontemplation, die „innere Klausur"' zu entdecken.[11]

Die OT ist auf der Grenze der Gemeinde angesiedelt; in ihr lebt man als Grenzgänger zwischen Kirche und Welt. Die Lage unserer OT an der Stadtmauer ist dafür ein Symbol: „Extra muros" – tägliche Erinnerung an „die da draußen". „Irgendwie gehören wir alle zu diesen Grenzbewohnern; ... den Menschen, die sich noch irgendwie in der Kirche aufhalten, die so an der Grenze zwischen Kirche und sogenannter Welt ihr Heim aufgeschlagen haben." I/70) Die meisten jungen Menschen leben heute am Rande oder außerhalb der Kirche. Oft ist die OT für sie die einzige Kontaktstelle zur Gemeinde. – Was bedeutet das für das Gemeindeleben? – Erzbischof Degenhardt sagte am 19. 5. 1984 beim 25jährigen Jubiläum unseres Hauses: „Ein Haus der OT ... ist für eine Kirchengemeinde ... keine leichte Aufgabe. Hier sind ... Jugendliche, die mit der Kirche nicht viel zu tun haben

[11] Vgl. F.B. Schulte, Kirche und Welt in der OT, Brilon 1984.

wollen. Hier werden Themen angesprochen, die für eine Pfarrgemeinde herausfordernd sind; ... es gibt Probleme ... mit Jugendlichen ... Die Pfarrgemeinde wird gefordert, ihre gewohnten Grenzen zu überschreiten, sich zu öffnen. Aber ... hier kann ein solches Haus dazu beitragen, daß das Leben dieser Gemeinde vielfältiger wird. ... Hier ist ... ein Ort der Auseinandersetzung mit den brennenden Themen unserer Zeit zwischen den Generationen, der Besinnung und gottesdienstlicher Feiern."

Viele gesellschaftliche Strömungen stehen der Option für Andere entgegen, z.B.:

- Die Erfahrung zeigt, daß in den meisten Konflikten nicht die Option für die Anderen herrscht, sondern die angst- und aggressionsbesetzte Aversion gegen Andere, die wir täglich in unserer OT erleben: Konflikte zwischen Generationen, sozialen Schichten, kirchlichen Gruppen, zwischen Auszubildenden und Schülern, einheimischen und ausländischen, organisierten und einzelnen Jugendlichen.
- Dem Rivalitätsdenken verbürgerlichter Gemeindegruppen ist die Offenheit für alle ein bedrohliches Risiko; es ist bequemer, im eigenen Kreis über die Anderen zu reden als miteinander, Andere auszugrenzen als sie anzunehmen.
- Die Individualisierung bringt mehr Entfaltungsmöglichkeiten, aber auch mehr Gemeinschaftsunfähigkeit und Einsamkeit. Der Rückzug in die Privatsphäre geht einher mit der Vermeidung der Auseinandersetzung mit den „Anderen". Die politische Abstinenz vieler Jugendlicher ist dafür ein deutliches Signal.
- Jugendliche werden orientierungslos durch ein Überangebot von Medien und Freizeitindustrie.
- Der Wert solidarischen Handelns geht verloren. „Wehe dem Menschen, der nur sich selber will! ...Wehe der Welt, die nur sich selber meint! In ihr zu leben, ist eine Qual ... und ein Unglück." (III/127) Alle wollen glücklich sein, und sei es auf Kosten Anderer. Das zeigt sich in der Verweigerung ehrenamtlichen Engagements für Andere in der OT, im heutigen Lebensstil angesichts der Dritte-Welt-Katastrophe oder im Generationenkonflikt angesichts der zahlreicher werdenden älteren Menschen. Hier liegen die eigentlichen Zukunftsprobleme heutiger Jugend, die eine Erziehung zur Solidarität, die die Anderen und nicht nur den privaten Freundeskreis im Blick hat, dringend erfordern.

- Nie in der Geschichte gab es einen solchen Transzendenzverlust wie heute. „Diese totale Immanenz … läßt … kein Jenseits und keinen überweltlichen persönlichen Gott gelten. … Es stirbt die Frage nach dem „Woher“ und „Wohin“. (I/290)
- Die Option für die Anderen ist aktuell. Ist die OT als Einladung für Andere ein zu hohes Ideal oder ein Gebot der Stunde? Unsere Antwort als OT: in den Aversionen Freundschaft schenken, in der Vereinzelung Gemeinschaft wecken, in aller Orientierungslosigkeit Halt und Sinn vermitteln, in der Entsolidarisierung zum Dienst an Anderen ermutigen und in der praktischen Gottvergessenheit Gott, den ganz Anderen, als tragende, heilende Lebensmitte entdecken lassen.

Der Beitrag der OT für eine Kultur des Miteinander

Die Option für die Anderen ist nicht nur freizeitpädagogische Betreuung. Jugendliche sind nicht Objekt unserer Pädagogik, sondern ernst zu nehmende Partner, Schwestern und Brüder, die unsere Achtung verdienen. Die Option für die Anderen verhindert Cliquen- und Elitebildung oder den Rückzug in die Privatsphäre, aber sie schließt die Achtung vor dem Eigenleben der einzelnen oder Gruppen mit ein. Offenheit und Geborgenheit bedingen einander in der OT.

Jeder junge Mensch gleich welcher Konfession, Nationalität oder sozialen Schicht hat das Recht, in die OT zu kommen – nicht geduldet, sondern erwünscht. Hier darf er Beratung und praktische Hilfe in seinen Problemen, Kontakte und Begegnung erwarten. Hier kann er sich angenommen fühlen. So wird die OT ihm zur Oase, zum „Atem holen, aus welchem Land, welcher Kultur und Religion er auch kommen mag“ (M. Görg).

In der OT ist das Zusammenleben mit Anderen gezielt gewollt. Dabei ist absolute Freiwilligkeit die einzige Chance. Hier werden fremde Jugendliche zu Gästen der Gemeinde. Sind sich unsere Gemeinden dessen bewußt und freuen sie sich, daß täglich in ihren Räumen junge Gäste sind? Das Gastrecht läßt sie bleiben, solange es nötig ist, und hält sie nicht auf, wenn sie weiterziehen müssen. Viele Jugendliche haben jahrelang in unserer OT ihr tägliches Zuhause, bis sie stark genug sind, ihren eigenen Weg zu gehen.

Bei allen Fehlern und Verwundungen, bei allem „Mangel an sittlicher

und religiöser Haltung“ haben wir kein Recht, junge Menschen auszugrenzen – trotz der entsetzten Reaktionen verbürgerlichter Christen, die nur allzu schnell jugendlichem Fehlverhalten mit Schuldzuweisung begegnen, wo Verstehen und Hilfe gefordert sind. Unsere Aufgabe ist vorrangig Gefährdeten- und Randgruppenpastoral, die junge Menschenh akzeptiert, so wie sie sind; ohne Vorleistung dürfen sie da sein.
Neben der Zuwendung zum einzelnen mit konkreten pastoral-pädagogischen Hilfen eröffnet die OT jungen Menschen ein Lern- und Lebensfeld, in dem sie selbst die Option für die Anderen leben können. Das geschieht im täglichen Miteinander, in erlebnisorientierter Freizeit und Begegnung, in Fest und Feier, in gezielter Aktion und Bildungsarbeit. Bei aller Unterschiedlichkeit der Besucher lernt der Jugendliche, Andere – auch wenn sie nicht zum eigenen Freundeskreis gehören – zu akzeptieren, mit ihnen zu teilen. In der OT gehen wir den Weg von der „Leistung“ zum „Da-sein“, vom „Besitzen“ zum „Teilen“. Option für Andere bedeutet, mit Anderen zu teilen. Eine OT, in der das Teilen nicht gelernt wird, verdient ihren Namen nicht.
In einer solchen OT können – unsere Erfahrungen zeigen es – selbst Kontrahenten aus verschiedenen politischen Jugendorganisationen gelassen miteinander reden, können Abiturienten sich für Ausländerkinder engagieren. Das Zusammenleben in einer multikulturellen Gesellschaft muß gelernt werden. Dabei leisten OTen Hilfe zur Integration von ausländischen Jugendlichen – gegen Gewalt und soziale Polarisierungen. In den offenkundigen Aversionen und Konflikten, im Neben- oder heftigen Gegeneinander befähigt die OT zu einer Streitkultur, zu einer Kultur des Verstehens und der Versöhnung. OT-Arbeit ist Friedenspädagogik im Sinne der Bergpredigt.
Die Engagements, zu denen unsere OT Jugendliche einlädt, damit sie sich politisch, sozial und kulturell einmischen können, haben immer „die Anderen“ im Blickfeld: die Hausaufgabenhilfe für Kinder der Asylbewerber; gemeinsames Kochen nach türkischer Art; die internationale Begegnung; die Musik der Völker; der Kampf gegen Fremdenhaß; die Einladung an Bewohner von Behindertenwohnheimen; das Gespräch zwischen den Generationen und praktische Dienste für ältere Menschen; der Einsatz für die Eine Welt – denn wer offen sein will für alle jungen Menschen, kann sich vor den Straßenkindern Brasiliens nicht verschließen. Für manche dieser Engagements kooperieren wir mit anderen Organisationen, z.B. mit Missio, Misereor, Greenpeace, mit der Gesellschaft für bedrohte Völker oder der GEPA.

Nicht jede OT kann in jedem Problemfeld aktiv werden. Aber in der Lösung weltweiter Probleme liegt die Zukunft der heutigen Jugend, der wir es schulden, sie zeitig genug darauf vorzubereiten, bevor sie später anklagend fragen: Ihr habt gewußt, daß täglich 40.000 Kinder den Hungertod sterben! Was habt ihr getan? Die Option für die Anderen bindet OTen an den Auftrag zur Diakonie im Nahbereich und weltweit. Sie dürfen nicht schweigen, wenn Brandsätze auf Asylheime fliegen. Sie müssen handeln gegen ungerechten Welthandel! Uns wurde durch den Namen des Widerstandskämpfers A. Delp soziale und politische Diakonie zum Auftrag.
Ich frage, ob OTen häufig nicht zuviel Kraft in die Konkurrenz mit der Freizeitindustrie investieren und zuviel Zeit auf der „freizeitpädagogischen Spielwiese" verbringen, die der kommerzielle Markt längst vereinnahmt hat. Nachdem Freizeitangebote in überreichem Maße vorhanden sind, ist es nunmehr höchste Zeit, gerade in den OTen das Engagement für andere intensiver zu fördern.

Menschen der Offenheit

OT – das sind nicht Räume, das sind Menschen der Offenheit, die die Option für Andere gestalten und aufleuchten lassen. Der Begriff „Mitarbeiter" ist unzulänglich; es geht uns um fachlich qualifizierte Mitarbeit und das Miteinander gemeinsamen Arbeitens, Lebens, Glaubens und Betens. Leben aus dem Glauben kann nicht neben der sozialen Arbeit irgendwo bestehen. Ein Dienstvertrag – so wichtig die tarifrechtliche Ordnung ist – und fachliche Qualifikation können nicht die einzige Basis für die Offenheit für alle sein. Sonst besteht Gefahr, daß Jugendliche zum Objekt der fachlichen Arbeit des Mitarbeiters werden. Die Option für die Anderen muß gelebt, nicht nur bearbeitet werden. Sonst verkommt sie zur Absichtserklärung; eine Kultur des Miteinander aber bedeutet integriertes Leben.
Die Mitarbeiter sollen offen sein für alle, verstehen, Konflikte lösen, Jugendliche annehmen, oft auch auffangen, werben, motivieren, aktivieren, Programme anbieten, Betriebsabläufe regeln. Sie sollen „Sich-Gesellen zum Menschen in allen seinen Situationen mit der Absicht, sie ihm meistern zu helfen … Nachgehen und Nachwandern auch in die äußersten Verlorenheiten und Verstiegenheiten des Menschen, um bei ihm zu sein" (IV/320). So finden wir sie oft gestreßt und isoliert,

aufgerieben zwischen den konträren Erwartungen und Konflikten, die die Offenheit für alle mit sich bringt. Wie können sie bestehen, die notwendige Distanz zu Arbeit und Besuchern gewinnen und dazu noch eine Atmosphäre schaffen, in der sich unterschiedlichste Besucher wohlfühlen? Wie kann „ein Klima der Zuversicht und Menschenfreundlichkeit“ (IV/271) wachsen, in dem die Offenheit für alle fruchtbar wird? – Die Option für die Anderen setzt eine Kultur des Miteinanders der OT-Mitarbeiter und eine spirituelle Begleitung in einer sie tragenden Gemeinschaft voraus. Von ihren Beziehungen untereinander hängt alles ab. Die besten Programme, die tollste Disco, ein Treffpunkt voller Aktivitäten gedeihen erst, wenn das Miteinander der Mitarbeiter gelingt.

Deshalb sollen sie „immer wieder mit allen Mitteln, physisch und geistig ein entsprechendes Klima bilden.“ (I/281) Mitarbeiter sind nicht unbedingt ein Kreis von sympathischen Freunden, sondern Dienstgemeinschaft für die Anderen. Man kann jedoch nur für Andere einstehen, wenn man auch füreinander einsteht. In der OT arbeitet man nicht, weil man dort bei Mitarbeitern und Jugendlichen nur Freunde trifft, sondern um Freundschaft zu schenken. Aber die Offenheit für Andere schließt die Option für sich selbst mit ein. Wer Andere annehmen will, muß sich selbst akzeptiert haben. Er muß sein eigenes Fremdsein – für die Anderen ist er ja auch ein „Anderer“ – bejahen. Wir können uns aber nur dann annehmen, wenn wir uns von Anderen angenommen wissen. Wer jedoch seine Zuwendung zu Besuchern von deren Gegenliebe abhängig macht, schafft zerstörerische Abhängigkeiten. Die Option für die Anderen steht in einem Beziehungsgeflecht, das zunächst paradox scheinen mag.[12] Wie aber kann das Netz der Beziehungen geknüpft werden? – „Einer trage des anderen Last.“ (Gal 6,2) Wenn Mitarbeiter sich einander zuwenden und die Last des anderen Mitarbeiters mittragen, entsteht ein Klima, in dem sich die unterschiedlichsten „Typen“ von jugendlichen Besuchern angenommen fühlen.

Aber täuschen wir uns nicht. Es gibt bei Jugendlichen Situationen der Verlorenheit, da versagen pädagogische Methoden. Es gibt bei Mitarbeitern Blockaden, in denen ein Sich-Verstehen beim besten Willen aller Beteiligten nicht gelingt. Ratlos stoßen wir an Grenzen und Mauern. So auch A. Delp: „Von Mensch zu Mensch: Das bleibt immer ein

[12] Vgl. Th. Merton, Keiner ist eine Insel, Zürich ^{2}1984.

Rätsel oder besser ein Geheimnis. Die Wege hinüber und herüber sind unerhellt und wahrscheinlich auch unergründlich … Die Behutsamkeit und die große Ehrfurcht müßten immer die Haltungen sein, mit denen man in die Nähe eines Menschen kommt.“ (IV/300–310)

Einfach ist es nicht mit der Option für die Anderen. Wenn wir jedoch das „Rätsel des anderen“ achten, werden wir uns seiner Andersartigkeit bewußt, kann das Gespür für das Geheimnis des Anderen wachsen, dem wir dann in aller „Behutsamkeit“ begegnen. Wir spüren, daß wir weder uns selbst, noch den Anderen annehmen können, wenn nicht bereits ein Anderer uns angenommen hätte. In dieser Grenzerfahrung tut sich eine neue Option auf, eine Option für den ganz Anderen, für Gott. Diese Option aber wird uns wieder entweichen, wenn wir Gott nicht ganz konkret in den Anderen annehmen. In der „Vater unser“-Meditation schreibt A. Delp: „Klar und hell wird die Wahrheit, daß der Weg zu Gott über Gott immer schon der nächste Weg zum Menschen war … Die gemeinsame Mitte, der personale Gott, der uns anspricht und den wir anrufen, macht den Menschen zum Menschen und die Gemeinschaft zur Gemeinschaft.“ (IV/227)
Es gibt viele einzelne, die sich für Andere engagieren und oft schnell aufgerieben und isoliert sind, weil sie Kirche nicht als communio erfahren. OT-Mitarbeiter brauchen eine sie mittragende Gemeinschaft und nicht nur einen funktionierenden Vorstand. Zu wenig wird bedacht, daß die in Gott begründete Gemeinschaft erst den Weg zu den Anderen ermöglicht. Vor der Aussendung zu allen Anderen am Pfingstfest war die Gebetsgemeinschaft der Jünger im geschlossenen Raum. Diese Gemeinschaft entsteht „nicht dadurch, daß wir uns anschauen, sondern indem wir alle auf den einen Gott hinschauen und von ihm den gleichen Geist Gottes empfangen.“ (V/273) Delps Wort: „Das war der Sinn, den ich meinem Leben setzte …: die Rühmung und Anbetung Gottes vermehren; helfen, daß die Menschen in Gottes Ordnung und in Gottes Freiheit leben und Menschen sein können.“ (IV/140) prägt uns im Alfred-Delp-Haus; beides gehört zusammen: Anbetung und Hingabe. Das bedeutet: Mitarbeiter, die in regelmäßigen Gebetszeiten gemeinsam vor Gott stehen, sich um das Evangelium versammeln, aus ihm Kraft schöpfen und in der Anbetung sich seiner Zuwendung aussetzen und dabei die jungen Menschen mit ihren Problemen vor ihn tragen, lassen in ihrem pädagogischen Handeln Gott als Verbündeten mitwirken. Sie setzen sich dem Dienste Gottes

an ihnen aus, bevor sie sich zum Dienst an den Anderen aufmachen. Indem sich zwischen ihnen Gotteserfahrung im Gotteslob ereignet, indem sie sich Gott und einander zuwenden, sich von Gott und gegenseitig als angenommen erfahren, entsteht ein Klima der „Zuversicht und Menschenfreundlichkeit“ für die Anderen. Die gemeinsame Gebetserfahrung der Mitarbeiter verändert qualitativ die OT-Arbeit. Nach mehr als 30jähriger Erfahrung in der OT mit ihrem profanen Treffpunkt mit allen guten und schlechten, bis zur Kriminalität reichenden Erscheinungsformen der Jugendszene halte ich eine verbindliche Gemeinschaft der Mitarbeiter im integrierten Glauben, Beten und Arbeiten für die wesentliche Voraussetzung, damit sich die Option für Andere auftun kann. – In diesem Sinne wuchs bei uns das Alfred-Delp-Kolleg als Zelle, die die OT als Gemeinschaft mitträgt.
A. Delp sagt: „Die innerste Lebensgemeinschaft mit Gott gehört zu den ersten Voraussetzungen eines gelungenen und gekonnten Lebens.“ (IV/282) und „Die Verbrüderung Gottes mit dem Menschen ist eine ungeheure Bejahung des Lebens.“ (III/98). – Für uns ist die OT der Ort der Verbrüderung der Gemeinde mit den Anderen und die Verdichtung der Beziehungen der Mitarbeiter zur innersten Lebensgemeinschaft in Gott die erste Voraussetzung, um jungen Menschen in der OT zu einem gelungenen und gekonnten Leben zu verhelfen. Mitarbeiter, in denen die Gemeinschaft Gottes mit den Menschen transparent wird, können sich bei aller Individualität gegenseitig annehmen, Belastungen mit Gelassenheit tragen und von außen kommende Angriffe versöhnen. Sie können berufliche Resignation, die in der Vereinzelung schnell auftritt, gemeinsam auffangen. Ihr Arbeitsplatz wird zur geglückten Lebensform, ihr Beruf zur erfüllenden Berufung. Sie sind jetzt nicht mehr nur die Angestellten einer Servicekirche, sondern miteinander teilende, einladende Kirche. Sie leben eine Kultur des Verstehens, der Annahme und Barmherzigkeit, durch die die OT mit allen „Konflikten zwischen den Anderen“ zu einem Ort des Friedens wird. Sie können den einzelnen Jugendlichen spüren lassen: Du bist bejaht und geliebt, so wie du bist; und gleichzeitig sind sie Anwalt der jeweils Anderen. In den härtesten Problemfällen können sie die schwierigsten Jugendlichen als je einmaligen Gedanken Gottes mit Ehrfurcht aufnehmen „wie Christus selbst“. Sie erwarten zunächst nicht, daß der Andere sich ändert, sondern verändern sich selbst in der Zuwendung zum Anderen, und so wird auch jener sich ändern. Indem sie das Evangelium nicht nur aufsagen, sondern „neu in sich gestal-

ten“, bringen sie auch den Anderen, den Jugendlichen das „Leben“. So werden sie zu Zeugen der Menschenfreundlichkeit Gottes und geben – bei allem Verzicht auf Rekrutierung – missionarisch Zeugnis. Mit der universellen Sympathie Gottes zu allen Menschen werden sie vielen Notsituationen heilend entgegentreten können. Dann gilt in Abwandlung eines Wortes von A. Delp: Wenn durch eine OT ein wenig mehr Licht und Güte, Versöhnung und Frieden in diese Welt kommen, hat sie ihren Sinn und unverzichtbaren gültigen Auftrag.[13]

Die Zitate von A. Delp sind entnommen: A. Delp, Gesammelte Schriften, Bd. I – V, hrsg. von R. Bleistein, Frankfurt/M. 1982–1984. In der Klammer sind jeweils Band und Seitenzahl angegeben.

[13] Das Delp-Wort lautet: „Wenn durch einen Menschen ein wenig mehr Liebe und Güte, ein wenig mehr Licht und Wahrheit in der Welt war, hat sein Leben einen Sinn gehabt.“

Curt Stauss

Über schmutzige Hände, die Gebete der Arbeitslosen und die Ethik der Führungskräfte

Eine christliche Gemeinde begegnet der Arbeitslosigkeit

Ich freue mich über die Einladung, für ein Buch zur Praxis der Sozialpastoral davon zu erzählen, was eine Kirchengemeinde im Blick auf eine einigermaßen katastrophale Arbeitslosigkeit tut.

Daß gerade ich eingeladen wurde, wo es doch eine ganze Reihe kirchlicher Arbeitsloseninitiativen gibt, wird mich – so habe ich mir überlegt – nicht dazu verleiten, zu verallgemeinern: Ich will vor allem aus Lauchhammer und der nächsten Umgebung erzählen, also aus meinem Arbeitsfeld, aus der Gemeinde, in der ich lebe, von den Menschen, mit denen ich zu tun habe.

Die folgenden Darlegungen und Reflexionen erheben auch keinen Anspruch, als wissenschaftlich zu gelten. Die Gebete der Arbeitslosen zum Beispiel, aber sie sind unendlich wichtig. Auch der Seitenblick auf die Führungskräfte beansprucht nicht, die wissenschaftliche Diskussion über deren Ethos zu referieren; ich will lediglich exemplarisch auf eine Studie zu sprechen kommen. Mir liegt daran, daß wir nicht nur die Betroffenenseite ansehen, sondern wenigstens schlaglichtartig auch die Täterseite.

In drei Teilen will ich etwas zum Thema sagen:

1. Wer hat hier noch schmutzige Hände? – Erfahrungen
2. Was haben wir gelernt? – Chancen und Versuchungen
3. Wofür beten? – Was tun?

1. Wer hat hier noch schmutzige Hände? – Erfahrungen

„Schmutzige Hände hat hier doch niemand mehr“, sagte eine Frau, als sie im Begegnungszentrum für Jugendliche und Arbeitslose ARCHE in Lauchhammer ein Plakat von einer Veranstaltung an der Universität Leipzig über Arbeitslosigkeit las. Schmutzige Hände hat hier doch niemand mehr. Von 15.000 Arbeitsplätzen sind 13.000 weg, was bedeutet, daß die Kohleindustrie, seit vor nunmehr mehr als zwei Jahren das letzte Kraftwerk geschlossen wurde, verschwunden ist. Von den Tagebauen über die Brikettfabriken bis zur Kokerei – aber auch der Schwermaschinenbau Lauchhammer, in dem die z.T. 500 m langen Förderbrücken gebaut wurden, mit denen man dann die Tagebaue betrieben hat, ist bis auf kleine Reste geschlossen. 24.000 Einwohner hat Lauchhammer, 11% davon gehören zur evangelischen Kirche, das liegt deutlich unter dem DDR-Durchschnitt und ist anderen frühindustrialisierten Gebieten vergleichbar. Die Industrialisierung in Lauchhammer begann in der ersten Hälfte des 18. Jahrhunderts, nachdem man mit der Verhüttung von Raseneisenstein begann.

Ich bin Pfarrer in einer Industriegemeinde. Nun muß man sagen: in einer ehemaligen Industriegemeinde. Es ist eine Arbeitergemeinde, und das finde ich bemerkenswert angesichts dessen, daß die meisten unserer Kirchengemeinden mittelständisch geprägt sind. Das zeigt sich nicht nur in einer ganzen Reihe von Äußerlichkeiten, sondern auch im Einkommensschnitt, und es zeigt sich in einem sehr direkten und sehr ehrlichen Umgangston. Der ist manchmal schmerzhaft, aber das ist besser als das ängstliche Hintenherum, als die notorische Konfliktscheu, die Ernst Lange uns Christen mit einigem Recht bescheinigt hat. Die Arbeitslosigkeit beträgt in der Region Lauchhammer z.Zt. 16,28% (das ist die Angabe für Oktober 1994). Was besagt so eine Zahl? Der gegenwärtige Stand einer seit 1982 laufenden Diskussion, wie man Arbeitslosigkeit berechnen soll, ist der, daß man Vorruheständler, Altersübergangsgeldempfänger, Umschüler, Kurzarbeit-Null-Leute herausrechnet und so die Zahl erreicht, die in der Zeitung zu lesen ist. Eine reale Arbeitslosigkeit von knapp 60% wird für Lauchhammer angenommen. 72% der Arbeitslosen sind Frauen. Und das ist eine Zahl, über die man lange nachdenken muß, weil sie zu den zynischen Selbstverständlichkeiten nicht nur in unserer Region gehört. Drei Viertel der Arbeitslosen sind Frauen – angesichts dessen, daß Frauen in der DDR zu einem hohen Prozentsatz, etwa 92%, berufstätig waren und nicht wenige alleinerziehend sind, ist dies eine Zahl, die bei uns schwerer wiegt, als für westliche Ohren möglicherweise hörbar wird. Die einzigen größeren Arbeitgeber in der Region sind die BASF Schwarzheide und mehrere Sanierungsgesellschaften, riesige Beschäftigungsgesellschaften, ABM in Größen, wie man sie im Westen vorher niemals kannte, drei Gesellschaften mit jeweils 1000–1500 Beschäftigten. Sie beseitigen die Betriebe, in denen sie selbst jahrzehntelang gearbeitet haben, sanieren schadstoffbelastete

Böden und gestalten die durch die Tagebaue verwüsteten Landschaften neu.
Soviel zur Arbeits- und Sozialsituation. Nach Jahrzehnten ökologischer Verwüstung findet jetzt eine Art sozialer Verwüstung statt. Auf die ökologische Verwüstung haben sich die Menschen über Jahrzehnte einstellen können. Sie haben gelernt, wann sie Wäsche aufhängen können und bei welcher Windrichtung besser nicht. Auf die soziale Verwüstung haben die meisten sich nicht einstellen können. Die geschah zu schnell. Gegenkräfte waren nicht gewachsen und schon gar nicht organisiert.
Wie hat die Kirchengemeinde sich auf diese Situation eingestellt?
In unserer Kirche war im September 1994 eine Ausstellung zu sehen: „Stadt – Wüste – Land“, Ergebnis eines Workshops, zu dem ein Förderverein „Bergbaufolgelandschaft“ eingeladen hatte. Amerikanische, holländische und deutsche Wissenschaftler, Landschaftsgestalter und Architekten vor allem, arbeiteten 14 Tage. Die wichtigsten Ergebnisse wurden in der Ausstellung dokumentiert. Das Grundwasser wird um mehrere Meter im Jahr ansteigen, nachdem die Tagebaue stillgelegt wurden und das Grubenwasser nicht mehr abgepumpt wird. In spätestens zwanzig Jahren, in manchen Gegenden bereits in fünf Jahren, wird die Landschaft wieder so aussehen wie vor 1860, als der Tagebau begann, eine Landschaft ähnlich dem Spreewald oder manchen Gegenden in Holland, viel Wasser, zahlreiche Wasserläufe. Teile der Städte werden im Grundwasser stehen, wenn man nicht rechtzeitig vorsorgt. Das ist eine reizvolle landschaftsgestalterische Aufgabe, und Arbeitsplätze entstehen. In einer Übergangszeit jedoch ist mit erheblichen Bevölkerungswanderungen zu rechnen, weil zunächst so viele Menschen, wie jetzt dort leben, kein Auskommen haben können. Schließlich deutete die Ausstellung eine Umweltgefährdung an: Das aufsteigende Grundwasser löst die im Boden lagernden Giftstoffe und Schwermetalle. Ich lasse beiseite, was an ökologischen und sozialen Folgen diskutiert wurde. Ich deute nur an: Diese Ausstellung in der Kirche war der Kirchengemeinde außerordentlich wichtig, obwohl sie kein religiöses Thema hatte. Mehrere Bezüge zum Leben der Kirchengemeinde wurden deutlich. Sie hat Bedrohungen gezeigt und Visionen für die Landschaft, die allen vertraut ist. Sie hat assoziative Verbindungen zur Wüste als biblischem Ort und als Metapher hergestellt. Devastieren, verwüsten, ist der Fachausdruck für die Inanspruchnahme von Land und Ortschaften durch den Bergbau. Und darüber haben

wir gesprochen. Die Ausstellung war eine Begegnungsmöglichkeit für Arbeitslose, für in Sanierungsgesellschaften Beschäftigte wie für ihre Geschäftsführer, für Menschen, die Visionen entwickelt haben, und für andere, die entmutigt sind, für Kommunalpolitiker und für Schulklassen. Die Kirchengemeinde hat einen Fundus, Räume und Menschen, den man sich gar nicht wichtig genug denken kann.
Außer der Kirche ist das vor allem die ARCHE – Begegnungszentrum für Jugendliche und Arbeitslose. Ihre Vorgeschichte will ich kurz andeuten. Schon in den 70er/80er Jahren gab es einen Jugendkeller, wo verhaltensauffällige Jugendliche in großer Zahl Tag für Tag zusammenkommen konnten, ängstlich und z.T. ärgerlich beobachtet von denen, die die Ordnung zu hüten hatten. Dieser Jugendkeller mußte wegen Mitarbeitermangels Mitte der 80er Jahre geschlossen werden. Im Frühjahr 1991 hieß es in der Kirchengemeinde: Wenn hier mit einer solchen Masse von Arbeitslosen zu rechnen ist, müssen wir etwas tun. Wir haben den Keller, den könnten wir wieder öffnen. Einige im Gemeindekirchenrat meinten: „Leute, die schon ganz unten sind, können wir nicht in den Keller schicken, die brauchen etwas Schöneres." Also wurde eine gerade nicht besetzte Pfarrwohnung und schließlich ein ganzes geräumiges Pfarrhaus dafür freigemacht. Damals bestand noch Aussicht, daß diese Pfarrstelle wiederbesetzt werden könnte. Nach einem dreiviertel Jahr Vorbereitungszeit öffnete das Begegnungszentrum ARCHE. Ein zweiter Strang gehört zur Vorgeschichte: seit den 70er Jahren die Rentnerstube. Jeden Mittwoch treffen sich dort ältere Frauen. Es ist der stabilste Kreis in der Gemeinde, sozial ungeheuer aufmerksam. Generationen- und schichtenübergreifende Arbeit zwischen ARCHE und Rentnerstube bot sich an. Schließlich gehört als dritter Strang der Kirchenbau zur Vorgeschichte der ARCHE. Die Kirche, die zum Abriß freigegeben war, sollte wieder aufgebaut werden, so sagten es einige in der Gemeinde, und 1987 haben sie damit begonnen. „Wir haben zwar kein Geld, und Kräfte haben wir auch nicht, aber wenn Gott will, daß dort was wird, werden wir es schaffen", war die Melodie, nach der die Sanierung dieser alten, etwas groß geratenen Dorfkirche begann. Beim Kirchenbau half dann Sonnabend für Sonnabend über mehrere Jahre eine ganze Reihe von Nichtchristen, und Sonnabend für Sonnabend versammelten die Bauleute sich zur Bauandacht. Da haben wir schmutzige Hände gefaltet mit Nichtchristen zusammen. Diese Bauandachten gehören zur spirituellen Basis der Gemeinde.

Was passiert in der ARCHE? Dort arbeiten jetzt mehrere Frauen, über § 249h Arbeitsförderungsgesetz angestellt, d.h. mit der Möglichkeit, daß sie drei Jahre diese Arbeit tun. Ihre Stellen müssen Jahr für Jahr bestätigt werden. Mehrere Frauen sind in ABM angestellt, teils für die Arbeit mit verhaltensauffälligen Jugendlichen, teils für Alten-Sozialarbeit, für entwicklungspolitische Arbeit, für territorialgeschichtliche Forschung. Eine Pädagogenstelle wird vom Land bezahlt, auch sie ist befristet. Es gehört zur dauernden Beunruhigung der Mitarbeiterschaft, festzustellen, daß sie nicht dauerhaft angestellt sind. Einige Leute arbeiten über Beschäftigungsmöglichkeiten für Arbeitslose, 120,- DM pro Woche können es werden. Wir erleben, daß ehrenamtliche Tätigkeit ganz schwer aufzubauen ist. Wenn aber so eine kleine Tätigkeit definiert ist, irgendeinen Namen hat und vielleicht noch etwas Geld dazu, dann ist das viel besser als arbeitslos zu sein. Eine Fahrradselbsthilfewerkstatt ist eingerichtet worden. Es gibt eine Reihe von Beratungsangeboten, die Schuldnerberatung, Hilfe bei der Stellensuche, Jugendliche im Strafvollzug werden besucht. Eine Fülle verschiedener Aktivitäten müßte aufgezählt werden, von der Begleitung Obdachloser bis zu Seminaren mit Rechtsradikalen, von dem Abend mit Westdeutschen, die hier arbeiten, bis zum Wohnprojekt für gefährdete Jugendliche. Eine lebhafte Zieldiskussion hat diese Arbeit von Anfang an begleitet. Zunächst sprachen die MitarbeiterInnen von Freizeitangeboten. Dazu kam sehr bald das Stichwort Beratung. Im Moment werden Beschäftigungsinitiativen diskutiert. Ein Wort, das am Anfang kaum ging, wird allmählich wieder möglich: Solidarität, Aufbau von Solidarität, Arbeit gegen die Desolidarisierung in der Bevölkerung. In den Gesprächen über die Ziele wird das Profil der ARCHE deutlicher.

Solidarisierung, Selbsthilfe organisieren, die eigene Kompetenz schätzen lernen – darum ging es in einem Projekt, von dem ich nun berichten will. Viele in der Stadt antworten auf die Frage: „Was wollt ihr denn, wie soll es hier weitergehen?“, indem sie nur immer wieder sagen: „Mal sehen, was die Politiker machen, was die Wirtschaft, die Unternehmen bringen.“ Die Kompetenz der Betroffenen war nicht gefragt. Das Projekt, das die ARCHE startete, war eine Ideenkonferenz. Wir haben eine Reihe von Unternehmern der Region eingeladen, verschiedene Ämter, die Geschäftsführer der Sanierungsgesellschaften, Arbeitslosentreffs, Jugendclubs, eine Fraueninitiative und einige jüngere und ältere Frauen und Jugendliche, manche von ihnen arbeitslos. Die lange Vorbereitungsphase hatte ihren eigenen Wert, weil aus der Vorbereitungsgruppe ein Netzwerk entstand. Nach den Regeln einer Ideenkonferenz, eines brainstorming, wurden einen Tag lang Ideen gesammelt. Die Kompetenz der Betroffenen war gefragt! Identifikation mit der Gegend, die Heimat ist und zugleich ohne Zukunft zu sein scheint, wurde möglich. Wie können die Ideen gestaltet werden? Zum Beispiel eine Ausbildungsinitiative: Es gibt so viele ältere Männer und Frauen, die hoch qualifiziert sind, aber im Vorruhestand mit ihren Kenntnissen nichts mehr anfangen können, und es gibt so viele Jugendliche, die keine Arbeitsstelle und keine Ausbildungsstelle gefunden haben und die darum weggehen wollen. Wenn man die zusammenbrächte! Es geht schwer, sie zusammenzubringen, weil Fördermittel für Ausbildungsinitiativen soeben gestrichen worden sind. Ob die Idee dennoch eine Chance hat?

In der Kirchengemeinde sind Spannungen entstanden, weil die Gemeinde das Problem aufgegriffen hat. 1. Personelle Spannungen: Genau zu der Zeit, als die wenigen kirchlichen Mitarbeiterinnen und Mitarbeiter stärker als bisher und in neuen Konfliktfeldern gefordert waren, begann ein drastischer Stellenabbau – ein Spagat, der kaum noch auszuhalten ist, in der Kirchenprovinz Sachsen ebenso wie in anderen Landeskirchen. 2. Eine soziale Spannung: Die Kirche soll zugleich Ensemble der Opfer sein, wie Ernst Lange das genannt hat, und offen sein für Menschen, für die es jetzt wieder zum guten Ton gehört, zur Kirche zu gehen, die gut reden und sicher auftreten können. Diese Unterschicht-Mittelstand-Spannung deckt sich gelegentlich mit der Option für bestimmte politische Parteien. Sie wird überlagert durch eine Erste-Letzte-Spannung: Manche, die durch all die Jahre treu im Glauben geblieben sind, wundern sich nun, daß wer eben noch fern der Kirche war, sich nun plötzlich wieder oder auch ganz neu einfindet; das ist eine geistliche Aufgabe von biblischem Rang. Eine dritte Spannung ist die Innen- und Außenseite unserer Arbeit und die Innen- und Außenseite des Christseins im Alltag. Wir haben eine ausgesprochen starke landeskirchliche Gemeinschaft. Die Kooperation ist so gut, wie man sie sich nur wünschen kann, aber was die Gemeinde tut, geht für die Gemeinschaft oft bis an die Grenzen des Erträglichen. „Eure Predigten, eure Seelsorge und die sozialdiakonische Arbeit sind uns zu politisch", sagen nicht wenige. Es gibt eine Abstufung in dem, was Gemeindeglieder akzeptieren können. Es ist uns zu politisch – „Ja, aber" – wenn ihr vermittelt, wenn ihr einen Runden Tisch moderiert, das ist akzeptabel. Das prophetische Zeugnis der Gemeinde – „Na, ja“ – sind wir nicht doch mehr für die einzelnen und nur indirekt für soziale, ökonomische oder politische Probleme zuständig? Und schließlich: Was die Kirche jedenfalls eindeutig nicht tun soll, ist Partei nehmen. In dieser Abstufung: Moderieren und Vermitteln: ja, prophetisches Zeugnis: na ja, Parteinehmen: nein – bewegen wir uns. Das ist als Diskussionsraster einigermaßen brauchbar.

2. Was haben wir gelernt? – Chancen und Versuchungen

Wir haben gelernt, daß unsere Kompetenz gebraucht wird. Ich nenne vier Aspekte: Wir haben eine Kompetenz darin, Beschädigungen von Menschen wahrzunehmen, äußere und mehr noch innere Beschädigungen. Diese Kompetenz ist wichtig in einer Stadt, die so viel Ingenieurverstand versammelt, der ungeduldig an psychische Probleme und an Beziehungsprobleme herangeht: „Muß doch gehen, muß man doch lösen können, muß man doch in den Griff kriegen – habt ihr nicht einen Psychologen?“ Die Wahrnehmung von Beschädigungen, diese unsere Kompetenz, gehört – so glaube ich – zur spirituellen Basis der Gemeinde, wenn wir davon ausgehen, daß Gott selbst sich auf die Seite der Opfer geschlagen hat. So muß unsere Aufmerksamkeit auf die Opfer ganz besonders groß sein; die Leitfrage heißt: Was haben wir von den Opfern zu lernen?
Zum zweiten besteht unsere Kompetenz in einer langen Erfahrung der Gemeinschaft von Opfern, einer fürbittenden und sozialen Aufmerksamkeit für sie, und von Organisations- und Assoziationsangeboten für sie. Die Kirchengemeinde mit einer ganzen Reihe von Veranstaltungen, die schon lange bestehen, und mit der Möglichkeit, neue Gemeinschafts- und Kommunikationsangebote zu schaffen, die Kirchengemeinde als ein Ort, der öffentlich bekannt ist und der einen gewissen Vertrauensvorschuß besitzt, die Kirchengemeinde mit ihren Räumen – zweckfreien Räumen, in denen man durchatmen und frei sprechen kann! Solche Räume sind unendlich wichtig.
Zu unserer Kompetenz gehört drittens eine gewisse Erfahrung der Moderation. Es ist ja kein Zufall, daß so viele Runde Tische von Pfarrerinnen und Pfarrern oder anderen kirchlichen Mitarbeitern geleitet wurden; eine Erfahrung also im aktiven Zuhören, Strukturieren, Ermutigen.

Und viertens: Wir haben einige Erfahrung mit Resignation. Scheitern ist nicht das Ende unserer Wege, an den Tiefpunkten unseres Lebens gewinnen wir eine kreuzestheologische Aufmerksamkeit: Wer Leiden auf sich nimmt, kann Leiden überwinden. Wir haben an Erfahrungen mit Resignation gelernt, daß sie eine der unproduktivsten Reaktionen auf Scheitern und Mißerfolge ist. Man kann auch anders reagieren. Das können wir mit anderen einüben, und darin können wir andere ermutigen.

Unsere Kompetenz wird gebraucht, und so entstehen Versuchungen. Die erste ist, daß wir bedürfnisorientiert arbeiten, daß wir es einfach schön finden, daß wir gebraucht werden. So entsteht eine der fragwürdigsten Erfolgsmeldungen kirchlicher Arbeit. Sie lautet, stets umgangssprachlich verknappt „Se komm'n". Die Versuchung besteht darin, daß wir unsere Arbeit an den Bedürfnissen von Zielgruppen oder noch simpler an TeilnehmerInnenzahlen orientieren und nicht daran, was wir selber wollen und was wir nach Gottes Willen tun sollen.

Die zweite Versuchung scheint mir zu sein, daß wir uns mit staatlichen Stellen verwechseln. Da kann man hundertmal Barmen V gelesen haben, das kann einem schnell unterlaufen, und es ist ja auch schön, wenn man so wichtig genommen wird, wenn die Kirche bei allen möglichen Gelegenheiten gefragt ist und gefragt wird.

Hier folgt die dritte Versuchung: Wir treten mit anderen freien Trägern in Wettbewerb. Es gehört zu den makabren Kennzeichen der Szenerie, daß man besonders gut dran ist, wenn man genau die Behinderungen anspricht, genau die Sozialkatastrophe, die gerade gefördert wird. Makaber, nein – es ist unwürdig und ungerecht.

Die vierte Versuchung ist eine spirituelle Versuchung. Wir meinen, wo wir nicht hinkommen, komme Gott auch nicht hin. Wir verwechseln uns mit Gott. Eine Versuchung, die kirchliche Mitarbeiterinnen und Mitarbeiter ständig begleitet und die einer der Gründe dafür ist, daß so viele von uns Workaholics sind.

Schließlich spreche ich von der Versuchung, das Evangelium vor allem als Trost zu erwarten. Ich lebe mit der Überzeugung, daß das Evangelium immer zugleich Trost und Protest ist. Es ist leichter – es ist unendlich schwer, aber es ist leichter, das Evangelium als Trost zu sagen denn als Protest. Es ist unheimlich schwer, weil man auch, wenn man das Evangelium als Trost sagt, die Menschen, mit denen man ständig zu tun hat, gern haben muß, weil man lange auf sie hören muß. Vor allem aber haben Theologinnen und Theologen zu lernen, daß die großen Menschheitsfragen, die wir in abstrakter Gestalt zu denken gelernt haben, den meisten Menschen in der konkreten Gestalt ihres Alltags begegnen: Ich habe meinen Arbeitsplatz verloren, mein Mann ist weggelaufen, meine Mutter ist gestorben, ich muß ins Gefängnis usf.

Daß Trost erwartet wird und vor allem Trost, läßt sich an Gebeten zeigen. In der Gebetsgemeinschaft, in der freien Fürbitte im Gottesdienst, aber auch, wenn ich im Gespräch nach Gebetsanliegen fragte, immer wieder hörte ich es so oder ähnlich: „Ich bete für die Arbeitslosen, daß sie nicht verzweifeln." Fast alle diese Gebete bitten darum, daß Menschen ihre Arbeitslosigkeit annehmen können, daß sie nicht verzweifeln. Einige bitten darum, daß Gott ihnen zeigt, was Er durch diesen harten Einschnitt in ihrem Leben mit ihnen vorhat.[1] Kaum ein Gebet protestiert. Ich lese ein Gebet eines Arbeitslosen aus Argentinien.[2] Ich erinnere damit an eines der wichtigsten Lernfelder: die Spiritualität der Basisgemeinden:

Vater,
vom Himmel steige herab, ich habe die Gebete vergessen, die mich die Großmutter lehrte, die ärmste; jetzt ruht sie, muß nicht mehr waschen,

[1] Ein Beispiel dafür: „Ohne Arbeit zu sein ist schrecklich und zutiefst beunruhigend. Es verletzt unseren Stolz und läßt jeden von uns seine Hilflosigkeit erkennen. Wie aber sollten wir uns dann verhalten? Dazu die folgenden Vorschläge:
1. So widersinnig es auch zunächst erscheinen mag, wir sollten Gott für diese – erzwungene – Gelegenheit zur Besinnung und inneren Einkehr danken." So lautet der erste von 15 Ratschlägen, wie man auf Entlassung reagieren solle: nachzulesen in Jerry & Maiy White, Mit Freude dabei. Anleitung zum sinnvollen Arbeiten und Mitarbeiten, Brunnen Verlag, Gießen und Basel 1980, S. 62. Keiner der Ratschläge rät, nach der Berechtigung einer Entlassung zu fragen, auch nicht dazu, gewerkschaftliche Unterstützung zu suchen. Ratschlag 15 lautet (S. 63): „Vor allem aber sollten wir darüber nachdenken, welche Absicht Gott damit verfolgt, daß er uns in diese Lage gebracht hat. In welcher Weise will er uns erziehen?" Ähnlich schon S. 21 : „Konflikte mit dem Arbeitgeber könnten uns erkennen lassen, wie notwendig die Unterordnung unter eine Autorität ist, und uns auf diesem Wege die Einsicht in das Wesen des biblischen Gehorsams vermitteln."

[2] Juan Gelmann, Argentinien, Gebet eines Arbeitslosen, in: Knecht-Gottes-Lieder. Lesebuch aus christlichen Gemeinden Lateinamerikas, hrsg. und mit einem Nachwort von Klaus Körner, Berlin 1992, 102f. – Beispiele für Gebete, die wie das oben zitierte nicht bloß zur Anpassung an die vermeintlich unabänderlichen Verhältnisse anleiten, finden sich in einer Materialsammlung „Perspektive Vollbeschäftigung", hrsg. vom Kirchlichen Dienst in der Arbeitswelt, Archivstr. 3, 30169 Hannover – wie überhaupt die Publikationen des KDA und seine Tätigkeit in Betrieben, mit Gewerkschaften und auch mit Arbeitslosen wichtiger sind, als das öffentlich wahrgenommen wird.

nicht mehr saubermachen, muß nicht mehr Tag für Tag sich um die Kleidung sorgen, muß nachts nicht mehr wach bleiben, nicht mehr grübeln, beten, dich um Dinge bitten, dich sanft anmurren.
Vom Himmel steige herab, wenn du da bist, komm runter; ich sterbe vor Hunger in dieser Ecke, ich weiß nicht, wozu ich geboren wurde, ich betrachte meine abgewiesenen Hände: keine Arbeit, steig ein wenig herab, betrachte das, was ich bin, diesen zerrissenen Schuh, diese Angst, diesen leeren Magen, diese Stadt ohne Brot für meine Zähne, dieses Fieber, das mein Fleisch aushöhlt, dies Schlafen im Regen, von der Kälte geschüttelt, verfolgt, sage ich dir: ich verstehe es nicht, steig herab, berühre meine Seele, sieh mein Herz, ich habe nicht geraubt, nicht gemordet, ich war ein Kind, und dennoch schlagen und quälen sie mich, ich sage dir: ich verstehe es nicht, Vater, steig herab, wenn du da bist, ich suche Ergebenheit in mir und finde sie nicht, mich packt die Wut, und ich nehme sie auf: zuschlagen und schreien aus vollem Hals; warum kann ich nicht mehr? Ich bin ein Mensch, steige herab, was haben sie aus deinem Geschöpf gemacht, Vater? Ein wütendes Tier, das Steine von der Straße frißt?

In der Gemeinde, in der ich lebe und arbeite, beteten wir in einem Gottesdienst: „Wir beten für die, die mit dem Arbeitsplatz auch die Orientierung ihres Lebens verloren haben, daß sie nicht jede Arbeit annehmen und Achtung vor sich selbst neu aufbauen können." Die meisten dieser Gebete aber klingen defensiv. Sie bitten darum, daß Anpassung gelingt, weil mehr Kraft zu haben als schon zur Anpassung erforderlich ist, die Vorstellung übersteigt. Ich habe eine hohe Achtung vor dieser Art von Gebeten, aber ich bin auch unendlich traurig über diese Gebete. Wofür beten die Führungskräfte? Darauf will ich im nächsten Punkt zu sprechen kommen.

3. Wofür beten? Was tun?

Ausgerechnet von der Kirche wird nicht erwartet, daß sie über ihre diakonischen Aufgaben hinaus etwas tut. Als in einem mittelständischen Betrieb im Frühjahr 1994 eine Betriebsratswahl verhindert wurde – der Geschäftsführer rief die Polizei, die die Gewerkschaftsvertreter aus dem Betrieb entfernte –, hatte eine Klage Erfolg. Das Gericht setzte die Wahlleitung für eine erneute Betriebsratswahl von

außen ein. Der Pfarrer wurde gebeten, diese Wahl zu leiten. Der Geschäftsführer erklärte nun, daß er sehr einverstanden sei und es unterstütze, wenn die Belegschaft einen Betriebsrat wolle. Er verstehe nur überhaupt nicht, wieso ausgerechnet ein Pfarrer so eine Aufgabe übernehme. Er sagte, er habe mit allen Belegschaftsmitgliedern gesprochen, und jeder könne zu ihm kommen, wenn er Probleme hat. Er verstehe nicht, warum soviel Unruhe in den Betrieb hineingetragen werde. „Wir sind hier in der Aufbauphase, und hier im Osten herrschen andere Bedingungen, wozu brauchen wir einen Betriebsrat." Selbstverständlich habe er nichts dagegen, es könne jeder in der Gewerkschaft sein. –
Ich bin dann durch den Betrieb gegangen, habe gehört, nachdem die Mitarbeiterinnen und Mitarbeiter sich immer wieder umsahen (Gesten, die wir aus früheren Jahren kennen): „Der hat uns aber gesagt, wenn jemand Mitglied der IG-Metall wird, dann fliegt er raus." Ich bin also schamlos belogen worden. In dieser Situation werden wir jetzt Betriebsratswahlen durchführen. Ich erzähle dieses Beispiel auch, um einer verbreiteten Meinung zu widersprechen, der Sinn der Gewerkschaften liege darin, den Preis einer Arbeitskraft zu erhöhen; vielmehr liegt er darin, der durch manche Geschäftsführungen geschickt inszenierten Desolidarisierung zu widerstehen. Die Vereinzelung der Arbeiterinnen und Arbeiter gelingt erschreckend reibungslos.
Noch einmal: Ausgerechnet von der Kirche wird nicht erwartet, daß sie über diakonische Funktionen hinaus etwas tut. Die Führungskräfte, die ich gefragt habe, was sie von uns erwarten, haben etwa solche Auskünfte gegeben. „Wissen Sie, ich gehöre auch zur Kirche, aber in meiner Wirtschaftstätigkeit, in Investitionsentscheidungen z.B. spielt mein Glaube keine Rolle. Da geht es natürlich um ökonomischen Sachverstand." Ich habe dann gefragt: „Welche Rolle spielt denn Ihr Glaube, wenn Sie Menschen entlassen müssen?" Einer hat gesagt: „Es ist jedesmal ein so schmerzlicher Tag, daß ich wünschte, ich müßte da nicht in den Betrieb gehen. Ich bin dann immer ganz kaputt." Er ist Personalchef eines größeren Unternehmens, und ich konnte ihm das glauben. Ein anderer sagte: „Wissen Sie, dazu ist natürlich keiner ausgebildet in Managementkursen, und in Handbüchern steht nichts darüber, wie man Leute entläßt. Man muß solche Gespräche eben führen. Natürlich ist man darauf nicht vorbereitet und dafür nicht ausgebildet. Man muß sich vorher aufschreiben, was man sagen will, und davon dann nicht abbringen lassen, sonst ist man verloren. Wer sich mit den

Betroffenen identifiziert, hält das nicht lange durch. Das weiß man auch als Sozialarbeiter, aber da weiß man auch, was man tun muß. Irgendwann muß man dann das Gespräch abbrechen und sagen: Praktisch werden Sie ja hier rausgekauft, überlegen Sie sich das."

Die Ethik der Führungskräfte, ich kann das hier nur in kurzen Auszügen ansprechen, hat in einer Untersuchung Niederschlag gefunden, die in München 1986 unter dem Titel „Ethos und Religion bei Führungskräften" erschienen ist.[3] Eines ihrer zentralen Ergebnisse ist: Die Studie sei eine Opportunismus-Studie geworden, so die Autoren, weil das hervorstechendste Kennzeichen bei Führungskräften in der Wirtschaft sei, sich opportunistisch zu verhalten, äußere Anpassung sei das Ziel, der Egotrip der Hintergrund. In einer der Fragen, die den Führungskräften vorgelegt wurden, wird gefragt, wie man für seine eigenen Entscheidungen erkennen kann, was gut und was böse ist. Eine der zehn Antwortvorgaben lautet: „Indem man sich sammelt oder betet." Sie wurde nur von 8% der Befragten an erster, zweiter oder dritter Stelle ausgewählt und von 39% der Befragten an eine der drei letzten Stellen gesetzt. Die Autoren der Studie schreiben darüber: „Wäre den Befragten bewußt, für ihre sittlichen Entscheidungen Gott gegenüber Rechenschaft zu schulden, läge der Gedanke doch wohl nahe, die Erkenntnis seines göttlichen Willens im Gebet zu erbitten. Dabei ist mit der Klausel „indem man sich sammelt" sogar noch eine nichtreligiöse Interpretation der Antwortvorgabe möglich." (S. 168)

Dieses Ergebnis schlägt auf die Kirchen, im besonderen auf uns Theologinnen und Theologen zurück: Wer hat Unternehmer so beten gelehrt oder eben nicht so beten gelehrt? Wer hat in ihnen die Frage nach der Orientierung ihres Sachverstandes wachgehalten? Wer hat sie im offenen Gespräch – das Beispiel einer Nürnberger Arbeitsloseninitiative, Unternehmer und Arbeitslose miteinander gerade über ihre Sorgen und Ängste ins Gespräch zu bringen, scheint die Ausnahme zu sein – auf die Folgen ihres Tuns, aber auch auf ihre Schmerzpunkte angesprochen und ihnen zugehört?

Wofür beten? Was tun?

Überall dort, wo der Zusammenhang von *ora et labora* nicht mehr wahrgenommen werden kann, haben wir uns einzumischen. Wir haben uns also einzumischen, wenn die Frage nach der Qualität einer

[3] Verfaßt von F.-X. Kaufmann/W. Kerber/P.M. Zulehner, München.

Arbeit oder nach ihrer sozialen Vertretbarkeit oder nach ihren ökologischen Folgen überhaupt nicht mehr gestellt werden kann, weil einen Arbeitsplatz zu haben zum höchsten Wert wird. Wir haben uns an den Zusammenhang von *ora et labora* erinnern zu lassen, auch im Blick auf unsere eigene Praxis des Betens und des Sabbats. Wahrscheinlich müssen wir, so wie Karl Barth 1934 unter Hinweis auf die Mönche von Maria Laach geantwortet hatte, zunächst einmal sagen: Ja. Nicht nur Ja – aber wenn wir aufhören, beharrlich zu beten, wird der lange Atem für den alltäglichen Kampf fehlen. Wir haben uns zu beteiligen an dem Streit um die gesellschaftliche Definition von Arbeit. Diese Einmischung, die überall dort nötig wird, wo der Zusammenhang von *ora et labora* nicht mehr wahrgenommen werden kann, beginnt mit gefalteten Händen, und ich habe erlebt, daß dann die Angst vor den schmutzigen Händen schwindet, die Angst davor, etwas falsch zu machen, die Angst davor, schuldig zu werden.[4] Wer tätig wird, wird schuldig.

Ich komme zum Schluß. Häufig wird mit Blick auf die gegenwärtige asoziale Situation bei uns – wohl nicht zu Unrecht – gesagt : „Es besteht kein Engpaß an richtigen Einsichten." Die Frage ist nur: Was tun wir angesichts dieser Einsicht? Sagen wir, wir haben es einmal versucht, das hat nicht so richtig geklappt, die Erfolge waren mäßig, so lassen wir es lieber gleich und halten uns an die Fakten? Beteiligen wir uns an der Verschleierung gesellschaftlicher Verhältnisse, die überall dort passiert, wo auch die Kirche sagt, wir lebten in der sozialen Marktwirtschaft? So klang es auf der EKD-Synode vor ein paar Jahren, als ein Synodaler programmatisch die Losung ausgeben zu können glaubte: „Es ist eine enge Kooperation nötig zwischen uns, die wir Träger einer Hoffnung sind, und denen, die ökonomischen Sachverstand haben." Wahrscheinlich ist mehr nötig als Kooperation, etwas wie verbindliche Konfrontation. Darin müssen wir die Grenzen überschreiten, die andere uns zu setzen versuchen. Immer wieder ist zu fragen, was die Vernunft vernimmt, woran der Sachverstand, auch

[4] Die Metapher erinnert an Jean Paul Sartres Szenario „Im Räderwerk", 1946 unter dem Titel „Die schmutzigen Hände" erschienen; das Stück, das den Titel übernahm, erschien zwei Jahre später. „Im Räderwerk" stellt dem Diktator Jean Aguerra den Intellektuellen Lucien gegenüber, der vermeintlich saubere Hände behält. Wer politisch handelt, wird unentrinnbar schuldig. Die Metapher erinnert zugleich an Mt 27,24 und damit an Dtn 21,6: Das Ritual dient der Sühnung eines Mordes von unbekannter Hand. Es wird mißbraucht,wo der Täter unkenntlich gemacht werden soll.

der ökonomische Sachverstand, sich orientiert. In dieser verbindlichen Konfrontation sind wir unverzichtbar, als Betende, als Anwälte der Opfer, als Träger einer – vielleicht der entscheidenden – Tradition der Lebensorientierung und als ihre aktuellen Boten. Wir sind unverzichtbar im Streit um die ökonomische und darum eben auch die soziale und die ökologische Wahrheit, und unsere Glaubwürdigkeit hängt daran, ob durch uns hindurchscheint, daß wir nicht aus uns und daß wir nicht für uns sprechen.

Nachdem wir erlebt haben, daß in wenigen Jahren ganze Bevölkerungen ihre Einstellung zur Umweltzerstörung und zum Krieg grundlegend geändert haben – vielleicht die größte Bekehrung, die vor unseren Augen stattfand, ausgelöst durch kleine entschlossene Gruppen –, brauchen wir eine solche Bewegung jetzt auch für menschenwürdige Arbeit, so etwas wie eine Arbeitsbewegung.[5] Wenn unsere Erfahrung stimmt, daß kleine und entschlossene Gruppen viel mehr bewegen können als der Sachverstand, der nach kurzfristigen Erfolgen und nicht nach langfristigen Folgen fragt, dann sollten wir entscheiden, was wir tun.

[5] H. Gabbe, IG Metall Finsterwalde, hat das zuerst vorgeschlagen, und er hat viel für die Würde der Menschen in dieser Region getan, für ihre Selbstbestimmung und für ihren Lebensmut.

Klaus Piepel

Eine-Welt-Gruppen in Gemeinden – ein Modell praktizierter Sozialpastoral?

„Viel Anerkennung für die christlichen Dritte-Welt-Gruppen: Sie stellten ein überraschend stabiles, gefestigtes und zukunftsfähiges Potential dar, seien Bausteine einer zur Solidarität und Empathie fähigen Gesellschaft. Innerhalb der Kirche bildeten sie einen Aktivposten des weltkirchlichen Engagements für internationale Gerechtigkeit. Gelegentlich am Rande der Kirche oder schon außerhalb machten sie unter hohem Energie- und Zeiteinsatz ‚pastorale Dreckarbeit'. Für die Kirchengemeinden erfüllen sie eine wichtige Öffnungsfunktion in die gesellschaftliche Umwelt hinein."[1] So resümiert A. Frisch die Ergebnisse der ersten repräsentativen Untersuchung der Praxis und des Selbstverständnisses von christlichen Dritte-Welt-Gruppen.[2]
Die Bedeutung dieser Gruppen wird auch von der Deutschen Kommission Justitia et Pax hervorgehoben: „Diese Gruppen bilden ein Potential, ohne das die Entwicklungszusammenarbeit nicht die Kreativität, die Motivation und die Bereitschaft zu Kritik und Selbstkritik entwickeln könnte, die sie dringend braucht."[3] In merkwürdiger Diskrepanz zu so viel Lob steht allerdings die Feststellung der genannten

[1] A. Frisch, Dritte-Welt-Arbeit: Was christliche Gruppen leisten, in: HK 50 (1996) 64–66, 64. Vgl. dazu auch Teil D der hier angesprochenen, von der Wissenschaftlichen Arbeitsgruppe für weltkirchliche Aufgaben der Deutschen Bischofskonferenz herausgegebene Studie: F. Nuscheler/K. Gabriel/S. Keller/M. Treber, Christliche Dritte-Welt-Gruppen. Praxis und Selbstverständnis, Mainz 1995, 419–423. (Diese Studie wird im folgenden mit dem Kurztitel „Christliche Dritte-Welt-Gruppen" zitiert.)

[2] Die Studie verwendet – mangels aussagefähiger Alternativen – durchgängig die Termini „Dritte-Welt-Gruppen bzw. -Bewegung", obwohl viele Gruppen angesichts der bekannten Problematik des Begriffes „Dritte Welt" sich inzwischen in „Eine-Welt-Gruppen" umbenannt haben (zur Diskussion der Begrifflichkeit vgl. auch Christliche Dritte-Welt-Gruppen, 10). Da diese neue Bezeichnung auch eine programmatische Veränderung im Selbstverständnis und in der Praxis dieser Gruppen (Interdependenz der Völker und Erdteile, Notwendigkeit der Entwicklung und Veränderung der Lebensbedingungen und -stile aller Menschen) anzeigt, wird sie in diesem Artikel durchgängig gebraucht.

[3] Deutsche Kommission Justitia et Pax, Gerechtigkeit für alle. Zur Grundlegung kirchlicher Entwicklungsarbeit, Bonn 1991, 70 (4.3.3.2. Lokale Gruppen).

Studie, daß „die kirchlichen Autoritäten … dieses kreative Potential noch nicht entdeckt und deshalb sträflich vernachlässigt“ hätten. Die Studie mahnt deswegen an: „Die Gruppen verdienen mehr Anerkennung und Unterstützung, sowohl immaterieller als auch materieller Art, als sie bisher bekommen haben.“[4]
Ausgehend von den Ergebnissen der genannten Untersuchung will dieser Beitrag der Frage nachgehen, ob die christliche Eine-Welt-Arbeit Elemente im Sinne des lateinamerikanischen Konzeptes der Sozialpastoral enthält, die für die Erneuerung der Pastoral in unserer Kirche bedeutsam sein können. Im Anschluß daran sollen Defizite und Herausforderungen in den wichtigsten Handlungsfeldern der Eine-Welt-Arbeit benannt werden.

Christliche Eine-Welt-Arbeit – am Rande der Gemeinden

Die Untersuchung christlicher Eine-Welt-Gruppen hat das überraschende Ergebnis erbracht, daß neben den institutionell in die Gemeindestrukturen eingebundenen Sachausschüssen Mission/Entwicklung/Frieden nur 23% der befragten Gruppen an eine katholische Gemeinde angebunden sind.[5] Aber auch die zuständigen Sachausschüsse der Pfarrgemeinderäte klagen oft über die mangelnde Anerkennung ihres Engagements und große Schwierigkeiten, ihren Anliegen in der Gemeinde Gehör zu verschaffen.[6] Obwohl die Gruppen sich „in erstaunlich hohem Maße … dem katholischen Umfeld zugehörig (fühlen), … sich auf eine christlich-religiöse Motivation ihres Handelns (beziehen) und … eine positive Orientierung an den entwicklungspolitischen Grundsätzen der katholischen Kirche“[7] zeigen, ist dennoch festzustellen, daß Eine-Welt-Arbeit in der katholischen Kirche vielfach am Rande oder außerhalb der Gemeinden geleistet wird.
Die größte Akzeptanz in den katholischen Gemeinden finden die an einem traditionellen Missions- und Entwicklungshilfeverständnis orientierten Gruppen, die die hierarchischen Geber-Nehmer-Beziehungen zwischen Nord und Süd nicht in Frage stellen und sich überwiegend auf Spendensammlungen für Missions- und Entwicklungshilfeprojekte

[4] Christliche Dritte-Welt-Gruppen, aaO., 423.
[5] Vgl. aaO., 60.
[6] Vgl. aaO., 139.
[7] AaO., 419.

konzentrieren. „Informationen über die strukturellen Zusammenhänge zwischen der Armut in der Dritten Welt und den Verhältnissen zu Hause stoßen … auf taube Ohren“[8], eine Erfahrung, die viele Gruppen machen. „Je politischer die Gruppen werden“, so ein Resümee der Untersuchung, „desto mehr entfernen sie sich vom katholischen Umfeld.“[9]

Typen christlicher Eine-Welt-Arbeit

Basierend auf der qualitativen Analyse der Praxis und des Selbstverständnisses von zehn repräsentativ ausgewählten Eine-Welt-Gruppen, legen Gabriel und Treber eine Differenzierung dieser Gruppen vor, die sich an den Deutungen ihres Handelns und an der Nähe bzw. Ferne zum kirchlich-gemeindlichen Binnenmilieu orientiert. Die Zuordnung der Eine-Welt-Gruppen zu den einzelnen Typen reflektiert selbstverständlich zugleich die Grenzen jeder Typologie: Idealtypische Praxis, die eindeutig klassifiziert werden kann, ist in der Minderheit. Tatsächlich finden sich in der Praxis vieler Eine-Welt-Gruppen Merkmale verschiedener Typen, was aufgrund des sozialen und programmatischen Entwicklungsprozesses vieler Gruppen nicht verwunderlich ist.
Ein *erster Typ* (in der Untersuchung repräsentiert durch einen Sachausschuß Mission/Entwicklung/Frieden, eine Kolping-Gruppe und einen Missionsstrickkreis) zeichnet sich durch eine feste Verankerung im gemeindlichen Binnenmilieu aus. „Im Milieu der Gemeindenahen erhält Dritte-Welt-Arbeit Sinn und Plausibilität als sozialcaritatives Hilfehandeln. … Die Orientierungsfigur des Helfens steht im Milieu der Gemeindenahen allerdings dem Muster der Patenschaft näher als dem der Partnerschaft. Die Beziehung ist einseitig und in einer klaren Rollenverteilung strukturiert. Das Sinnmotiv der Erweiterung der eigenen Erfahrung und des eigenen Lernens und Beschenkt-Werdens im Kontakt mit den Menschen in der Dritten Welt spielt keine Rolle. Ebenso kennt die milieuspezifische Orientierungsfigur der Gemeindenahen nicht das Moment der notwendigen Veränderung des eigenen Bewußtseins und Handelns in den Helfer- und Geberländern.“[10] Eine-

[8] AaO., 149; Auszug aus einem Interview mit einem Sachausschuß Mission/Entwicklung/Frieden.
[9] AaO., 111.
[10] AaO., 410.

Welt-Gruppen, die im Rahmen der im Bewußtsein der Kerngemeinden weithin noch dominanten traditionellen Hilfe-Programmatik handeln, erfahren Erfolg und Anerkennung in der Gemeinde.
Sobald Eine-Welt-Gruppen sich jedoch darum bemühen, die „Einbahnstraße der Hilfe“ und das traditionelle, eurozentrische Missionsverständnis zu überwinden, also überkommene Deutungs- und Handlungsmuster in Frage stellen, geraten sie an den Rand der Gemeinden.[11] Diese Grenzsituation im Spannungsfeld zwischen kerngemeindlicher und säkularer Öffentlichkeit ist typisch für den *zweiten Typ* christlicher Eine-Welt-Gruppen (in der Untersuchung durch eine Gemeinde-Partnerschaftsgruppe sowie eine Jugendverbandsgruppe vertreten). Diese Gruppen lehnen einseitige, patenschaftliche Hilfebeziehungen und eine Konzentration ihrer Aktivitäten auf Spendensammlungen ab. Ihre Praxis schließt eine kritische Auseinandersetzung mit der eigenen Gesellschaft ein. In dem von Harmonie- und Integrationsvorstellungen geprägten Milieu der Gemeindenahen treffen die so Engagierten auf Unverständnis und Abwehr. Ihre Interpretation der „Dritte-Welt-Arbeit“ als „Eine-Welt-Arbeit“, die sich nicht nur um die „fernen Nächsten in der Dritten Welt“ kümmert, sondern kritische Ansprüche an die eigene Gesellschaft und Kirche formuliert, findet „innerhalb der lebensweltlichen Plausibilitäten der Gemeindenahen ... keine Anhaltspunkte“. Deshalb erleben diese Gruppen im „Grenzmilieu“ ihre Gemeinden „als schwierig zugänglich, desinteressiert und wenig unterstützungsbereit“[12]. Erfahrungen von Zusammenhalt und Solidarität in der eigenen Gruppe spielen deshalb für die Verarbeitung von Frustrationen eine wichtige Rolle. Die Zusammenarbeit mit anderen Eine-Welt-Gruppen und die Ausrichtung auf die lokale Öffentlichkeit sind für diese Gruppen ein Ausweg, um die mangelnde Resonanz in der eigenen Gemeinde zu kompensieren.[13]
„Im Grenzmilieu ist eine Tendenz zur Suche nach eigenständigen religiösen Deutungen des entwicklungspolitischen Handelns zu beobachten. Die im Gemeindemilieu dominierende Religions- und Glaubenspraxis wird als unbefriedigend erfahren. Eine von den übrigen Lebenzusammenhängen, insbesondere aber auch vom öffentlichen, politischen Handeln isolierte und abgetrennte Praxis des Glaubens als

[11] Vgl. aaO., 412.
[12] AaO., 413.
[13] Vgl. aaO., 414.

Erfüllung kirchlicher Rollenanforderungen stellt den negativen Gegenhorizont zur eigenen Orientierungsfigur dar. Den positiven Gegenhorizont bildet eine Verschränkung von Glauben und Leben, von entwicklungspolitischer Praxis und religiöser Deutung."[14] Diese „Verbindung von Glaube und gesellschaftsethischem Handeln (trägt) Züge einer persönlichen Glaubenserfahrung"[15]; der eigene Glaube wird wesentlich als Praxis der Gerechtigkeit interpretiert.

Eine-Welt-Gruppen im „Bewegungsmilieu" (dazu zählen in der Untersuchung zwei Hochschulgemeindegruppen, eine Welt-Laden-, eine Basisgemeinde- und eine Bildungshausgruppe) bilden den *dritten Typ*. Sie unterscheiden sich von den Gruppen im „Grenzmilieu" zwischen Pfarrgemeinde und gesellschaftlicher Öffentlichkeit in erster Linie dadurch, daß „das Milieu der Gemeindenahen nicht mehr als Adressat der Veränderung und Bekehrung auftaucht. ... Bezugspunkt des Handelns ist stattdessen die gesellschaftliche Öffentlichkeit, in der man Veränderungen herbeiführen möchte"[16]. Ihr sozialer Ort ist ein Netz zivilgesellschaftlicher Gruppen, die sich der Dritte-Welt-Bewegung zurechnen. Ihnen geht es vor allem darum, einen Beitrag zur Veränderung der gegenwärtigen gesellschaftlichen Verhältnisse zu leisten, die sie „für ungerecht halten und als Herausforderung für eine grundlegende gesellschaftliche Veränderung betrachten"[17]. Gemeinsam ist diesen Gruppen der Versuch, „die Grenzen zwischen Privatheit und Öffentlichkeit, zwischen Alltag und Politik, sowie nicht zuletzt zwischen Religon und Politik"[18] zu überwinden. „Die Gruppen greifen mehr oder weniger explizit zur Orientierung, Motivation und Legitimation ihrer entdifferenzierenden Praxis auf Religion als christliche Inspiration zurück. Die Vorstellung weltweiter Gerechtigkeit als zentraler Bezugspunkt der Orientierung übersteigt die rein politische Dimension und weist religiöse Momente auf. Inspirierend und motivierend ... wirkt das Beispiel der basisgemeindlichen Zusammenschlüsse in der Dritten Welt. Befreiungstheologische Argumentationsmuster in ihrer Mischung von sozialwissenschaftlicher Analyse, ethischer Bewertung und religiöser Deutung werden zur Orientierung

14 AaO., 414.
15 AaO., 415.
16 AaO., 416.
17 Ebd.
18 Ebd.

und Legitimation herangezogen“[19], der gegenüber die Amtskirche in Deutschland die Funktion eines negativen Gegenhorizontes einnimmt. Im Unterschied vor allem zum ersten Gruppentyp, in dem eine konventionelle Religiosität unbefragt das zentrale Motiv für die helfende Unterstützung der Armen darstellt, selbst jedoch von dieser Praxis bzw. von der Beziehung zu den Empfängern dieser Hilfe nicht befruchtet oder in Frage gestellt wird, wirken die Erfahrungen in der Beziehung mit den Partnern für die beiden anderen Gruppentypen inspirierend und verändernd auf die Religiosität der Gruppenmitglieder. Die religiöse Dimension des gesellschaftlichen Engagements kommt dabei weniger kollektiv in der Gruppe als vielmehr auf der Ebene individuell-biographischer Entscheidungen zum Ausdruck. Die konkrete Gestalt und der Inhalt des Glaubens bleiben der individuellen Verfügung des einzelnen überlassen; einzelne Gruppen bieten jedoch auch einen Verständigungsraum für die individuellen religiösen Entwürfe, ohne den Versuch zu unternehmen, eine kollektive religiöse Grundlage des gemeinsamen Engagements näher zu bestimmen. Der generalisierte Rahmen christlicher Inspiration, der dem einzelnen genügend Freiheit für individuelle Interpretation läßt, ist der implizit geteilte Begründungshorizont des eigenen Handelns.[20]

Christliche Eine-Welt-Arbeit – Sozialpastoral in der Ersten Welt?

V. Codina und G. Iriarte haben mit Blick auf die Praxis in der Kirche Lateinamerikas eine Typologie pastoralen Handelns entwickelt, die zur Bestimmung des spezifischen Profils von „Sozialpastoral“ hilfreich ist. Sie differenzieren zwischen

– einer „traditionellen Pastoral“, die ihre Schwerpunkte in der „Verkündigung und Unterrichtung der katholischen Glaubenslehre, in der Verwaltung der Sakramente und im Anhalten der Gläubigen zur Befolgung der kirchlichen Moralvorstellungen“ sieht (ihre Träger sind in erster Linie die Priester),

– einer „modernen Pastoral“, die um eine dialogische Vermittlung des christlichen Glaubens in die moderne, säkulare Gesellschaft hinein bemüht ist, ohne allerdings der Analyse der modernen Gesellschaft

[19] Ebd.
[20] Vgl. aaO., 418.

einen hohen Stellenwert einzuräumen (sie schließt die Laien als Träger der Pastoral ein)
– und einer „Pastoral des prophetischen Handelns“, einer „Sozialpastoral“, die sich – orientiert an der vorrangigen Option für die Armen – in solidarischer Zuwendung und prophetischer Anklage realisiert und sich um „eine integrale Befreiung aller Menschen von den Strukturen der Sünde und den Mächten des Todes“ bemüht (Träger der Sozialpastoral sind in gemeinsamer Verantwortung alle Glieder des Volkes Gottes).[21]
Während die traditionelle Pastoral vor allem auf die individuelle Gesinnungsänderung und ein entsprechendes caritatives Handeln zielt, will die moderne Pastoral Einfluß auf die politisch und wirtschaftlich bedeutenden Kreise der Gesellschaft nehmen, um „sie zu einer sozialpolitischen Kurskorrektur im Sinne der Prinzipien der katholischen Soziallehre zu bewegen“[22]. In beiden Ansätzen ist das soziale Handeln – wenn auch von unterschiedlicher Gestalt – dem religiösen Kern pastoraler Praxis konsekutiv nachgeordnet. In der Sozialpastoral demgegenüber „bildet ... die soziale Dimension ein konstitutives Element pastoralen Handelns, ohne es damit um die unaufgebbare individuelle Dimension zu beschneiden“[23].
Der „normative Kern“ der Sozialpastoral sind nach Steinkamp die „Option für die Armen“ und die „Option für eine diakonische Kirche“[24]; für die Christen und Kirchen der Ersten Welt ergibt sich daraus als Konsequenz die „Umkehr in der Metropole“(Per Frostin)[25]. Innerkirchliche Probleme erfahren in diesem Pastoralkonzept, das vorrangig um einen relevanten Beitrag der Kirche im Kampf um eine humane Gesellschaft bemüht ist, eine „heilsame Relativierung“[26]. Nicht die Betreuung der Mitglieder kirchlicher Gemeinden, sondern die Unterstützung der Opfer ungerechter Verhältnisse hat Priorität auf der „Tagesordnung der Sozialpastoral“[27].

[21] Hier nach N. Mette, Sozialpastoral, in: P. Eicher/ders. (Hg.), Auf der Seite der Unterdrückten? Theologie der Befreiung im Kontext Europas, Düsseldorf 1989, 234 – 265., 237ff.
[22] AaO., 238.
[23] Ebd. Einen guten Überblick über den Ansatz der Sozialpastoral bietet auch H. Steinkamp, Sozialpastoral, Freiburg i. Br. 1991.
[24] Vgl. aaO., 75.
[25] Vgl. aaO., 77 u. 139.
[26] N. Mette/H. Steinkamp, Die Grundprinzipien der Sozialpastoral. Am Beispiel des „Plano de Pastoral Conjunto“ der Diözese Crateús (Brasilien), in: PThI 14 (1994) 79–92, 84.
[27] Vgl. aaO., 88.

Diese knappe Skizze der Sozialpastoral kann hier genügen, um die christliche Eine-Welt-Arbeit unseres Landes auf Elemente einer entsprechenden Praxis hin zu untersuchen. Die o.a. Typologie christlicher Eine-Welt-Gruppen weist aufschlußreiche Bezüge, Übereinstimmungen und Unterschiede mit der Differenzierung pastoralen Handelns auf, die Ansatzpunkte, aber auch Defizite sozial-pastoraler Praxis in diesem Handlungsfeld deutlich werden lassen. Da beide Typologien sich jedoch auf gesellschaftlich wie kirchlich unterschiedliche Kontexte beziehen, sind sie – trotz mancher offenkundiger Parallelen – nicht deckungsgleich.

Der erste, in den Gemeinden gut verankerte Gruppentyp, zeichnet sich durch seine Interpretation von Dritte-Welt-Arbeit als „sozial-caritatives Hilfehandeln“[28] aus. Die für die Sozialpastoral konstitutive kritische Analyse der Problematik (hier: der Nord-Süd-Beziehungen) findet kaum statt; entsprechende kritische Einsichten, die von außen (z.B. durch andere Eine-Welt-Gruppen, Hilfswerke etc.) an die Gruppen herangetragen werden, werden nicht zur Kenntnis genommen oder als „unerwünschte bzw. unzulässige Politisierung“ der eigenen Praxis abgewehrt. Klare Unterscheidungen zwischen Helfenden und Hilfsbedürftigen, ohne daß Rückkopplungen über die obligatorischen Dankesbriefe und Projektberichte hinaus erwartet werden, stabilisieren eine letztlich paternalistische Beziehung, in der die hiesigen Christen sich als überlegen gegenüber den „armen Menschen“ in der Dritten Welt erleben können. „‚Helfen/Diakonie‘ als unbewußte Strategie der Machtausübung stellt ... nicht nur eine Versuchung des Einzelnen dar, sondern auch von Gemeinden, Gruppen und Institutionen.“[29] Es ist auch nicht verwunderlich, daß fast die Hälfte der kirchlichen Eine-Welt-Gruppen – darunter vor allem die an die Kerngemeinde eng angeschlossenen Sachausschüsse für Mission, Entwicklung und Frieden und die katholischen Erwachsenenverbandsgruppen[30] – weitgehend isoliert arbeitet, also über keine Beziehungen zu anderen Gruppen in diesem Handlungsfeld verfügt. Die „Option für die Armen“ wird in der Praxis dieser Gruppen in einem engeren Sinne als Aufforderung zum Helfen verstanden, jedoch kaum als Herausforderung und Infragestellung des eigenen Denkens, Glaubens und Handelns begriffen.

[28] Christliche Dritte-Welt-Gruppen, aaO.,410.
[29] Steinkamp, Sozialpastoral, aaO.,138.
[30] Vgl. Dritte-Welt-Gruppen, 103.

Gruppen des zweiten Typs am Rande der Gemeinden haben sich die „Entgrenzung des herkömmlichen Milieus auf erweiterte Sinnhorizonte hin zum Ziel gesetzt"[31]. Ausgehend von ihrem Verständnis einer kulturell und theologisch pluralen Weltkirche bemühen sie sich, die aus ihrer Sicht konservative, provinzielle Mehrheit der Gemeindemitglieder für das nachkonziliare, dialogische Missionsverständnis zu öffnen und Impulse der sogenannten „jungen Kirchen" in der Pastoral ihrer Gemeinden wirksam werden zu lassen. Diese Bemühungen um Entgrenzung des traditionellen Sinnhorizontes des gemeindlichen Kernmilieus und ihre Versuche einer Einflußnahme auf die gesellschaftliche Öffentlichkeit weisen ihre Nähe zum Konzept einer „modernen Pastoral" aus.

Ihre entwicklungspolitische Position läßt sie skeptisch sein gegenüber allen auf die finanzielle Unterstützung von Projekten begrenzten Ansätzen der Hilfe; ihr „Engagement schließt konstitutiv einen kritischen Blick auf die eigene Gesellschaft mit ein"[32], der entsprechende Forderungen nach politischen und ökonomischen Reformen im eigenen Land zur Folge hat. Die gesellschaftskritische Dimension in der Solidaritätspraxis dieser Gruppen zeigt ebenso deutliche Bezüge zur Sozialpastoral wie ihre Bereitschaft und Fähigkeit zur (Selbst-)Organisation und zum Zusammenschluß mit anderen, auch säkularen Initiativen der Eine-Welt-Arbeit.

Einen deutlichen Bezug zur Sozialpastoral weisen sowohl Gruppen des zweiten (Grenzmilieu) als auch des dritten Typs (Bewegungsmilieu) durch ihre „Verschränkung von Glauben und Leben, von entwicklungspolitischer Praxis und religiöser Deutung"[33] auf, auch wenn diese oft nur individuell nachvollzogen und selten gemeinsam reflektiert oder sogar symbolisch zum Ausdruck gebracht wird. „Das Christliche dieser Praxis identifiziert sich nicht über Enzykliken oder sonstige kirchliche Weisungen, sondern als direkt mit biblisch-christlichen Motiven in Verbindung gebrachte Praxis der Gerechtigkeit."[34] Die soziale Praxis wird so nicht nur als geforderte Konsequenz christlichen Glaubens interpretiert, sondern selbst zum Ort religiöser Erfahrung; als „Praxis der Gerechtigkeit" wird sie für viele Mitglieder solcher Gruppen zur Gestalt christlichen Glaubens. Während sich die

[31] AaO., 413.
[32] Ebd.
[33] AaO., 414.
[34] AaO., 415.

Gruppen im Grenzmilieu trotz vielfältiger Frustrationen weiterhin auf die kirchlichen Gemeinden beziehen und (auch) innerkirchliche Reformen anstreben, sehen die Gruppen im Bewegungsmilieu ihren Ort überwiegend außerhalb amtskirchlich verfaßter Strukturen in der Dritte-Welt-Bewegung. Beide Orte und Zielrichtungen finden sich auch in den verschiedenen Ansätzen der Sozialpastoral, die sich gerade im Spannungsfeld von Kirche und sozialen (Volks-)Bewegungen entfaltet.

Elemente einer sozialpastoralen Praxis (kritische Gesellschaftsanalyse, religiöse Interpretation der eigenen sozialen und politischen Praxis, Selbstorganisation und Vernetzung mit anderen Gruppen im selben Handlungsfeld, seltener: kollektive Vergewisserung und Feier der religiös-sozialen Erfahrungen in der gemeinsamen Praxis) finden sich nach diesem Überblick vor allem am Rande und außerhalb der katholischen Kirchengemeinden in Deutschland. Was ist aber nun mit dieser Feststellung gewonnen? Für die kirchlichen Eine-Welt-Gruppen selbst wird diese Diagnose zunächst relativ bedeutungslos sein; nicht wenige würden sich sogar explizit gegen eine solche Bezeichnung ihrer Praxis verwahren, weil sie dahinter den Versuch einer (amts-) kirchlichen Funktionalisierung ihres Engagements oder gar eine Einschränkung ihrer Autonomie vermuten.

Der Begriff „Sozialpastoral“ intendiert keineswegs, sich selbst nicht kirchlich oder sogar nicht explizit christlich verstehende diakonische Praxis oder Selbsthilfeinitiativen mit Hilfe eines theologisch-kirchlichen Begriffes zu vereinnahmen. Er dient in erster Linie der innerkirchlichen bzw. fachtheologischen Verständigung über verschiedene Konzepte pastoralen Handelns. Wenn hier Elemente der Sozialpastoral im Handeln eines Teils der christlichen Eine-Welt-Gruppen identifiziert werden, dann kann dies darauf verweisen, daß deren wenig beachtete Praxis am Rande oder außerhalb der Kerngemeinden wichtige Anregungen für die Gestalt einer zukunftsträchtigen kirchlichen Pastoral enthalten kann. „Es zeigen sich in diesen Gruppen“, so W. Kasper, Vorsitzender der Kommission Weltkirche der Deutschen Bischofskonferenz, „Profile der Religiosität, in denen konkret wird, was die Weltbischofssynode 1987 formuliert hat: ‚Der Heilige Geist läßt uns immer klarer erkennen, daß Heiligkeit heute den Einsatz für Gerechtigkeit und die Solidarität mit den Armen und Unterdrückten erfordert. Die Umgestaltung der Gesellschaft nach dem Plan Gottes gehört zur wahren Heiligkeit des Christen.‘ Die von solchen Erfahrun-

gen und Einsichten stimulierte Spiritualität in den ‚Dritte-Welt'-Gruppen stellt eine Anfrage an die ganze Kirche dar. Sie muß Beachtung finden und als Herausforderung zum Dialog begriffen werden."[35]
Auf die Chancen eines solchen Dialog- und Lernprozesses weist auch die Untersuchung christlicher Dritte-Welt-Gruppen hin: „Die christlichen Dritte-Welt-Gruppen lassen sich heute als wichtige ‚Laboratorien' begreifen, in denen unterschiedliche Modelle der Verschränkung von Glauben und gesellschaftlichem Handeln praktiziert, erprobt und weiterentwickelt werden. Von besonderer Bedeutung für die Zukunft dürfte ein Glaubensstil sein, der auf individuell-biographischer Entscheidung beruht, Glauben und Alltagsleben bzw. Glauben und Politik zu integrieren sucht und in christlich inspiriertem Gruppenengagement seinen Ausdruck und sein Stützsystem findet. Die pastorale Praxis kann deshalb wichtige Impulse aus der Arbeit und den Erfahrungen der Dritte-Welt-Gruppen gewinnen."[36]
Solange jedoch die religiöse Dimension und Bedeutung der Eine-Welt-Arbeit nicht erkannt wird, diese Solidaritätspraxis als „nur" soziales bzw. politisches Handeln verstanden wird, das nicht im engeren Sinne zum kirchlichen Auftrag gehört, sondern bestenfalls als Konsequenz christlichen Glaubens gedeutet wird, bleibt die Eine-Welt-Arbeit ein Randphänomen in unseren Gemeinden und in unserer Kirche. Das Konzept der Sozialpastoral eröffnet einen Interpretationshorizont, der die konstitutive Bedeutung dieser und anderer Formen solidarisch-diakonischer Praxis für den christlichen Glauben und dessen Entfaltung und Begleitung durch pastorales Handeln zu erkennen ermöglicht. Dadurch werden christliche Eine-Welt-Arbeit und kirchliche Pastoral als Handlungsfelder identifiziert, die aufeinander verwiesen sind und sich gegenseitig befruchten können.

[35] W. Kasper, Zum Geleit, in: Wissenschaftliche Arbeitsgruppe für weltkirchliche Aufgaben der Deutschen Bischofskonferenz (Hg.), Handeln in der Weltgesellschaft: Christliche Dritte-Welt-Gruppen, Bonn 1995, 7–8. (Kurzfassung der Studie Christliche Dritte-Welt-Gruppen)
[36] Christliche Dritte-Welt-Gruppen, aaO., 420.

Herausforderungen und Handlungsperspektiven kirchlicher Eine-Welt-Arbeit

Christliche Eine-Welt-Gruppen engagieren sich in einem breiten Spektrum von Handlungsfeldern mit differenzierten Aktionsformen.[37] Traditionell spielt die *finanzielle Unterstützung* von Missionaren und von Entwicklungsprojekten eine hervorgehobene Rolle. Viele Gruppen und Gemeinden versuchen in den letzten Jahren zunehmend, diese „Einbahnstraße der Hilfe" zugunsten einer dialogischen, *partnerschaftlichen Beziehung* mit Christen in der Dritten Welt zu öffnen. Mit der zunehmenden Einsicht, daß die Verarmung der Dritten Welt durch Entwicklungshilfe allein nicht zu überwinden ist, sondern eine Reform der weltwirtschaftlichen Strukturen erfordert, wurde der *faire Handel* zu einem breitenwirksamen Aktionsmodell. Eng damit verbunden ist der Anspruch, *entwicklungspolitische Bewußtseinsbildung* zu betreiben, die auf der Einsicht basiert, daß die erforderlichen politischen und wirtschaftlichen Reformen zugunsten der Dritten Welt in den Industrieländern nur durchgesetzt werden können, wenn diese von breiteren Bevölkerungsgruppen zugelassen bzw. unterstützt werden. Ein spezifisches Handlungsfeld christlicher Dritte-Welt-Gruppen ist schließlich die *Gestaltung von Gottesdiensten*, in denen die Anliegen der Gruppen einer breiteren Gemeindeöffentlichkeit vermittelt werden und die religiöse Dimension ihrer Solidaritätsarbeit Ausdruck finden kann. Im folgenden soll versucht werden, einige Defizite wie auch Herausforderungen in diesen Handlungsfeldern zu benennen.

Spenden und Projektförderung

Die finanzielle Unterstützung von Entwicklungsprojekten und Missionsarbeit in der Dritten Welt ist – durchaus in Verbindung mit anderen Handlungsformen wie etwa Bildungsarbeit oder (Projekt-)Partnerschaften – der wichtigste Tätigkeitsbereich der christlichen Eine-Welt-Gruppen.[38] Die Bereitschaft der Christen in unserem Land,

[37] Eine Übersicht über die prozentuale Verteilung der verschiedenen Tätigkeitsbereiche und Aktionsformen vermittelt die Studie Christliche Dritte-Welt-Gruppen, aaO., 83–90.

[38] Vgl. aaO., 85.

für Anliegen in der Dritten Welt zu spenden, ist trotz wirtschaftlicher Stagnation und Krise erstaunlich stabil; sie ist als Ausdruck einer traditionell verankerten Praxis des Mitleids und der Solidarität zu würdigen und gegen voreilige Diskreditierungen in Schutz zu nehmen. Immerhin sind Spenden in unserer Gesellschaft ein zentrales Instrument, um Sympathie und Unterstützung für Anliegen zu demonstrieren, die der einzelne nur in sehr begrenztem Maße durch andere Mittel zu fördern vermag.

Dennoch müssen weit verbreitete Motive der Hilfsbereitschaft auch kritisch befragt werden. „Das alte Schema sitzt tief in uns drin: hier die Geber – dort die Empfänger. Die Rollen scheinen auf Ewigkeit festgeschrieben. Auf Dauer wird jede noch so gut gemeinte Hilfsaktion fragwürdig, weil die Hilfe schließlich mit dazu beiträgt, daß die einen die Hilfsbedürftigen bleiben, während die anderen in der ewigen Helferrolle erstarren“[39], stellt F. Kamphaus kritisch fest.

Problematisch wird und bleibt die Spendenorientierung kirchlicher Eine-Welt-Arbeit, wenn sie sich darin erschöpft, möglichst viel Geld für die finanzielle Unterstützung der kirchlichen Entwicklungsarbeit aufzubringen, und den notwendigerweise umfassenderen Einsatz für Gerechtigkeit blockiert. Zwar haben die christlichen Eine-Welt-Gruppen in höherem Maße als erwartet „den Paradigmenwechsel kirchlichen Entwicklungsdenkens von caritativer Hilfe zu weltweiter Gerechtigkeit mitvollzogen. Dem engeren Gemeindemilieu fällt es aber offenbar nach wie vor schwer, die mit dem Gerechtigkeitsgedanken verbundene Konflikthaftigkeit der eigenen Situation eines entwickelten Landes wahrzunehmen und anzuerkennen.“[40]

Die Probleme direkter Projektförderung durch Gruppen und Gemeinden (unzureichende Kompetenz zur Beurteilung und Begleitung von Entwicklungs- und Missionsprojekten, einseitige Bevorzugung bekannter, oft deutscher Projektträger, mangelnde Koordination der Hilfe und dadurch Förderung von „Wohlstandsinseln“ in der Dritten Welt) sind inzwischen hinreichend analysiert und bekannt, wenn auch noch keineswegs überwunden. Gerade weil der Einsatz für internationale soziale Gerechtigkeit in den kirchlichen Gruppen und Gemeinden als wichtige Aufgabe verankert sein muß, gleichzeitig aber der fachli-

[39] F. Kamphaus, „Das Ganze ist eine einzige Katastrophe ...“. Zum Wandel im Wahrnehmen von Katastrophen, in: ders., Eine Zukunft für alle. Umkehr zur Solidarität, Freiburg/Basel/Wien 1995, 144–155, 146.

[40] Christliche Dritte-Welt-Gruppen, aaO.,420.

chen Qualifikation und Kompetenz bedarf, müssen die Lösungen dieser Probleme in einer verbesserten Zusammenarbeit zwischen den engagierten Basisgruppen und den weltkirchlichen Hilfswerken gesucht werden. Subsidiarität und Komplementarität zwischen Gruppen, Gemeinden und Hilfswerken sind wesentliche Grundprinzipien für eine wirksame Antwort auf die Herausforderungen der Entwicklungsarbeit und Weltkirche durch die Christen und Kirchen unseres Landes.
Die finanzielle Unterstützung der kirchlichen Entwicklungs- und Missionsarbeit muß sich – in Stichworten benannt – in folgender Richtung weiterentwickeln:
– von einer einseitigen Hilfe mit einer klaren Rollenverteilung zwischen Gebern und Nehmern zu einer prinzipiell offenen Beziehung, die auch hiesige Gemeinden und Christen ihre Hilfsbedürftigkeit und die Partner in der Dritten Welt ihre Fähigkeit, selbst Hilfe zu leisten, entdecken läßt;
– von einer caritativen zu einer solidarischen Hilfe, die die materielle Unterstützung als eine wichtige, aber auch begrenzte Dimension der Solidarität versteht und nicht als Ersatz der notwendigen persönlichen und politischen Veränderungen fungiert;
– von einer punktuellen, auf exklusiven Beziehungen basierenden Förderung von Einzelprojekten zu einer koordinierten Förderung von Projekten in Abstimmung mit der Ortskirche in der Dritten Welt, mit anderen Solidaritätsgruppen und Hilfswerken im eigenen Land.

Partnerschaften

„Allen Gruppen gemeinsam ist der zentrale Stellenwert der Erfahrungen, die vor Ort gemacht werden, sei es durch eigene Besuche in Entwicklungsländern oder durch Briefkontakte. ... 74% der Gruppen unterhalten solche Verbindungen“, was die Untersuchung der Dritte-Welt-Gruppen als ein Indiz dafür wertet, „daß Entwicklungsarbeit die Verbindung von Solidarität in Form von konkreter Hilfe und Bildungsarbeit braucht, wobei ... unter Bildungsarbeit das gegenseitige Lernen mit den Partnern zu verstehen ist.“[41] Seit einigen Jahren gewinnen „Partnerschaften“, die – in bewußter Absetzung von einer traditionellen, eher paternalistischen Missions- und Hilfspraxis – den An-

[41] AaO., 93f.

spruch einer dialogischen Beziehung einzulösen versuchen, zunehmend an Bedeutung. Im Vordergrund steht bei vielen Gruppen der Wunsch, direkte Hilfe ohne Vermittlung durch andere Organisationen zu leisten; dieses Motiv korrespondiert eng mit dem ausgeprägten Autonomiestreben der Gruppen. „Partnerschaften" bieten auch die Möglichkeit, die globale Entwicklungsproblematik am „eigenen Projekt" nachvollziehen und „Weltkirche" exemplarisch-konkret erfahren zu können.
Solche Beziehungen erweisen sich für viele Gruppen, Gemeinden, Verbände und auch Diözesen als eine motivierende kontinuierliche Handlungsperspektive, die eine Integration unterschiedlichster Kompetenzen und Aktionsformen erlaubt (Bildungs-, Lobby- und Menschenrechtsarbeit, Begegnungsreisen, Projektunterstützung, fairer Handel, pastorale Impulse ...). Vielfältige Erfahrungen belegen, daß Partnerschaften einen nachhaltigen Einfluß auf die engagierten Gruppenmitglieder, aber auch darüber hinaus in der kirchlichen und gesellschaftlichen Öffentlichkeit erzielen können. Wo „Partnerschaft" als kritischer Anspruch zur kritischen Revision der traditionell einseitigen, von Dominanz des Nordens über den Süden geprägten Beziehungen verstanden wird, eröffnet sich die Chance, überkommene Denk- und Verhaltensmuster zu überwinden und fruchtbare Lernprozesse auf beiden Seiten in Gang zu setzen.[42] Angesichts der faszinierenden Perspektiven interkultureller Beziehungen werden die damit verbundenen Herausforderungen jedoch oft unterschätzt. Deshalb erwecken auch viele solcher „Partnerschaften" den Eindruck, im Kern lediglich „Finanzierungsmodelle für Projekte in Entwicklungsländern" zu sein, in denen die programmatisch so hoch angesetzte „interkulturelle Kommunikation" der Partner praktisch nur eine untergeordnete Rolle spielt.
Die in „Partnerschaften" mögliche und notwendige Konzentration auf die konkrete Situation der Partner, die sich für viele Engagierte angesichts der undurchschaubaren Komplexität globaler Probleme als didaktisch sinnvoll und motivierend erweist, kann – wenn sie zu dominant wird – einer Blickverengung und unzulässigen Verallgemeinerungen Vorschub leisten, die andere Problemlagen ausblendet oder nur noch insoweit wahrnimmt, wie die „eigenen Partner" davon be-

42 Vgl. K. Piepel, Lerngemeinschaft Weltkirche. Lernprozesse in Partnerschaften zwischen Christen der Ersten und der Dritten Welt, Aachen 1993.

troffen sind. „Partnerschaft" kann so – ungewollt – eine neue Art von Provinzialismus fördern, der im Selbstbewußtsein der Aufgeschlossenheit für fremde Menschen und Kulturen alle Ansprüche jenseits der konkreten, überschaubaren Beziehung abwehren hilft. So wird „Partnerschaft" mit Menschen in der Dritten Welt bisher noch viel zu wenig auch als Herausforderung zu einer partnerschaftlichen Beziehung mit den Fremden in der eigenen Gesellschaft erkannt: Eine-Welt-Arbeit und die Solidarität mit Flüchtlingen und ausländischen ArbeiterInnen sind auch im kirchlichen Raum noch viel zu wenig integriert.

Fairer Handel

63% der christlichen Eine-Welt-Gruppen engagieren sich im fairen Handel.[43] Die große Akzeptanz dieses Handlungsmodells zeigt, „daß konkrete Beispiele auch zu einer Politisierung und Aktivierung einer breiten Basis führen können."[44] Die Aktionsform des fairen Handels ist „sinnlich-konkret", weil die Waren „eine Geschichte erzählen", Einblicke in die Lebens- und Arbeitsbedingungen ihrer ProduzentInnen ermöglichen, etwas von ihrer Kultur vermitteln und exemplarisch die Benachteiligung vieler Entwicklungsländer im Welthandel nachvollziehen lassen. Diese pädagogische Funktion des „fairen Handels" kann in ihrer Bedeutung für die entwicklungspolitische Bildungsarbeit nicht hoch genug eingeschätzt werden.

Die Verbreitung dieses Handlungsmodells ist jedoch nicht in jedem Fall Ausdruck einer entsprechenden entwicklungspolitischen Einstellung, die den Warenverkauf als Ansatzpunkt für die Bewußtseinsbildung über ungerechte Weltwirtschaftsstrukturen nutzt. Denn weitverbreitet ist auch eine sozial-caritative Instrumentalisierung dieses Handels zum primären Zweck der Einnahme finanzieller Mittel für die Projektunterstützung; so rückt der Verkauf fair gehandelter Waren in die Nähe von traditionellen Basaren oder von Altkleidersammlungen als Instrumenten der Geldbeschaffung.

[43] Einen Überblick über die Entwicklung und aktuelle Gestalt dieser Handlungsform bietet der Artikel von St. Stricker, Weltweite Gerechtigkeit konkret. Die fast dreißigjährige Geschichte des „Fairen Handels", in: HK 50 (1996) 362–367.

[44] Christliche Dritte-Welt-Gruppen, aaO., 84.

Eine andere Schwäche des fairen Handels liegt in seiner Konzentration auf einige wenige agrarische Rohstoffe (Kaffee, Tee, Kakao, ...) aus kleinbäuerlicher bzw. genossenschaftlicher Produktion und auf (traditionelles) Kunsthandwerk, das oft im sogenannten informellen Wirtschaftssektor der Herkunftsländer hergestellt wird. Andere, oft wichtigere Sparten des Nord-Süd-Handels (z.B. der Handel mit mineralischen Rohstoffen, industriellen [Halb-]Fertigprodukten) und die bedrückende Situation von ArbeiterInnen in Großplantagen, Minen und Fabriken geraten nicht in den Blick. „Mit dem Gewinn an Anschaulichkeit geht ... auch ein Verlust des Wissens um die breiteren Zusammenhänge einher. Hinter dem Produktbeispiel verschwinden oftmals die strukturellen Fragen (des Welthandels)"[45], moniert der Ausschuß für entwicklungsbezogene Bildung und Publizistik der EKD. Die Konzentration auf die „klassischen Themen" des fairen Handels (Rohstoffpreise, Importzölle etc.), an denen die herrschende Ungerechtigkeit des Welthandels exemplarisch aufgezeigt werden soll, läßt andere wichtige Entwicklungen, etwa die absolut ungleiche Verteilung der Welthandelsanteile unter den Entwicklungsländern, aus dem Blick geraten.

Damit das große Engagement, das viele Gruppen in diesem Handlungsfeld auszeichnet, nicht an der komplexen Realität des Welthandels vorbeigeht, müssen die Organisationen des fairen Handels verstärkt Fortbildungsangebote und neue Handlungsformen entwickeln, die aktuelle Welthandelsfragen auch unabhängig vom Warenverkauf thematisieren. Neben der Konzentration des fairen Handels auf andere Waren(gruppen), z.B. Textilien, zeichnen sich neue Handlungsmöglichkeiten im Bereich von Kampagnen ab, die sich um die Durchsetzung bestimmter sozialer und ökologischer Mindeststandards in der Produktion multinationaler Konzerne und ihrer Zulieferer bemühen (z.B. in den Warengruppen Textilien, Spielzeug und Sportschuhe). Mittels Konsumentendruck sollen Firmen dazu gebracht werden, sich nicht nur um die technische und ökologische Produktqualität zu küm-

[45] Vgl. Finanzierung, Qualifizierung, Koordinierung, Innovation. Jahresbericht '95 des Ausschusses für entwicklungsbezogene Bildung und Publizistik (ABP) der Evangelischen Kirche in Deutschland, in: epd-Entwicklungspolitik (1995) H. 5/6 (Dokumentation) t – z6, v: „Der ABP betrachtet mit Sorge, daß die bewußtseinsbildenden Intentionen der Aktion Dritte Welt Handel angesichts der überraschenden ökonomischen Erfolge (vor allem die starke Umsatzsteigerung der GEPA in den letzen Jahren / K.P.) in den Hintergrund geraten könnte."

mern, sondern auch Verantwortung für die sozial-ökonomischen und ökologischen Produktionsbedingungen ihrer Waren in den Herkunftsländern (oft Entwicklungsländer) zu übernehmen.

Entwicklungspolitische und weltkirchliche Bildungsarbeit

Christliche Eine-Welt-Gruppen messen der entwicklungspolitischen Bildungsarbeit überwiegend eine hohe Bedeutung zu, oft in Kombination mit anderen Handlungsformen wie Dritte-Welt-Handel und Projektunterstützung.[46] Die hohe Wertschätzung entwicklungspolitischer Bildungsarbeit reflektiert einen langjährigen Lernprozeß, der die Notwendigkeit politischer und wirtschaftlicher Veränderungen im Norden als eine wesentliche Bedingung für mehr Gerechtigkeit in den internationalen Beziehungen und größere Entwicklungschancen des Südens erkannt hat.

Allerdings wird solche Bildungsarbeit weithin noch in der gleichen Weise wie schon in den siebziger Jahren als Informationsvermittlung über die Probleme der Dritten Welt und ihre internen wie externen Ursachen konzipiert. Vor zwanzig Jahren gab es noch einen großen Nachholbedarf an Informationen über die Dritte Welt. Heute jedoch ist das zentrale Problem wohl kaum der Informationsmangel, sondern eher die Informationsüberflutung, die viele – grundsätzlich offene und ansprechbare – Menschen in unserer Gesellschaft kognitiv, moralisch und emotional überfordert. Die großen Herausforderungen der Unter- und Mangelernährung, der Unterdrückung und des Elends infolge von kriegerischen Konflikten und Menschenrechtsverletzungen, der globalen Umweltbelastung und -zerstörung, der wachsenden Weltbevölkerung, der Flüchtlinge, um nur einige Stichworte zu nennen, provozieren nicht etwa keinen Handlungsdruck, weil sie nicht bekannt wären, sondern weil Lösungsperspektiven fehlen, der politischen Gestaltungskraft der Regierenden immer weniger zugetraut wird und der einzelne sich angesichts dieser Probleme globalen Ausmaßes zunehmend ohnmächtig erlebt.

Viel zu wenig werden die (Informations-)Bedürfnisse der zumeist undifferenziert angesprochenen „breiten Öffentlichkeit“ reflektiert, die weitverbreitete Abwehr gegenüber der Konfrontation mit herausfor-

[46] Vgl. Christliche Dritte-Welt-Gruppen, aaO., 89f.

dernden Problematiken jenseits der persönlichen Lebenswelt in der Konzeption entwicklungspolitischer Bildungsarbeit ins Kalkül gezogen. Viel zu wenig werden bisher auch die wirtschafts-, sozial- und arbeitsmarktpolitischen Veränderungen in den Industriestaaten, die zunehmend globale Konkurrenz um Investitionen und Arbeitsplätze als wichtige Rahmenbedingungen jeglicher Anstrengung um entwicklungspolitische Sensibilisierung erkannt. Nur zögerlich gelingt es, „die sozialen Problemlagen in unserer Gesellschaft mit der internationalen sozialen Frage zu verknüpfen und gewissermaßen Brücken zwischen innerer und ökumenischer Diakonie zu schlagen. Der Versuch, Analogien zwischen Verarmungsprozessen in Nord und Süd herzustellen, wirkt leider oftmals reichlich bemüht."[47] Angesichts massiver Einschnitte in den eigenen sozialen Sicherungssystemen und der zunehmend als bedrohlich empfundenen und erfahrenen Konkurrenz aus den Wachstumsregionen des Südens scheint die Bereitschaft, zu einem gerechten globalen Ausgleich hinsichtlich der Nutzung der begrenzten Ressourcen zu kommen, in allen Bereichen unserer Gesellschaft eher abzunehmen. Entwicklungspolitische Bildungsarbeit muß sich deshalb auf dem Hintergrund einer veränderten Weltsituation, in der sich die Menschen in den Industrieländern zu Recht Sorgen um ihre bisher unangefochtene Spitzenposition machen, nicht nur den neuen inhaltlichen Herausforderungen stellen, sondern muß immer mehr als ethische Bildung konzipiert werden, die die Notwendigkeit einer Solidarität über die eigene Gesellschaft hinaus vermittelt und gangbare Wege zu ihrer Einübung aufzeigt. Ihre zentrale Herausforderung sind die Resignation und der Zynismus angesichts der wachsenden globalen Probleme, die beide – wenn auch unterschiedlich begründet – einem Rückzug aus dem bisher scheinbar wenig erfolgreichen Versuch, internationale Solidarität zu praktizieren, das Wort reden. Sie müßte sich heute mehr darum bemühen, Menschen zu befähigen, „mit offenen Augen in der Welt zu leben", ohne durch das Übermaß an emotional und kognitiv überfordernden Informationen gelähmt zu werden. Insbesondere in einem kirchlichen Kontext gewinnt eine so ausgerichtete entwicklungspolitische Bildungsarbeit pastorale Qualität. Mehr als dies bisher geschieht, müßte sie sich auch der Kraftquellen und Verheißungen des christlichen Glaubens erinnern, der am Sinn solidarischen Handelns gerade auch angesichts von

[47] ABP-Jahresbericht '95, aaO., y.

(scheinbarer) Aussichtlosigkeit und Scheitern festhält und vor der falschen Alternative von Nichtstun und Omnipotenz bewahrt.[48] Eine solche ethische und pastorale Ausrichtung entwicklungspolitischer Bildungsarbeit erfordert jedoch, daß diesem kirchlichen Handlungsbereich sowohl in der theologischen Forschung als auch in der Aus- und Fortbildung der Hauptamtlichen in der Pastoral mehr Aufmerksamkeit gewidmet wird.

Die Verbindung von entwicklungspolitischer Bildungsarbeit mit Handlungsmöglichkeiten wird vor allem in der Verbindung von Informationsvermittlung und Projektarbeit realisiert. Allgemeine bzw. einführende entwicklungspolitische Themen spielen eine vergleichsweise untergeordnete Rolle; entwicklungspolitische Alternativen zur vorherrschenden Nord-Süd-Politik werden nur von wenigen Gruppen thematisiert.[49] Die vorherrschende „Projekt-Orientierung" und die unzureichende Thematisierung entwicklungspolitischer Inhalte in der Bildungsarbeit korrespondiert mit einer geringen Bereitschaft zur politischen Einmischung[50], obwohl die praktizierte staatliche Entwicklungspolitik von einer Mehrheit der Gruppen überwiegend kritisch gesehen wird. Als hauptsächlichen Grund für diese entwicklungspolitische Abstinenz führen die Gruppen das mangelnde Vertrauen in die eigene Fachkompetenz an. Die Ermutigung zu politischer Einmischung als „Anwalt der Partner in der Dritten Welt" und die fachliche Qualifizierung der christlichen Eine-Welt-Gruppen sind deshalb wichtige Voraussetzungen einer stärker politisch orientierten Bildungsarbeit in Verbindung mit entsprechenden Aktionen.

Gottesdienstgestaltung

Die Gestaltung von Gottesdiensten ist für viele christliche Eine-Welt-Gruppen nach der Durchführung von Informationsveranstaltungen die wichtigste Aktionsform.[51] Insbesondere die Sachausschüsse für Mission/Entwicklung/Frieden, aber auch Jugendverbandsgruppen sehen in der Gestaltung von Gottesdiensten eine Chance, ihre entwicklungspo-

[48] Zur motivierenden Kraft des christlichen Glaubens angesichts der globalen Herausforderungen vgl. F. Kamphaus, Eine Zukunft für alle, aaO.

[49] Vgl. Christliche Dritte-Welt-Gruppen, aaO., 102f.

[50] Vgl. aaO., 97f.

[51] Vgl. aaO., 88.

litischen und weltkirchlichen Anliegen einer breiteren Gemeindeöffentlichkeit zu präsentieren. „Dritte Welt“ und „Weltkirche“ werden auch zunehmend von den Sachausschüssen für Liturgie als „attraktive Inhalte“ erkannt, mit deren Hilfe man auch sporadische Gottesdienstbesucher (z.B. Jugendliche oder sogenannte „Fernstehende“) anzusprechen hofft. Dennoch wird die in ekklesiologischer Perspektive konstitutive Integration der Gemeinde in die Weltkirche in den meisten Gemeindegottesdiensten kaum sichtbar. Gemeinden, die intensive Kontakte zu Partnern in der Dritten Welt pflegen, gehen jedoch vermehrt dazu über, dem Gebet für die Partner(gemeinde) eine festen Platz im Gemeindegottesdienst einzuräumen.

Aus sozialpastoraler Perspektive ist mit der verstärkten Ansprache weltkirchlicher oder entwicklungspolitischer Inhalte im Gottesdienst zunächst noch nicht viel gewonnen. Viel entscheidender als die explizite Ansprache dieser universalen Bezüge ist die Wiederherstellung des theologisch geforderten engen Zusammenhangs zwischen den gemeindlichen Grundfunktionen der Verkündigung (Martyria), der Feier (Liturgia) und der Diakonie, die durchgängig von der „Option für die Armen“ inspiriert sein müssen. Es geht um den praktischen Vollzug der programmatischen Erklärung der römischen Bischofssynode (1971), daß „Einsatz für die Gerechtigkeit und die Beteiligung an der Umgestaltung der Welt wesentlicher Bestandteil der Verkündigung der Frohen Botschaft“[52] sind. Eine solche Verkündigung muß „parteilich“ sein; sie ist nicht so sehr von der Sorge getrieben, „wie sie die alten Wahrheiten des Evangeliums didaktisch geschickt aufbereiten kann – sie ist je konkrete Aufklärung über weltweite Unrechtszusammenhänge und darin dann Bewußtseinsbildung“[53]. Zugleich verkündigt sie Gottes Heilszusage als Voraus-Setzung für die von den Christen geforderte „Umkehr zur Solidarität“ (F. Kamphaus). Wenn die „Option für die Armen“ als Grunddimension gemeindlichen Handelns zur Geltung kommt, dann wird auch die sozialkritische Kraft der Eucharistie wieder bewußt und wirksam.[54] Dann wird die paulinische Ermahnung der Korinther (1 Kor 11), das Herrenmahl nicht unwürdig, d.h. als eine Gemeinschaft von Hungernden und Satten, zu feiern, aktuell als Kritik an einer weit verbreiteten liturgischen Praxis in unse-

[52] De Justitia in mundo 6, zit. nach Mette/Steinkamp, Grundprinzipien, aa0:, 86; Mette/Steinkamp bezeichnen diese Formulierung als „Leitmotto der Sozialpastoral“ (ebd.).

[53] Steinkamp, Sozialpastoral, aaO., 141.

[54] Zur sozialen Dimension der Eucharistie vgl. die Beiträge in Diakonia 26 (1995) Heft 3.

rer Kirche, die sich weitgehend vom gesellschaftlichen Kontext mit seinen Unterschieden und Konflikten abgelöst hat. Daß die Eucharistie-Feier kein individualistisches Sakrament der Vereinigung mit Gott ist, sondern die Gemeinschaft mit Gott die Gemeinschaft und Solidarität unter den Beteiligten (und darüber hinaus!) ermöglicht und fordert, daß die Teilhabe am Leib Christi das Teilen der Menschen untereinander unabweisbar verlangt – diese Einsicht des Glaubens eröffnet sich, wenn die konstitutive wechselseitige Bezogenheit von Liturgie und Diakonie in unseren Gemeinden mehr zur Geltung gebracht wird. Wenn sich unsere Gemeinden für diese soziale Dimension der Eucharistie öffnen, dann ist für eine stärkere Integration der globalen Herausforderungen in die Vollzüge christlichen Glaubens mehr gewonnen, als durch eine häufigere „thematische Präsenz" der Weltkirche und des Nord-Süd-Konfliktes in unseren Gottesdiensten.

Eine-Welt-Arbeit als Sozialpastoral – eine Gratwanderung

Eine-Welt-Gruppen, deren Praxis Nähe zum Konzept der Sozialpastoral aufweist, sind – wie die Untersuchung zeigte – eher am Rande oder außerhalb der kirchlichen Gemeinden und Strukturen tätig; das Verhältnis zwischen diesen Gruppen und den Gemeinden ist oft von Spannungen geprägt, die von beiden Seiten vielfach nicht als produktiv erfahren und gestaltet werden.

„Wer für das Fremde eintritt, gerät auch in der eigenen Gemeinde an den Rand", resümiert die Studie die Erfahrungen eines Sachausschusses für Mission/Entwicklung/Frieden, der sich für ein modernes Missionsverständnis einsetzt. Dieser Ort vieler Eine-Welt-Gruppen, am Rande oder außerhalb überkommener Plausibilitäten, ist der „natürliche Ort" der „Propheten", also auch der Impulsgeber für die Entwicklung von Sozialpastoral, die Gutiérrez als „Pastoral des prophetischen Handelns" bezeichnet.[55] Die Fremdheit im und Entfremdung vieler Engagierter und Gruppen gegenüber dem „katholischen Milieu" ist einerseits eine wichtige Voraussetzung ihrer Fähigkeit, das „parochiale Gewissen" (E. Lange) vieler Christen in unserer Kirche für die globalen Herausforderungen zu öffnen. Andererseits ist diese Fremdheit, die sich in der Randposition vieler Eine-Welt-Gruppen im kirchlichen

[55] Vgl. Mette, Sozialpastoral, aaO., 237.

Milieu widerspiegelt, auch Ursache ihrer begrenzten Wirksamkeit im Kernmilieu der Gemeinden. Die daraus resultierenden Frustrationen haben schon viele christlich inspirierte Eine-Welt-Gruppen zum Exodus aus dem engeren kirchlichen Milieu in der Hoffnung veranlaßt, eine neue Heimat in den Netzen der sozialen Bewegungen zu finden.
Insbesondere die Gruppen, die die Gratwanderung zwischen ihrer kirchlichen Herkunft und Identität, den Erfordernissen einer politischen Solidaritätspraxis und den Ansprüchen gesellschaftlicher Relevanz noch nicht aufgegeben haben, sind (potentielle) Experimentierfelder und „Brückenköpfe" sozialpastoraler Praxis in unserer Kirche. In diesen Gruppen entwickelt sich – oft ungeplant und unreflektiert – ein neues Verhältnis von sozialer Praxis und Pastoral, die sich gegenseitig durchdringen. Sozio-ökonomische Analysen und spirituelle Vergewisserung, politische Aktion und (religiöse) Feier gehören in der Praxis nicht weniger Gruppen untrennbar zusammen[56], auch wenn diese Verbindung oft brüchig erscheint, weil Sprache und Ausdrucksformen dieser ungewohnten Einheit von „Politik und Mystik", „Kampf und Kontemplation" durchweg noch unterentwickelt sind.
Können von solchen Eine-Welt-Gruppen wichtige Impulse für eine Inspiration kirchlicher Pastoral im Sinne der Sozialpastoral ausgehen, so darf dabei nicht übersehen werden, daß sie selbst – gerade wegen ihrer prekären sozialen Situation „zwischen den Stühlen" (von kirchlichem Milieu und sozialer Bewegung) auf pastorale Begleitung angewiesen sind. Eine solche Pastoral muß – zwangsläufig – die herkömmlichen Plausibilitäten des kirchlichen Kernmilieus überschreiten und sich als uneigennützige, bedeutsame Begleitung einer Praxis von nicht explizit kirchlichen bzw. christlichen Gruppen entfalten. Solche Pastoral stellt sich in den Dienst der Engagierten, indem sie die „Kraftquellen" des christlichen Glaubens als tragfähigen Grund einer Solidarität erschließt, die immer wieder Gefahr läuft, sich selbst zu überfordern. Sie versucht nicht, die engagierten Gruppen in die bestehenden Gemeinden im Interesse einer kirchlichen Rekrutierung zu integrieren, sondern fördert eine Kommunikation zwischen den Eine-Welt-Gruppen und den Kerngemeinden, die die Differenz, Spannung und Distanz zwischen ihnen produktiv werden läßt. Wenn sich die kirchliche Pastoral in diesem Sinne mehr für die Arbeit in den Eine-Welt-

[56] Zur geistlichen Dimension der Eine-Welt-Arbeit vgl. A. Nolan, Der Dienst an den Armen und geistliches Wachsen, Bonn/Bern 1986.

Gruppen öffnet, wird sie durch diese Herausforderung verändert, kann problematische (Selbst-)Beschränkungen überwinden und sich schrittweise auf eine Sozialpastoral hin entwickeln, die kirchlichem Handeln, weit über diesen diakonischen Bereich hinaus, neue, bedeutsame und zukunftsträchtige Perspektiven verleiht.

Edmund Erlemann

„Kirche und Arbeiterschaft“ – Erfahrungen mit dem pastoralen Schwerpunkt im Bistum Aachen

Ein Rück-blick

Dramatisch! Dieser starke Ausdruck ist zutreffend zur Beschreibung der Auseinandersetzung um die damalige Vorlage „Kirche und Arbeiterschaft“ der Sachkommission III (Christliche Diakonie) der Gemeinsamen Synode der Bistümer in der Bundesrepublik Deutschland. Schon in der ersten Lesung (November 1974) war es zu erbitterten Rededuellen ganz besonders um den ersten Teil der damaligen Vorlage – „Ein fortwirkender Skandal“ – gekommen. Mächtig waren die Gegner der Vorlage. Es fiel ihnen unheimlich schwer, zu der „Gewissenserforschung“, welche die Vorlage der deutschen Kirche zumutete, ja zu sagen. Hart war für sie die Erkenntnis, daß die Kirche der Arbeiterschaft gegenüber versagt hat und daß dieser Skandal fort*wirke*. Das Wort vom Skandal stammt von Papst Pius XI., der zu Joseph Cardijn, dem Gründer der CAJ, gesagt hat: „C'est le plus grand scandale du IXXième siècle, que l'Eglise catholique a perdue la classe ouvrière – das ist der größte Skandal des 19. Jahrhunderts, daß die katholische Kirche die Arbeiterklasse verloren hat.“

„Synode“ heißt: „gemeinsamer Weg“. Von 1972 bis 1975 haben Laien, Ordensleute, Priester und Bischöfe *gemeinsam* Wege für die Zukunft der Kirche und für die gemeinsame Zukunft von Gesellschaft und Kirche in unserem Land gesucht. Das war nicht immer leicht, hat aber Hoffnung gegeben: *allen* Beteiligten und der ganzen deutschen Kirche – und vielen Menschen in unserem Land, die das Geschehen in unserer Kirche beobachten.

Schade, daß die Gemeinsamkeit nicht lange gehalten hat! Heute sind Alleingänge wieder häufig. Autoritäre Strukturen regieren, und in ihnen viele autoritäre Personen. Polarisierung und eine tiefe Spaltung unter den Gliedern der Kirche sind die Folgen. Unsere Kirche braucht „Reform an Haupt und Gliedern“, braucht dringend bei allen ihren Gliedern die „Entäußerung“, von welcher der Philipperbrief (2,7)

spricht, damit sie eine Kirche wird, die tatsächlich als Volk Gottes *gemeinsam* Wege in die Zukunft sucht.
Der Präsident der Gemeinsamen Synode, Kardinal Julius Döpfner (plötzlich gestorben am 24. 6. 1976) sagte am 21. 11. 1975 nach der Schlußabstimmung über die damalige Vorlage „Kirche und Arbeiterschaft“: „Möge das dramatische Ringen um das Verständnis der Geschichte uns allen dazu helfen – und darin sind wir uns ja alle einig –, die Sorge der Kirche um die Arbeiterschaft und mit der Arbeiterschaft in der kommenden Zeit nach dieser Synode mit einer erneuerten Verantwortung zu übernehmen und unsere Arbeit auf diesem Felde weiterzuführen.“

Ein Lebens-Lauf

Mir hat sich die Zeit der Gemeinsamen Synode tief eingeprägt. Sie hat meinem Leben eine vorher ungeahnte Richtung gegeben. Als ich im Jahr 1960 Kaplan in der Gemeinde St. Fronleichnam in Aachen wurde, kam ich als Neupriester mit einem großen Sack voller Antworten – sehr gerne und gewissenhaft studiert – zu den Leuten dort. Die aber hatten gar nicht die Fragen, auf die meine Antworten hätten passen können. So mußte ich mich bekehren: von den Institutionen hin zu den Menschen. Es war eine Umkehr um 180 Grad, ein schwieriger und bis heute andauernder Prozeß. Auch heute noch stehe ich erst am Anfang. Aber es ist auch eine wunderschöne Bewegung Damals geschah sie noch ziemlich unbewußt.
Dann kam die Wahl der sieben Synodalen des Bistums Aachen. Ich war – zu meiner Überraschung – dabei.
Als in Würzburg die konstituierende Zusammenkunft der Synode stattfand und die Sachkommissionen zusammentraten, war ich völlig unsicher, zu welcher dieser Sachkommissionen ich gehen sollte. Nach einem für mich unbefriedigenden Versuch bei der Sachkommission I (Glaubensverkündigung) kam ich „zufällig“ zur Versammlung der Sachkommission III (Christliche Diakonie). Mir gefiel, was die Leute dort über erste Pläne erzählten, die sie in der Arbeit der Sachkommission verwirklichen wollten. So blieb ich bei ihnen. Ein Jahr später wurde ich zum Vorsitzenden der Sachkommission III und damit zum Mitglied der Zentralkommission der Synode gewählt und wurde mitverantwortlich für das Zustandekommen der Beschlüsse „Der auslän-

dische Arbeitnehmer – eine Frage an die Kirche und an die Gesellschaft", „Ziele und Aufgaben kirchlicher Jugendarbeit" und „Kirche und Arbeiterschaft" sowie des Arbeitspapiers „Die Not der Gegenwart und der Dienst der Kirche".

Nach der Synode

In unserem Bistum Aachen habe ich gleich nach Abschluß der Synode mit vielen KollegInnen versucht, den Beschluß „Kirche und Arbeiterschaft" in die Praxis zu übertragen.
Zuerst sind wir für vier Wochen als HilfsarbeiterInnen in eine Fabrik gegangen, um die Lebenslage derer besser kennenzulernen, mit denen sich der Beschluß beschäftigt. Ich habe dort gelernt, was der Beschluß mit der „einfachen Sprache" meint, welche die Leute der Kirche von den ArbeiterInnen lernen müssen, habe erfahren, wie der Sinn für das Praktische, der uns Kirchenleuten oft sehr abgeht, das Leben der abhängig Beschäftigten auszeichnet, habe gelernt, wie Solidarität praktisch aussehen kann: Als Franco z.B. nach einem Betriebsunfall die Prämie gestrichen wurde, haben alle Kollegen der Schicht zusammengelegt, damit der Schaden unter allen aufgeteilt wurde. Zum ersten Mal in meinem Leben habe ich damals *das* erfahren, was ich heute nicht müde werde zu bewundern: welch tolle Menschen es unter denen gibt, die „da unten" leben. „Gott ist ganz unten" – dieser Satz eines Freundes von der Straße ist wahr!
1973 war ich zum Regionaldekan der Region Mönchengladbach im Bistum Aachen gewählt worden. Der Regionalpastoralrat der Region Mönchengladbach erklärte den Beschluß „Kirche und Arbeiterschaft" zum pastoralen Schwerpunkt der Region. Mit vielen Gemeinden, Gruppen, Verbänden und Verantwortlichen haben wir in den Folgejahren versucht, den Beschluß in die Praxis einer Ortskirche umzusetzen.

Pastoraler Schwerpunkt im Bistum Aachen

Auf Bitten und Drängen des Diözesankatholikenrates und der Region Mönchengladbach erklärte Bischof Klaus Hemmerle im Jahr 1980 „Kirche und Arbeiterschaft" zum unbefristeten pastoralen Schwerpunkt für das Bistum Aachen. Mit der Verkündung des Schwerpunktes gründete er die Projektgruppe „Kirche und Arbeiterschaft" zur Begleitung und Fortentwicklung des Schwerpunktes. Die Projektgruppe hat durch ihre Arbeit wesentlich dazu beigetragen, daß von den TrägerInnen wichtige Impulse für die Gesamtpastoral des Bistums ausgehen.

„Historische" Begriffe für eine heutige Wirklichkeit?

„Kirche" und „Arbeiterschaft" sind Begriffe, die – heute – beide erklärt werden müssen. Unter „Kirche" wurde früher wesentlich die Hierarchie verstanden. Die Synode, die die Ergebnisse des Zweiten Vatikanischen Konzils für deutsche Verhältnisse aufarbeiten wollte, suchte dem Begriff des Volkes Gottes, wie ihn das Konzil als wiederentdeckte Kennzeichnung der Kirche gebraucht hatte, und der diesem Begriff entsprechenden Wirklichkeit in der deutschen Kirche Geltung zu verschaffen. Das bleibt schwierig. „Wir sind Kirche" – das Leitwort des KirchenVolksBegehrens, ist auch für heutige Kirchenleute keineswegs selbstverständlich. So aber will der pastorale Schwerpunkt die Kirche sehen.
„Arbeiterschaft" ist ein Wort aus dem 19. Jahrhundert. Schon die Synode hatte ihre Last damit zu erklären, wer denn im Jahr 1975 „die Arbeiterschaft" sei. Sie wählte im Beschluß eine soziologische (nicht eine arbeitsrechtliche) Umschreibung der gesellschaftlichen Großgruppe der Arbeiterschaft innerhalb der Arbeitnehmerschaft: „ Arbeiter, vor allem un- und angelernte Arbeiter, sind überwiegend in untergeordneten Positionen beschäftigt, verrichten wenig geschätzte und niedrig entlohnte Arbeit. Sie haben den geringsten Ausbildungsstand, die geringsten Aufstiegschancen und den geringsten Anteil an den in unserer Gesellschaft geschätzten Gütern. Sie (und ihre Angehörigen) unterliegen der ganzen Härte der Unselbständigen. Sie werden am ehesten von wirtschaftlichen Krisen betroffen; bei Kurzarbeit und Arbeitslosigkeit erfahren sie eher als andere Gesellschaftsschichten ihre äußere Existenzenge und Daseinsunsicherheit" (2.1).[1]
Heute ist die Entwicklung sehr weit fortgeschritten. Die „Arbeiterschaft" des Jahres 1975 gibt es nicht mehr. Sollen wir also die Begrif-

[1] Gemeinsame Synode der Bistümer in der Bundesrepublik Deutschland, hg. v. L. Bertsch u.a., Bd. 1: Beschlüsse der Vollversammlung, Freiburg [7]1989.

fe ändern? Für „Arbeiterschaft" und „Arbeiterpastoral" neue, genauer zutreffende Begriffe suchen? In Fachtagungen und Pastoralkonferenzen suchen wir im Bistum Aachen danach. *Noch* haben wir keine besseren Worte gefunden.

Die „Norm" der Pastoral

ArbeiterInnenpastoral ist für viele *eine* Form der Pastoral neben anderen: neben der Kinder- und Jugendpastoral, der Familien- und der Altenpastoral. Der Schwerpunkt „Kirche und Arbeiterschaft" kann mißverstanden werden: diesem Gebiet haben wir bis jetzt zu wenig Aufmerksamkeit geschenkt: Jetzt werden wir diesem Bereich der Pastoral erhöhte Bedeutung geben. Dieses Mißverständnis – wie ich meine – kommt in einer Reihe von deutschen Bistümern dadurch zum Ausdruck, daß der pastorale Schwerpunkt „Kirche und Arbeiterschaft" vor oder nach anderen zum Schwerpunkt der Pastoral auf Zeit erklärt wurde. Für mich und für viele andere im Bistum Aachen ist der pastorale Schwerpunkt viel mehr: *Er ist Norm der Pastoral insgesamt.* Dieser Anspruch klingt durchaus überzogen. Aber er besteht zu Recht. Wir, die Kirche, haben uns von den Menschen so weit entfernt, daß wir erst (wieder) lernen müssen, „was im Menschen ist" (vgl. Joh 2,25). Die Werte, welche die Menschen von heute als wichtig erkennen, müssen wir – zunächst wenigstens – wertschätzen. Pastoral muß vom Menschen ausgehen. „Man muß den Menschen zeigen, was sie alles schon aus Glauben tun." (Paul VI.) Auf Orthopraxie kommt es in der Pastoral in erster Linie an, auf das richtige *Handeln* nach dem Evangelium. *Lernen* müssen wir, die Kirche, die *einfache Sprache*, durch die Jesus aus Nazaret in unvergleichlicher Weise das Reich Gottes verkündigte. Lernen müssen wir neu den *Sinn für das praktische Handeln.* Lernen müssen wir *Solidarität.* Das alles kann in unserer Kirche nur Wirklichkeit werden, wenn sie sich denen zuwendet, von denen sie sich am weitesten entfernt hat: das sind die Kleinen Leute. Wenn wir eine Kirche für alle, *besonders* für die Kleinen Leute, sein werden, dann strahlt das aus auf die Arbeit mit *allen* Gruppen, die zur Kirche gehören oder zu unserer Kirche gehören könnten.

Die Massenarbeitslosigkeit

Als im Jahr 1983 die Massenarbeitslosigkeit besonders am Niederrhein drückend wurde, haben wir in Mönchengladbach – früher das „Rheinische Manchester“ genannt – den „Volksverein Mönchengladbach“ gemeinnützige Gesellschaft gegen Arbeitslosigkeit mbH gegründet. Er steht in der Tradition des großen „Volksvereins für das katholische Deutschland“ (1890–1933) mit seiner Zentralstelle in Mönchengladbach und hat, wie der große Vorgänger, *ein* Ziel: *Die Kleinen groß zu machen!*
Frauen und Männer kommen zum Volksverein auf der Suche nach Beschäftigung. Viele sind durch Langzeitarbeitslosigkeit schwer geschädigt. Manchmal können sie kaum noch sprechen. Sie sind total vereinsamt. Oft sind sie magenkrank. Sie sind nicht mehr in der Lage, sich etwas zu kochen oder auch nur etwas warm zu machen. Sie kaufen sich bei Aldi eine Dose Ravioli und löffeln sie kalt aus.
Arbeitslose sind „unter die Räuber gefallen“ (vgl. Lk 10,29ff). Sie sind ihrer Menschenwürde beraubt und entkleidet, niedergeschlagen und schwer verwundet. Der „Priester“ und der „Levit“ gehen an den zu Boden geschlagenen Menschen vorbei. Sie gehören zum Tempel und verkündigen Gottes Willen und Gesetz. Für Jesus aber ist der Tempel da, wo der Mensch am Boden liegt, verwundet und ausgeraubt. Der Samariter, der nichts mit dem Tempel zu tun hat, wird als der Mensch geschildert, der das Richtige tut, um das „Leben“ zu erwerben. Für Jesus ist das Zentrum der Gottesverehrung der Mensch, der notleidende Mensch.
Solange Menschen in der jüdischen und der christlichen Tradition von ihrem Gott sprechen, nennen sie ihn „Jahwe“, d.h. der „Ich-bin-da“ (Ex 3). Dieser Gott ist ein Gott, der das Elend seines Volkes sieht, die laute Klage über die Antreiber hört, der ihr Leid kennt. Dieser Gott will die *Befreiung* für sein Volk.
Dem Volk Gottes ist jeder einzelne „unter die Räuber gefallene“ Mensch zur möglichst direkten und unmittelbaren Hilfeleistung anvertraut und ebenso die im Sklavenhaus sitzenden Massen der Arbeitslosen. Praktische Hilfe für die Betroffenen ist von uns ChristInnen den Arbeitslosen gegenüber verlangt *und* Kampf für Gerechtigkeit! Und wie der befreiende Gott an die Strukturen Ägyptens herangeht und sie machtvoll verändert, so muß das Volk Gottes heute das gesellschaftliche Unrecht von Massenarbeitslosigkeit und Langzeitarbeitslosigkeit erkennen und machtvoll zu verändern suchen.

Die Bibel des Ersten und Zweiten Testaments nötigt zur Parteinahme zugunsten der zu Unrecht Benachteiligten. Diese Parteinahme richtet sich nicht *gegen* jemanden, sondern fordert die Besitzenden auf, mitzuarbeiten beim Schaffen von mehr Gerechtigkeit.
Kampfmittel bei diesem Kampf für Gerechtigkeit ist das evangelische Prinzip des Teilens. „Teilen statt Arbeitslosigkeit" heißt der Leitspruch des Volksvereins. Im Kampf für Gerechtigkeit muß geteilt werden: Arbeit, Geld, Zeit, Kraft, Wissen.
Parteilichkeit im Sinne der vorrangigen Option für die Armen – besser vielleicht: für ein Leben und Handeln *mit* den Armen – (vgl. Lateinamerikanische Bischofskonferenz Medellín 1967 und Enzyklika *„Sollicitudo rei socialis"* Nr. 42) ist berechtigt und notwendig. Durch Parteilichkeit im Sinn des Evangeliums können wir auch einen Beitrag zur Bildung eines Pastoralbegriffs unserer Kirche leisten, der im Sinn von *„Gaudium et spes"* und *„Lumen gentium"* Glauben und Leben, Orthodoxie und Orthopraxis miteinander verbindet. Gebet und Arbeit, Glaube und Leben, Kampf und Kontemplation, Gott und Welt gehören zusammen. Dafür sind die Arbeitsloseninitiativen wirksame, fast sakramentale Zeichen!
Mehr als vierzig Arbeitsloseninitiativen entstanden im Bistum Aachen gleichzeitig mit dem Volksverein und in den Folgejahren. Sie sind zusammengeschlossen im „Koordinationskreis kirchlicher Arbeitsloseninitiativen im Bistum Aachen". Das Bistum Aachen hat bis jetzt jährlich DM 1,6 Mio. für die Arbeitslosenarbeit innerhalb „seines" Schwerpunktes „Kirche und Arbeiterschaft" ausgegeben.

Ein Kind des pastoralen Schwerpunkts: Die Gruppe „Gerechter Lohn"

So nennt sich eine Gruppe von zwanzig PastoralreferentInnen und Priestern, die zwölf Jahre lang, von 1979 bis 1991, durch Gehaltsverzicht versucht hat, die als ungerecht erkannten Vergütungsordnungen in der Kirche zu reformieren, um zu zeigen, daß in der Kirche Prophetie verwirklicht werden kann und Visionen von einer gerechteren Gesellschaftsordnung in der Praxis erprobt werden können.
Die Höhe der gewählten Vergütungen für die betroffenen PastoralarbeiterInnen richtete sich nach den Arbeitserträgen von IndustriearbeiterInnen.

In einem Schreiben an den Diözesanpriesterrat des Bistums Aachen haben wir am 23. April 1979 die Gründe für den Gehaltsverzicht etwa wie folgt dargelegt:
In unserem konkreten Leben und im Leben unserer MitarbeiterInnen im pastoralen Dienst komme die Eigenart des christlichen Lebens und die Eigenart eines am Evangelium orientierten Berufs häufig zu wenig zum Ausdruck. Das liege wohl zum einen daran, daß viele von uns den geistlichen Anforderungen unseres Dienstes nicht gewachsen seien, zum anderen liege es auch daran, daß die äußeren Verhältnisse, in denen wir leben, nicht günstig seien für die Entfaltung der Eigenart des christlichen Lebens und eines am Evangelium orientierten Berufs.
Wir baten den Priesterrat deshalb, Überlegungen anzustellen mit dem Ziel, die äußeren Umstände, in denen wir leben, zu verändern. Ergebnis solcher Überlegungen könnte – so das damalige Schreiben – sein, dem Bischof den Aufbau einer eigenen kirchlichen Vergütungsordnung für Priester und Laien im pastoralen Dienst zu empfehlen.
Dies würde eine Abkehr von der gegenwärtigen Praxis der Bezahlung der Laien nach KAVO bzw. BAT und der Priester nach einer Vergütungsordnung, die nach den Regeln der Beamtenbesoldung erarbeitet wurde, bedeuten. Eine eigene kirchliche Vergütungsordnung könne vom Grundsatz ausgehen, daß alle Priester und Laien im pastoralen Dienst ohne Unterschied die gleiche Vergütung erhielten, deren Höhe sich orientieren solle am Einkommen der Menschen, denen die „vorrangige Option für die Armen“ (s.o.) gilt. Die unterschiedlichen Verpflichtungen auf den verschiedenen Ebenen der Verantwortung könnten durch Aufwandsentschädigungen aufgefangen werden. Bei einer solchen kirchlichen Vergütungsordnung würde die notwendige Anerkennung für Leistung nicht durch *Bezahlung*, sondern durch Übergabe von *Verantwortung* ausgesprochen.
Nach mündlichen und schriftlichen Vorüberlegungen in den Jahren 1979 bis 1981 und nach „Probeläufen“ für einzelne hat die Gruppe insgesamt am 1. Januar 1982 den Gehaltsverzicht begonnen:
In den ersten Jahren haben die Priester der Gruppe ein monatliches Nettogehalt von DM 1.200,- erhalten; die Laien im pastoralen Dienst haben DM 2.200,- bekommen.
Später wurde für Priester und Laien von einem gemeinsamen Brutto ausgegangen. Dadurch wurde die Auszahlungssumme geringfügig erhöht.
Es wurde bei der Bistumsleitung nicht erreicht, daß den Mitgliedern

der Gruppe eine neue, niedrigere Gehaltsstufe nach BAT /KAVO (VI) bzw. in der A-Gruppe (VII) gewährt wurde.
Nach zehn Jahren mußten die Mitglieder der Gruppe „Gerechter Lohn" feststellen, daß ihre Absicht, eine gerechtere Vergütungsordnung im Bistum zu fördern, nicht erreicht werden konnte. Wir mußten auch feststellen, daß wir bei KollegInnen einen eher moralisierenden Eindruck gemacht haben, der mehr Abwehr als Offenheit erzeugte. Als weiterer Grund für die Verfehlung unseres Zieles wurde von der Gruppe auch gesehen, daß Bischof und Generalvikar das Anliegen der Gruppe zwar gesehen, es aber nicht wirksam gefördert haben.
Im Jahr 1989 kam es zur Beanstandung des Gehaltsverzichts durch das Finanzamt Aachen-Innenstadt und zur Klage vor dem Finanzgericht Köln. Seit dem Beginn der Prüfung durch das Finanzamt hat die Bistumsleitung keine neuen Mitglieder der Gruppe zugelassen. Die Gruppe erklärte am 24. Mai 1991, daß ihr die Erreichung ihres Zieles auf dem von ihr gewählten Weg nicht gelungen sei. Sie beendigte ihren Gehaltsverzicht mit dem 30. Juni 1991 und bekräftigte ihren Willen, nach neuen, wirksameren Wegen zu suchen.
Nach dem für das Bistum und die Gruppe positiven Ausgang des Rechtsstreits beim Finanzgericht Köln legte die Finanzverwaltung Revision ein. In höchstrichterlicher Instanz bestätigte der Bundesfinanzhof am 30. Juli 1993 die Rechtmäßigkeit des Gehaltsverzichts! In unserer Kirche ist also (immer noch) sehr viel Wegweisendes und Prophetisches möglich! – Die Bistumsleitung hat den Spruch des Bundesfinanzhofes nicht einmal veröffentlicht! – Ob sie eine Neuauflage der Sache fürchtete?

Mißerfolge …

… gab und gibt es im pastoralen Schwerpunkt auch andere, zahlreiche und schwerwiegende. Nach der Verkündung des Schwerpunktes durch Region und Bistum bildeten sich in vielen Gemeinden Sachausschüsse „Kirche und Arbeiterschaft". Mit viel Schwung gingen sie ihre Aufgabe an, die konkrete Distanz zwischen der Kirche am Ort und der Arbeiterschaft am Ort zu überbrücken und der Gemeinde zu helfen, die „Bekehrung" zum Menschen zu schaffen. Das ist nicht gelungen (die eigene Menschwerdung ist ja schon so unendlich schwer, und die Bekehrung „der Kirche" – im Beschluß „Kirche und Arbeiterschaft" gefordert – ist auch nicht eingetreten!). Die Sachausschüsse sind verschwunden; die Gemeinden blieben im allgemeinen „unbekehrt". Praktisch lief das oft so, wie in der eigenen Gemeinde schmerzlich miterlebt: Bei der Wahl zum Pfarrgemeinderat wurde eine kleine „Fraktion" aus dem ArbeiterInnenstand gewählt. Die Gewählten beriefen zwei weitere ArbeiterInnen, um die Gruppe zu stärken. Alle verließen nach einiger Zeit den Pfarrgemeinderat. Ohne Zorn, aber mit der Erkenntnis: So, wie *die* Kirche machen, können *wir* nicht mitreden. Sitzung, Tagesordnung, Wortmeldung, Redebeiträge: das ist nichts für uns!

Die TrägerInnen des pastoralen Schwerpunktes

Um so entschiedener haben sich immer mehr einzelne Frauen und Männer sowie Verbände und Gruppen im Bistum Aachen zum pastoralen Schwerpunkt bekannt und tragen ihn weiter: die CAJ, die KAB, das Oswald-von-Nell-Breuning-Haus in Herzogenrath, der Diözesanrat der Katholiken, die MitarbeiterInnen der Arbeiter- und Betriebspastoral, der Koordinationskreis kirchlicher Arbeitsloseninitiativen im Bistum Aachen, der „Volksverein Mönchengladbach", die MitarbeiterInnen der Stadtteilarbeit, Mitarbeiter der Hauptabteilung 2 im Generalvikariat, Priester, die im entkirchlichten Milieu eingesetzt sind, und viele andere. Seit 1995 gibt es ZAM (Zeitung für Arbeit und Menschenwürde), eine regelmäßig erscheinende Publikation des pastoralen Schwerpunktes. Die TrägerInnen kommen jährlich – und zu besonderen Anlässen – zusammen, um sich der gegenseitigen Solidarität zu versichern und gemeinsam mit der Projektgruppe „Kirche und Arbeiterschaft" den Schwerpunkt im Bistum fortzuentwickeln.

In den Betrieben ...

... wird die Situation für die Arbeitenden immer schwieriger. In den letzten Jahren standen im Schwerpunkt oft die Arbeitslosen im Vordergrund – wegen ihrer äußerst bedrängten Lebenssituation. Dabei wurden die in den Betrieben Beschäftigten manchmal übersehen. Zu Beginn der Arbeit im Schwerpunkt standen Themen wie „Humanisierung der Arbeitswelt" und „Ausweitung der Mitbestimmung" („Vom

Mehrhaben zum Mehrsein" – Paul VI. vor der IAO in Genf 1969) u.a. im Vordergrund. Daran denkt kaum noch jemand. Wir im Schwerpunkt tun das aber durchaus! Und die Parteinahme für die KollegInnen im Betrieb, der Einsatz für die Verbesserung der Situation der abhängig Beschäftigten – und besonders die Unterstützung für die von Arbeitslosigkeit *Bedrohten* bleiben vorrangige Themen im pastoralen Schwerpunkt „Kirche und Arbeiterschaft".

Bei drohenden Betriebsschließungen …

… gehen wir mit auf die Straße und suchen mit den Beschäftigten und gemeinsam mit den Gewerkschaften Wege, wie die drohende Entlassung verhindert werden kann. Wir stehen den Bedrohten in deren Angst zur Seite. Drohende Arbeitslosigkeit macht Angst! Arbeitslosigkeit ist der erste Schritt in die Armut! Unsere Gesellschaft hat dafür gesorgt, daß Arbeitslosigkeit die Sache jedes und jeder einzelnen ist. Es gibt keine Solidarisierung unter den Arbeitslosen (ein alter Vorschlag von mir: Bildung eines Massenvereins der Arbeitslosen und deren SympathisantInnen zum Aufbau einer gesellschaftlichen Gegenmacht!). Sie sind verlassen, im Stich gelassen! Und jeder und jede sind allein mit ihrer Arbeitslosigkeit, mit der Angst und mit dem Gefühl, nichts wert zu sein, mit Enttäuschung und Bitterkeit – und mit den familiären Problemen, die mit Arbeitslosigkeit entstehen. Arbeitslose werden oft nicht mehr fertig mit ihrem Leben. Arbeitslosigkeit führt sogar oft genug in den Selbstmord. – Und dann gibt es immer noch jede Menge Leute, die sagen: Die Arbeitslosen sind faul! Das ist ein schlimmes, ungerechtes Urteil! Fast 7 Millionen Betroffene sollen nicht arbeiten *wollen*?
Ein *Unrecht* ist die Massenarbeitslosigkeit! Ein Klassenkampf von oben ist dic Massenarbeitslosigkeit. Und dieser Klassenkampf wird erbarmungslos geführt und bringt immer mehr Menschen in die Armut. Die Form des Kapitalismus, die heute praktiziert wird, ist keine soziale Marktwirtschaft mehr. Sie ist blanker, rücksichtsloser, gottloser Kapitalismus.
Die Unternehmensgewinne sind in vielen Branchen gestiegen und gestiegen. Große Firmen erzielen höhere Gewinne mit dem Kapitalgeschäft als in der Produktion. Wer hat denn das Kapital erwirtschaftet, das auf den internationalen Finanzmärkten herumgeschoben wird und

mit dem die Mächtigen in der Wirtschaft Politik machen? Die ArbeitnehmerInnen haben es mit erarbeitet! Das Kapital muß eingesetzt werden, um Arbeitsplätze zu schaffen und zu erhalten. Dazu ist es da! Die Arbeit als hoher menschlicher Wert ist kostbarer als das Kapital! Nach unseren Glaubensurkunden, vor allem nach der Bibel, hat der Kapitalismus keinerlei Verheißung. Im Schutz der Behauptung, der Sozialismus (in den ehemaligen Ostblockländern) habe total abgewirtschaftet, entwickelt der Kapitalismus seine menschenverachtenden Kräfte ungebändigt und ungehindert. Wer heute von Sozialismus redet, muß es sich gefallen lassen, als verrückt und total rückständig angesehen zu werden. Leider! Da hatte die Sachkommission III der Gemeinsamen Synode doch wohl eher recht, als sie der Vollversammlung in einem Text von Oswald von Nell-Breuning vorschlug, im Sozialismus Wahres und Falsches sorgfältig voneinander zu unterscheiden „und das Wahre im Sozialismus als ursprünglich christliches Gut“ wiederzuerkennen. Dieser Text wurde allerdings schon 1975 durch die Vollversammlung der Synode verworfen!

„Ich habe hier wunderbare Menschen getroffen“!

„Hier“: das ist im Tagestreff „Bruno Lelieveld“ (er war der Bruder der Obdachlosen in unserer Stadt). Hildegard, die dort arbeitet, hat mir diesen Satz gesagt.

Auch von diesen Menschen muß die Rede sein: von den FreundInnen von der Straße, die durch alle Maschen gefallen sind und oft Opfer ihrer Geschichte *und* der ungerechten Gesellschaftsordnung sind: Immer mehr Menschen geraten ins Abseits, sind arm, werden abgedrängt in Arbeitslosigkeit – Sozialhilfe – Obdachlosigkeit: die Karriere nach unten!

Wenn eine der beiden „Säulen“ – Arbeit und Ehe bzw. Familie – zusammenbricht, dann bricht sehr häufig auch die andere zusammen!

Zappel-Willi, der sich im Abteigarten, „im Türmchen“, wie die FreundInnen von der Straße sagen, den Goldenen Schuß gesetzt hat, war einer dieser wunderbaren Menschen, die auch ich gekannt habe. „Der Willi hat das letzte Hemd verschenkt“, sagten die, die ihn kannten. Sofort nach seinem Tod stand eine Rose in einer Bierflasche an seinem Platz am Kaufhof, wo er immer saß. „Ich kann so nicht mehr leben … Ich bin das nicht gewohnt – immer der Krach, der Gestank

… Ich kriege nichts mehr geregelt … Der Staat mit all seinen Angestellten hat mich kaputt gemacht … Ich kann nicht mehr." – Worte von Willi aus seinen letzten Lebenstagen.
Helmut war einer dieser wunderbaren Menschen. „Ich bin als Baby in einer Mülltonne gefunden worden. Und ich werde auch mal wieder in der Mülltonne landen", sagte er immer. Jeden Abend hat er gebetet: „Nicht so, wie ihr meint", sagte er, „der Allmächtige versteht mich schon." Die FreundInnen weinten bei seinem Begräbnis – und warfen ihren letzten Tabak in sein Grab.

Gespaltene Gesellschaft und der Konsultationsprozeß

„Hautnah" heißt das Buch, das die Projektgruppe „Kirche und Arbeiterschaft" als besonderen Beitrag des Bistums Aachen und des pastoralen Schwerpunktes in den Konsultationsprozeß für ein gemeinsames Wort der Kirchen in Deutschland zur gesellschaftlichen und wirtschaftlichen Lage einbringt.[2] Über siebzig „Lebensbilder" hat die Projektgruppe im Bistum gesammelt. Über zwanzig Betroffene kommen im Buch zu Wort: Alleinerziehende, Arbeitslose, Ausländer, Gefangene, SozialhilfeempfängerInnen … Aus diesen Berichten schreit die Spaltung unserer Gesellschaft, wird *hautnah* deutlich, wie radikal sich die Kirchen in unserem Land einsetzen müssen gegen die Ungerechtigkeit in der Gesellschaft und in den Kirchen selbst. Denn …

… der Skandal ist nicht überwunden! –

der Skandal, von dem Papst Pius XI. zu Kardinal Cardijn gesprochen hat. Im Gegenteil: Unsere Kirche hat seit 1975, dem Jahr der Verabschiedung des Beschlusses „Kirche und Arbeiterschaft" der Würzburger Synode, immer mehr den Zugang zu den Menschen von heute verloren und verliert damit Hoffnung, Schwung und Zuversicht – und Glauben!
Der „fortwirkende Skandal" setzt sich fort und ergreift noch immer mehr Menschengruppen – nach dem gleichen Muster, wie es 1975 beschrieben wurde:

[2] Projektgruppe „Kirche und Arbeiterschaft (Hg.), Hautnah – Ein-Blick von unten, Bornheim 1995.

Die Kirche dreht sich um sich selbst: Lebensform und Rolle der Priester, Verwaltung, Autorität sind zentrale Themen. Für alternative gesellschaftliche Optionen, für die politische Prophetie, für die längst fällige Union mit den Kirchen der Reformation ist keine Kraft da.
In unheiliger Allianz ist unsere deutsche Kirche mit dem Kapitalismus in dessen gegenwärtiger Ausprägung liiert.
Unsere Kirche grenzt aus – wie im 19. Jahrhundert, wo der tiefe Graben zwischen Arbeiterschaft und Kirche entstand: Heute sind es die Armen, die Frauen, Schwule und Lesben, wiederverheiratete Geschiedene.
Unsere Kirche verweigert sich der Gestaltung eines „mustergültigen" Dienstrechts (Versprechen von Kardinal Joseph Frings an Bundeskanzler Konrad Adenauer 1949!).

Der Beschluß „Kirche und Arbeiterschaft"[3]

gibt demgegenüber den Ton an für einen neuen Aufbruch zu einem *gemeinsamen Weg*, zu dem alle eingeladen sind, zu einer erneuerten Pastoral in einer Kirche der Menschen, *besonders* der Kleinen Leute.
Im Schwerpunkt „Kirche und Arbeiterschaft" sind seit 1975 viele hoffnungsvolle Erfahrungen gemacht worden. Im Evangelium und in der Kirche gibt es eben mächtige Auferstehungskräfte!
Für eine Kirche, die sich an diesem Beschluß orientiert, sind die Armen und Kleinen aller Art *die wichtigsten Leute*.
Eine Kirche, die am Modell „Kirche und Arbeiterschaft" gelernt hat, sieht *das praktische Handeln* nach dem Evangelium im Zentrum des Dogmas.
Und *niemand wird ausgegrenzt*! Die Reichen werden selige Reiche, wenn sie sich mitnehmen lassen und ihre Möglichkeiten in das Bemühen um Gerechtigkeit einbringen.

[3] Zu den bibliographischen Angaben und zur Bezugsadresse siehe die Anmerkung 8 der Einführung zu diesem Band.

Ein wichtiger Impuls für die Pastoral des Bistums ...

ist der pastorale Schwerpunkt neuerdings im *Bistumstag 1996*. Der steht unter dem Gesamtthema: „*Weggemeinschaft*: Bilanz und Perspektiven". Die Themengruppe 8: „Ökonomische und soziale Gerechtigkeit" hat beim 1. Teil des Bistumstags im April folgenden Beschlußtext vorgelegt, der mit großer Mehrheit angenommen wurde:

Die positiven Erfahrungen im diözesanen pastoralen Schwerpunkt „Kirche und Arbeiterschaft" haben gezeigt, daß der diakonische Ansatz in der Pastoral zu einer neuen Gottes-erfahrung führen kann. Deshalb muß die Diakonie einen gleichwertigen Platz in der Mitte kirchlichen Handelns bekommen, damit uns als ChristInnen und Kirche die persönliche und politische Realisierung der Option für die Armen gelingt.
Dazu ist konkret erforderlich:

- *die Ausweitung des diözesanen pastoralen Schwerpunkts „Kirche und Arbeiterschaft" auf Armut, Arbeitslosigkeit – Zukunft der Arbeit, Ausgrenzung (Kooperation Caritas-Verband und Träger des pastoralen Schwerpunkts ist zu entwickeln);*
- *Inhalte und Instrumente zu erarbeiten sowie Bündnispartner zu suchen, damit wir als Kirche uns verstärkt in die gesellschaftlichen Auseinandersetzungen einmischen können (z.B. Sicherung des Existenzminimums, Bündnis für Arbeit, soziales Europa);*
- *die Rolle der Kirche als Dienstgeber kritisch auf ihre Vorbildfunktion hinsichtlich sozialer Gerechtigkeit zu prüfen (z.B. Vergütungsordnung).*[4]

Für den Bistumstag 2. Teil im November bearbeitet die Themengruppe 8 auf Grund dieses Beschlußtextes die drei entsprechenden Beschlußvorlagen.
Nach den Erfahrungen mit dem pastoralen Schwerpunkt im Bistum Aachen bin ich sicher, daß eine Kirche und eine Gesellschaft, in denen die Armen zu Privilegierten gemacht werden, unendlich mehr *geschenkt* bekommen, als sie, als wir alle *geben* können!

4 Bistumstag 1996. 1. Teil. Dokumentation, Herzogenrath 1996.